Wissenschaftlich mit
LATEX arbeiten

Petra Schlager, Manfred Thibud

Wissenschaftlich mit LaTeX arbeiten

ein Imprint von Pearson Education

München • Boston • San Francisco • Harlow, England
Don Mills, Ontario • Sydney • Mexico City
Madrid • Amsterdam

Bibliografische Information Der Deutschen Bibliothek

Die Deutsche Bibliothek verzeichnet diese Publikation in der Deutschen Nationalbibliografie;
detaillierte bibliografische Daten sind im Internet über <http://dnb.ddb.de> abrufbar.

10 9 8 7 6 5 4 3 2 1

08   07

ISBN 978-3-8273-7239-0

© 2007 by Pearson Studium
ein Imprint der Pearson Education Deutschland GmbH,
Martin-Kollar-Straße 10–12, D-81829 München/Germany
Alle Rechte vorbehalten
www.pearson-studium.de
Lektorat: Irmgard Wagner, irmwagner@t-online.de
Fachlektorat: Hubert Gäßlein, Pfeifferhütte
Titelgrafik: Werner Küstenmacher
Umschlaggestaltung: Thomas Arlt, tarlt@adesso21.net
Herstellung: Philipp Burkart, pburkart@pearson.de
Satz: LE-TEX Jelonek, Schmidt & Vöckler GbR, Leipzig
Druck und Verarbeitung: Graficas Cems

Printed in Spain

Inhaltsverzeichnis

Vorwort

Dieses Buch wendet sich an Studierende und Wissenschaftler aller Fachrichtungen, die eine wissenschaftliche Arbeit in Angriff nehmen und dabei Wert auf ein möglichst einheitliches, ansprechendes Design legen. Da eine der Hauptstärken des LATEX-Systems im Formelsatz liegt, kommen die Anwender natürlich meistens aus den Natur- und Ingenieurwissenschaften. Aber auch in den Wirtschafts- und Planungswissenschaften wird LATEX eingesetzt, und nicht zu vergessen die Geisteswissenschaften, wo die Verwaltung vieler Fußnoten und Zitate, insbesondere deren Referenzierung, hohe Ansprüche an ein Textsatzsystem stellt.

Wir wollen Ihnen, der Leserin – und natürlich auch dem Leser –, Mut machen, sich auf den Textsatz mit LATEX und damit auch auf einige Grundbegriffe der Typografie einzulassen. Wir möchten Ihnen gewissermaßen das, was wir am professionellen Buch- und Formelsatz so zu schätzen wissen, näher bringen und Ihnen Werkzeuge an die Hand geben, diesem nachzueifern.

Es soll ein Buch sein, das man gerne zur Hand nimmt, weil es auf leichte Art zusammenfasst, worauf es beim Textsatz mit LATEX ankommt. Dabei wenden wir uns bewusst an den Einsteiger, der noch das Pflichtprogramm absolviert und zunächst einmal wenig in die Kür investieren muss. Demzufolge sind auch die Beispiele eher einfach gewählt, sie sollen veranschaulichen und von Ihnen leicht nachvollziehbar sein. „Um einen Nagel in die Wand zu schlagen, braucht man auch nur einen Hammer und keine komplizierte Maschinerie."

Nach und nach werden wir Ihnen Werkzeuge vorstellen, die Sie gewinnbringend bei der Erstellung Ihrer wissenschaftlichen Arbeit einsetzen können. Als gewissermaßen roter Faden wird sich deshalb durch dieses Buch die Entstehung einer Diplomarbeit ziehen. Schrittweise werden Sie so die wesentlichen Bestandteile einer wissenschaftlichen Arbeit kennen und anzuwenden lernen.

Im Laufe der Zeit, seit Donald E. Knuth vor mehr als 25 Jahren TEX entwickelt hatte, wurden viele Zusatzfunktionalitäten entwickelt. Wir wählen in diesem Buch einen integrativen Ansatz und stellen diese Zusatzpakete an den entsprechenden Stellen vor. Gerade im Formelsatz, wo das von der American Mathematical Society entwickelte *amsmath*-Zusatzpaket viele nützliche Befehle bereitstellt, propagieren wir, diese gleichberechtigt neben den LATEX-Befehlen einzusetzen.

Wir haben uns bemüht, unsere langjährige LATEX-Praxis und Erfahrung in der Lehre in dieses Buch einfließen zu lassen. Wir hoffen, den „typografischen Zeigefinger" dabei nicht zu oft erhoben zu haben.

Ihnen wünschen wir viel Spaß an diesem Buch und viel Erfolg beim Einsatz des Textsatzsystems LATEX.

Dortmund

Petra Schlager
Manfred Thibud

Geleitwort zur ersten Auflage

Als Autor des dreibändigen LATEX-Standardwerks im deutschsprachigen Anwendungsbereich „(1) LATEX-Einführung", „(2) LATEX-Ergänzungen" und „(3) LATEX-Erweiterungen" sowie als intensiver LATEX-Betreiber kann ich ein Buch über die LATEX-Nutzung gut beurteilen. Als solcher möchte ich das vorliegende Buch „Wissenschaftlich mit LATEX arbeiten" von PETRA SCHLAGER und MANFRED THIBUD uneingeschränkt empfehlen.

Es ist eine kompakte und gleichzeitig gut verständliche Darstellung von LATEX, die die gesamten Gestaltungsmöglichkeiten dieses Programms vorstellt und zusätzlich auf eine Vielzahl von Zusatzpaketen und damit weiterer Gestaltungsmöglichkeiten verweist. Als Beispiel für eine solche Erweiterung sei hier das AMS-LATEX-Paket genannt, das den bereits hochwertigen Standardsatz komplexer mathematischer Formeln noch einmal deutlich ausdehnt.

Neben den Gestaltungsmöglichkeiten für beliebige Eingabetexte werden die Satzmöglichkeiten für den mathematischen Formelsatz in zwei Kapiteln hervorragend dargestellt. Damit richtet sich das Buch primär an angehende Naturwissenschaftler und Ingenieure, die mit den bereitgestellten LATEX-Kenntnissen ihre ersten wissenschaftlichen Publikationen erstellen. Die hier vorgestellte LATEX-Nutzungsbeschreibung bleibt aber nicht auf Naturwissenschaftler beschränkt, sondern kann ebenso einfach von Geisteswissenschaftlern und Juristen übernommen werden.

Jedes Kapitel enthält Vorschläge für Anwenderübungen, mit deren Lösungen der Leser sein Verständnis sofort überprüfen kann. Sollte dem Leser eine Lösung für einzelne Übungen nicht gelingen, so kann er diese mit den Lösungsbeispielen auf der Companion Website des Verlags Pearson Studium nachvollziehen. Die beiliegende CD-ROM enthält alle in dem Buch vorgestellten Beispiele, so dass der Leser diese selbst verifizieren kann.

Zusätzlich enthält die CD-ROM auch die Installationsprogramme für ein TEX-LATEX-System für die gängigsten Rechnerplattformen, wie Windows-, Macintosh- und Linux-Rechner, womit der Anwender nicht nur eine LATEX-Nutzungsbeschreibung, sondern gleichzeitig auch ein LATEX-System für seinen Rechner erhält

Helmut Kopka

Vorwort zur zweiten Auflage

Seit der Veröffentlichung der ersten Auflage haben sich viele neue Aspekte für den Einsatz von LaTeX ergeben, die eine Neuauflage rechtfertigen. Auch die weite Verbreitung des PDF-Formats im Zusammenspiel mit LaTeX machte eine Überarbeitung des Buches erforderlich. Zusätzlich werden weitere Zusatzpakete in diesem Buch behandelt, die in der ersten Auflage aus Platzgründen nicht berücksichtigt werden konnten.

Die vielen Rückmeldungen – für die wir uns herzlich bedanken – haben uns zur kurzfristigen Überarbeitung des Buches ermutigt. Wir haben versucht, die Hinweise und Anregungen sowie Meldungen über Unklarheiten und Fehler in der Neuauflage zu berücksichtigen.

Insbesondere danken wir Herrn Frank Mittelbach und Herrn Günter Partosch, die uns im Vorfeld der zweiten Auflage durch ihre konstruktive Kritik viele wertvolle Tipps für Verbesserungen und Präzisierungen gegeben haben.

Unser besonderer Dank geht auch an Herrn Hubert Gäßlein, der das Fachlektorat für dieses Buch übernommen hat. Er hat uns, auch unter großem Zeitdruck, viele wertvolle Hinweise und Korrekturvorschläge gegeben.

Unseren Familien danken wir für ihr Verständnis und ihre Geduld während der Überarbeitung des Buches.

Ihnen wünschen wir viel Spaß an diesem Buch, das in vielen Bereichen aktualisiert und überarbeitet wurde und viel Erfolg beim Einsatz des LaTeX-Systems.

Dortmund

Petra Schlager
Manfred Thibud

Kapitel

1   Das LATEX-System

Die Arbeit mit dem Textsatzsystem LATEX unterscheidet sich grundlegend von der Arbeit mit den heute weit verbreiteten Office-Produkten. Diese arbeiten nach dem so genannten *WYSIWYG*-Prinzip (*What you see is what you get*), d. h., bei der Eingabe sehen Sie auch gleich die Formatierung des Textes; bzw. Sie sollten sehen, was nachher im Druck erscheint. In der Praxis hat sich gezeigt, dass dies nicht immer so uneingeschränkt umzusetzen ist, da unterschiedliche Drucker verschiedene Seitenränder aufweisen und die Zeichensätze nicht auf allen Geräten in der gleichen Weise implementiert sind. Beide Faktoren haben Einfluss auf die endgültige Formatierung und das Aussehen des Textes. Darüber hinaus verführt diese Arbeitsweise, die Formatierung gleich mit vorzunehmen, so dass das Dokument nicht mehr logisch strukturiert wird.

LATEX vermeidet diese Unzulänglichkeiten. Als Autor werden Sie gezwungen, die logische Struktur des Dokuments anzugeben, da z. B. Kapitelüberschriften mit LATEX-Befehlen erzeugt werden. Damit wird sicher gestellt, dass analoge Überschriften auch identisch formatiert werden. Gleiches trifft auch für andere Textteile zu (z. B. Fußnoten, Tabellenüberschriften und Abbildungsunterschriften), die mit entsprechenden LATEX-Befehlen gesetzt werden. So wird eine strikte Trennung von Form und Inhalt erreicht. Die endgültige Formatierung des Textes wird in einem separaten Arbeitsschritt vorgenommen. Dieser wird auch dazu benutzt, um z. B. Überschriften zu nummerieren, Querverweise aufzulösen und Verzeichnisse zu erstellen. Die Formatierung kann auch zu einem späteren Zeitpunkt noch geändert werden, sie wirkt sich dann global auf das ganze Dokument aus.

Am Ende dieses Prozesses steht eine vom Ausgabegerät unabhängige Datei, die bereits alle Formatierungen enthält. Zur Ausgabe dieser Datei auf einem Drucker muss allerdings ein weiteres Programm benutzt werden, das diese Datei für das ausgewählte Drucksystem aufbereitet. Dabei wird jedoch nichts mehr an der Formatierung des Textes geändert, so dass das Layout unabhängig davon ist, ob Sie die Datei auf einem Drucker mit geringer Auflösung, einem hochauflösenden Laserdrucker oder gar einem professionellen Satzbelichter ausgeben. Das Layout und die Zeichen an sich sind immer gleich, nur die Qualität der Darstellung unterscheidet sich natürlich von System zu System.

Dieser Arbeitsablauf hat selbstverständlich Konsequenzen: Sie als Autor müssen diesen Prozess selbst steuern. In diesem Kapitel erfahren Sie Näheres über

→   den Arbeitsablauf beim Textsatz mit LATEX,

→   die verschiedenen Programme, deren Einsatzfelder und das Zusammenspiel,

→   die Konventionen für Dateinamen und deren Bedeutung sowie

→   wichtige Hinweise zur Nutzung des vorliegenden Buches.

Die dem Buch beiliegende CD-ROM enthält ein vollständiges LATEX-System und die Eingabedateien für die im Buch aufgeführten Beispiele. Im Anhang C finden Sie weitere Hinweise zur Nutzung der CD-ROM. Die Lösungen der Übungsaufgaben finden Sie auf der Companion Website des Verlags Pearson Studium.

1.1   Das TEX-/LATEX-System

Das Textsatzsystem TEX ($\tau\epsilon\chi$; gesprochen Tech) wurde Ende der siebziger Jahre des 20. Jahrhunderts von Donald E. Knuth [7] für den Satz mathematischer Publikationen entwickelt. Da die Nutzung dieses Programms recht komplex ist und viel typografisches Wissen benötigt wird, hat Leslie Lamport [12] in den achtziger Jahren dann eine wesentlich einfacher zu bedienende Benutzerschnittstelle erstellt: Das Makropaket LATEX (gesprochen Latech). Dieses System benutzt intern TEX-Anweisungen für die Formatierung des Textes. Deshalb können neben den LATEX-Anweisungen auch die meisten TEX-Befehle verwendet werden. Dies führt oft dazu, dass die gleichen Programm- und Anweisungsnamen benutzt werden. Eine Zuordnung, welche Befehle zu welchem System gehören, ist meist nur schwer möglich und eigentlich auch für den Endanwender völlig bedeutungslos.

1.2   Arbeiten mit dem LATEX-System

Heutzutage gibt es zwei verschiedene Wege, LATEX-Dokumente zu verarbeiten: den traditionellen Weg über die vom Ausgabegerät unabhängige Datei oder über das *Portable Document Format* (PDF). Letzteres hat leichte Vorteile, wenn das Dokument sowohl gedruckt als auch im Internet bereitgestellt werden soll. Der prinzipielle Weg ist für beide Fälle in der Abbildung 1.1 veranschaulicht.

Die Arbeit beginnt mit der Erstellung der Eingabedatei für LATEX, die sowohl die textuellen Inhalte als auch die zur Steuerung der Formatierung notwendigen Anweisungen (LATEX-Befehle) enthält. Dazu können Sie jeden Editor verwenden, der außer Ihren Eingaben **keine** eigene Formatierung vornimmt oder zusätzliche Informationen in der Datei ablegt. Sie können die vom Betriebssystem bereitgestellten Editoren (beispielsweise notepad auf Windows-Systemen oder vi bzw. xedit auf Linux-Systemen) dazu verwenden. Hilfreich sind auch komfortablere Editoren, die gleichzeitig eine Syntaxüberprüfung zulassen. Dabei ist darauf zu achten, dass für TEX/LATEX geeignete Syntaxregeln verfügbar sind und dass die Überprüfung abschaltbar ist, da diese bei umfangreichen Dokumenten oft erhebliche Zeit beansprucht.

Es empfiehlt sich, die LATEX-Eingabedatei schrittweise aufzubauen und zwischenzeitlich schon einmal die Formatierung von LATEX vornehmen zu lassen. Meist ist es nicht zu vermeiden, dass sich Tippfehler einschleichen und so zu Fehlern bei der Formatierung führen. Je kleiner der Textbereich ist, in dem Sie die fehlerhaften Eingaben suchen müssen, umso schneller finden Sie meist auch die Fehler.

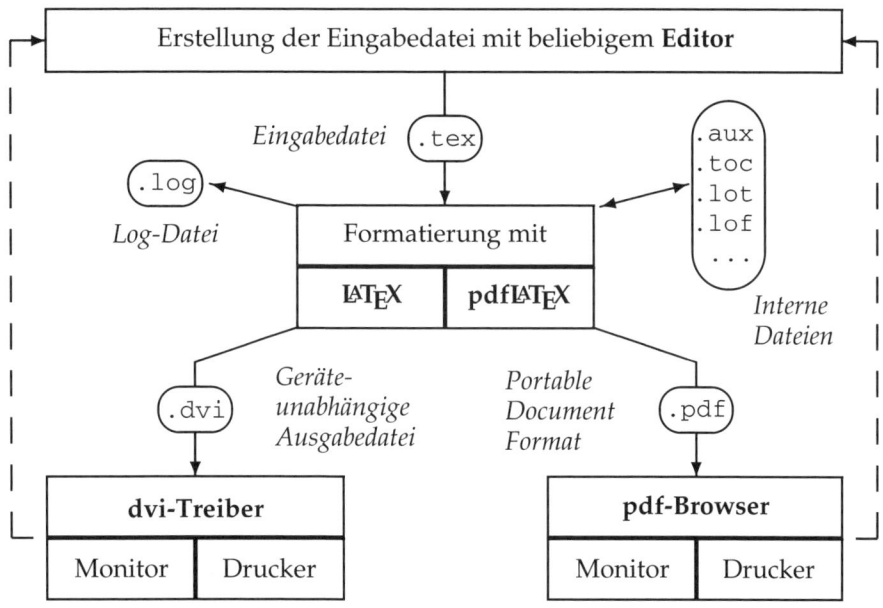

Abbildung 1.1: Arbeitsablauf beim Einsatz von LATEX/pdfLATEX

Wenn die Formatierung von LATEX ohne Fehlermeldung erfolgt, können Sie diese mit einem geeigneten Preview-Programm überprüfen. Danach kann der Prozess erneut beginnen, indem Sie weitere Textpassagen in den Text einbauen, bis Ihr Dokument vollständig ist.

Im letzten Schritt können Sie die von LATEX formatierte Datei für den gewünschten Drucker aufbereiten und ausdrucken. Damit ist der Prozess dann beendet.

Neben diesem traditionellen Weg steht heutzutage auch der Weg über eine PDF-Datei zur Verfügung. Hierbei erfolgt die Ausgabe direkt als PDF-Datei. Ein geeigneter PDF-Browser wird sowohl für das Preview als auch für die Ausgabe auf einem Drucker verwendet. Das Programmsystem gsview/ghostscript kann auch als PDF-Browser eingesetzt werden.

Neben diesem direkten Weg von der Eingabedatei zum endgültigen Dokument kann es – je nach Dokument – noch Zwischenstationen geben, in denen zum Beispiel Literaturzitate eingebettet oder Indexeinträge aufbereitet werden. Die hierfür notwendigen Programme sind meist in einer LATEX-Distribution enthalten.

1.3   Die Programme im LATEX-System

Nach der Installation eines LATEX-Systems (z. B. TEXLive) stehen Ihnen eine Reihe verschiedener Programme zur Verfügung. Dabei handelt es sich zum einen um die essenziellen Programme für Ihre Arbeit, deren Funktion in der folgenden Aufstellung kurz beschrieben wird. Zum anderen werden Programme bereitgestellt, die Sie in der Regel nicht selbst aufrufen, da diese nur intern durch eines der anderen Programme benutzt werden. Darüber hinaus gibt es auch Programme, die Sie nur für ganz spezielle Anwendungen benötigen (z. B. Konvertierung eines *TrueType*-Zeichensatzes in einen TeX-Zeichensatz). Für deren Nutzung sind meist fundierte Kenntnisse der Zusammenhänge erforderlich.

Dem LaTeX-System liegt eine umfangreiche, ausführliche Dokumentation bei, die Auskunft über die Anwendung der Programme gibt. An Hand von Beispielen wird dies dort auch verdeutlicht.

Die für Sie zu Anfang wichtigen Programme und ihr Verwendungszweck sind im Folgenden aufgeführt.

`latex` Das zentrale Werkzeug zur Formatierung Ihres LaTeX-Dokuments. Es erzeugt eine geräteunabhängige Ausgabedatei (`.dvi`). Beim Aufruf müssen Sie noch den Dateinamen Ihres Dokuments angeben.

`pdflatex` Das alternative Werkzeug zur Formatierung Ihres LaTeX-Dokuments. Es erzeugt eine `.pdf`-Datei. Auch hier müssen Sie noch den Dateinamen Ihres Dokumens beim Aufruf angeben.

`dviout` bzw. `xdvi` Diese Programme zeigen Ihnen die Formatierung Ihres Dokuments auf dem Monitor an. Dafür wird die geräteunabhängige Datei (`.dvi`-Datei) benutzt. Beim Aufruf müssen Sie noch den Dateinamen Ihres Dokuments (ohne die Endung `.dvi`) abgeben.

`dvips` Dieses Programm dient zur Aufbereitung der geräteunabhängigen Datei (`.dvi`-Datei) für einen Drucker. Es verwendet intern dafür die Druckersteuersprache PostScript. Beim Aufruf müssen Sie noch den Dateinamen Ihres Dokuments (ohne die Endung `.dvi`) abgeben. Auf PostScript-fähigen Druckern kann die so erzeugte Datei direkt ausgegeben werden. Mit Hilfe des Programms `ghostscript` kann diese auch für andere Drucker aufbereitet und ausgedruckt werden.

`ghostscript` Hierbei handelt es sich um einen Konverter für PostScript- und PDF-Dateien. Dieser wird insbesondere im Zusammenhang mit der PostScript-Ausgabe des Programms `dvips` benutzt. Für die bessere Handhabung wurde das Zusatzprogramm `gsview` entwickelt.

`gsview` Hierbei handelt es sich um eine Benutzeroberfläche für das Programm `ghostscript`. Beim Aufruf müssen den Dateinamen mit der Endung angeben! Leider ist dieses sehr nützliche Programm nicht auf der CD-ROM enthalten. Sie können es über das Internet herunterladen (z. B. über die Adresse `www.dante.de` – dort unter „Software" und „CTAN").

`dvipdfm` Das Programm dient dazu, eine geräteunabhängige Datei (`.dvi`-Datei) in das PDF-Format zu konvertieren. Oft ist die Nutzung des Programms `pdflatex` der einfachere Weg.

`bibtex` Dieses Programm wird nur dann benötigt, wenn Sie selbst erstellte Literaturdatenbanken nutzen möchten. Hinweise zur Nutzung finden Sie im Kapitel 13.2.

`makeindex` Wenn Sie ihr Dokument mit einem Schlagwortverzeichnis versehen wollen, ist dieses Programm sehr hilfreich. Es stellt Indexeinträge zusammen, bereitet diese auf und formatiert sie. Weitere Informationen dazu finden Sie im Kapitel 14.1.

Aufrufen können Sie die Programme in der „Eingabeaufforderung" unter Windows bzw. der „Konsole" oder „x-Terminal" unter Unix-Systemen. Die Programme können meist durch Verwendung so genannter Optionen beim Aufruf gesteuert werden; Beispiel: Der Aufruf `dvips doc -p15 -n10` wandelt das Dokument `doc.dvi` in eine PostScript-Datei um; ausgegeben werden mit diesen Optionen zehn Seiten ab der Seite 15.

Moderne Zusatzwerkzeuge (z. B. WinShell, TEXnicCenter) erleichtern Ihnen die Arbeit, indem sie es erlauben, den gesamten Prozess von der Eingabe, über die Formatierung bis zur Ausgabe bildschirmorientiert abzuwickeln. Sie sind nicht auf der CD-ROM enthalten, können aber leicht über die Adresse `www.dante.de` gefunden und heruntergeladen werden. In der Regel gehören auch komfortable Editoren (mit Syntaxüberprüfung) mit zum Umfang dieser Zusatzwerkzeuge.

Die oben genannten Programme erzeugen in der Regel weitere Dateien, wobei für die Erweiterung der Dateinamen die in der Tabelle 1.1 angegebenen Konventionen gelten. Diese Aufstellung enthält nur die wichtigsten Erweiterungen.

Erweiterung	Funktion
`.aux`	Hilfsdatei für TEX/LATEX; Verweise
`.bbl`	Bibliografisches Datenextrakt aus BIBTEX
`.bib`	Bibliografische Gesamtdaten für BIBTEX
`.blg`	BIBTEX-Log-Datei
`.bst`	BIBTEX-Stil-Datei
`.clo`	Optionen für eine Dokumentklasse
`.cls`	Definitionen einer Dokumentklasse
`.dtx`	Dokumentation für Zusatzpakete
`.dvi`	Geräteunabhängige Ausgabedatei; erzeugt von TEX/LATEX
`.idx`	Von LATEX erzeugte Eingabedatei für `makeindex`
`.ind`	Von `makeindex` erzeugte Datei für den Index
`.ilg`	`makeindex`-Log-Datei
`.ins`	Installationsdatei für ein Zusatzpaket
`.ist`	`makeindex`-Stil-Datei
`.lof`	Einträge für das Abbildungsverzeichnis
`.log`	TEX/LATEX-Log-Datei
`.lot`	Einträge für das Tabellenverzeichnis
`.pdf`	PDF-Ausgabedatei
`.ps`	PostScript-Ausgabedatei
`.sty`	Definitionen eines Zusatzpakets
`.tex`	Eingabedatei für TEX/LATEX
`.toc`	Einträge für das Inhaltsverzeichnis

Tabelle 1.1: Wichtige Erweiterungen für Dateinamen

1.4 Typografische Konventionen

LATEX-Befehle werden in diesem Buch in einer „Schreibmaschinen"-Schrift gesetzt (z. B. \newpage, \begin{document}). In einigen Befehlen müssen Sie Ihre Texte oder andere Einträge einsetzen, die zugehörige erklärende Beschreibung ist dann in einer *kursiven* Schrift gesetzt (z. B. \section{*Überschrift*}), wobei Sie für *Überschrift* den entsprechenden Titel einsetzen müssen.

Spezielle Zeichen oder Zeichenfolgen werden zur Verdeutlichung im Fließtext wie folgt eingefasst: das Prozentzeichen »%«.

1.4.1 Besondere Kennzeichnungen

Auf wichtige Informationen im Text werden Sie wie folgt aufmerksam gemacht.

> Wichtige Hinweise oder potenzielle Fehlerquellen werden wie diese Zeilen gekennzeichnet.

Warn- bzw. Fehlermeldungen des LATEX-Systems enthalten wichtige Hinweise für das weitere Vorgehen beim Bearbeiten Ihres Eingabetextes. Meist kann man an Hand der Meldung die Stelle im Eingabetext schnell lokalisieren, da die Fehlermeldungen recht detailliert sind. In einigen Fällen wird durch einen Zeilenwechsel sogar auf eine potenzielle Fehlerquelle hingewiesen. Einige Meldungen für Fehler, die insbesondere Anfängern unterlaufen, sind in diesem Buch aufgeführt. Sie sind wie folgt gekennzeichnet.

```
Warnungen - und selbst Fehler - lassen sich nicht
immer vermeiden!
Auch erfahrenen TEXianern passiert das hin und wieder.
```

In einigen Fällen ist es möglich, LATEX mit Zusatzinformationen zu versorgen, um Formatierungen in einer besonderen Art vorzunehmen.

> Die so markierten Dokumentteile enthalten weiter gehende Erläuterungen und können beim ersten Lesen überschlagen werden.

 Über den Umfang des Buches hinaus gehende Beispiele finden Sie im Internet auf der Companion Website des Verlages Pearson Studium unter der Adresse: www.pearson-studium.de. Hinweise darauf sind im Buch mit dem nebenstehenden Logo am Seitenrand gekennzeichnet.

1.4.2 Markierungen bei Beispielen

Kürzere Beispiele sind in diesem Buch wie folgt gekennzeichnet.

Beispiel 1.1: Markierung kleinerer Beispiele

In der rechten Spalte finden Sie Ihre Eingabe und in der linken das fertig gesetzte Dokument.	`In der rechten Spalte`
	`finden Sie Ihre Eingabe`
	`und in der linken das`
	`fertig gesetzte Dokument.`

In der linken Spalte finden Sie die LATEX-Ausgabe und in der rechten Spalte die wesentlichen Teile des dafür notwendigen LATEX-Eingabetextes.

Bei umfangreicheren Beispielen befindet sich die Ausgabe im oberen Teil und der zugehörige Eingabetext im unteren Teil des unterlegten Textteils.

Beispiel 1.2: Markierung größerer Beispiele

Unten finden Sie Ihre Eingaben und oben den damit gesetzten Dokumentteil.

`Unten finden Sie Ihre Eingaben und oben den damit`
`gesetzten Dokumentteil.`

In einigen Beispielen ist das Seitenlayout von Bedeutung. Dann wird die Seite im Ausgabebereich zusätzlich durch einen schattierten Rahmen eingefasst, der die Dimensionen der Seite darstellt.

Beispiel 1.3: Markierung von Beispielen mit Angabe des Seitenlayouts

In der rechten Spalte finden Sie Ihre Eingabe und in der linken das fertig gesetzte Dokument.
 	
1
	`In der rechten Spalte`
	`finden Sie Ihre Eingabe`
	`und in der linken das`
	`fertig gesetzte Dokument.`

Für die Ausgabetexte wurde meist die Zeilenbreite verringert. Wie Sie das vornehmen können, erfahren Sie aus den vollständigen Eingabetexten auf der CD-ROM bzw. im Kapitel 15.3. Die Eingabedaten wurden auf die zum Verständnis der Sachzusammenhänge erforderlichen Texte und Befehle reduziert, damit Sie nicht durch unwichtige Befehle abgelenkt werden. Meist fehlt die Präambel der Dokumente (mit der Einstellung der Textbreite und -höhe und den generell verwendeten Zusatzpaketen – siehe Kapitel 2.3.3).

Auslassungen, die keine Bedeutung für das Verständnis des Beispiels haben, werden innerhalb der Eingabedaten durch Auslassungspunkte ». . . « angedeutet.

Damit Sie selbst die Beispiele nachvollziehen können, befinden sich die vollständigen Eingabedateien auf der dem Buch beiliegenden CD-ROM. Zur Hervorhebung sind die Beispiele grau unterlegt. Diese Unterlegung wird nicht durch die Eingabetexte reproduziert.

1.4.3   Markierung der Übungen

Am Ende eines jeden Kapitels finden Sie eine Übung, mit der Sie Ihre erworbenen LATEX-Kenntnisse überprüfen können. Die meisten Übungen bestehen aus einer Aufgabenbeschreibung und der zugehörigen Ausgabe

```
Ein-/Ausgabetext
```

Sie finden die Beschreibungen der Übungen, die Textbeispiele und die Lösungen der Übungen auf der Companion Website des Verlags Pearson Studium im Internet unter der Adresse: www.pearson-studium.de.

1.5   Übung

Kopieren Sie eine der Beispieldateien (.tex-Datei) von der CD-ROM auf Ihren Rechner in ein geeignetes, leeres Verzeichnis. Anschließend wenden dann das Programm latex auf diese Datei an.

Überprüfen Sie, welche Dateien dabei neu entstanden sind. Schauen Sie sich die erzeugte .dvi-Datei mit dem Preview-Programm Ihrer LATEX-Installation an.

Bereiten Sie die .dvi-Datei mit dem DVI-Treiber für Ihren Drucker auf. Auf jeden Fall können Sie dazu dvips und gsview bzw. ghostscript benutzen. Damit kann der normale Druckertreiber des Betriebssystems für die Ausgabe verwendet werden.

Ändern Sie mit dem Editor Ihrer Wahl kleinere Teile des Textes in der Eingabedatei (.tex-Datei) und wiederholen Sie den Gesamtprozess, um die Auswirkungen nachzuvollziehen.

1.6   Zusammenfassung

Dieses Kapitel hat Ihnen

- ✓ den Arbeitsablauf des LaTeX-Systems näher gebracht,
- ✓ die verschiedenen Programme des LaTeX-Systems vorgestellt und deren Arbeitsfelder aufgezeigt und
- ✓ die Verwendung der verschiedenen Dateitypen erläutert.

2   Das LaTeX-Dokument

LaTeX ist ein Textsatzsystem. Das bedeutet, dass die Formatierung des Dokuments in einem separaten Arbeitsschritt vorgenommen wird. Dabei werden aus den Buchstaben und Zeichen Wörter, Zeilen und Absätze gebildet. LaTeX versucht dabei, die Formatierung so vorzunehmen, dass jeder Absatz eine optimale Gestaltung aufweist, also die Wortzwischenräume möglichst einheitlich sind und Worttrennungen nicht zu häufig in direkt untereinander stehenden Zeilen erfolgen.

Deshalb enthält die Eingabedatei neben den textuellen Inhalten zusätzlich noch die erforderlichen Befehle für die Formatierung des Textes. In einem ersten Befehl muss festgelegt werden, um welche Dokumentart es sich handelt: z. B. ein Buch oder ein kurzer Artikel. Anweisungen, die für das gesamte Dokument gelten, werden im so genannten Vorspann, der Präambel, angegeben.

Andere Formatierungen sollen nur für einen größeren Textbereich gelten. Sie werden der Übersichtlichkeit halber meist in Form von Umgebungen (*environments*) benutzt. Formatierungen, die nur auf eine kurze Textpassage oder ein Zeichen wirken, werden in Form von LaTeX-Befehlen eingegeben.

In diesem Kapitel lernen Sie

→ den prinzipiellen Aufbau eines LaTeX-Dokuments kennen,

→ unterschiedliche Dokumentklassen zu verwenden,

→ globale Eigenschaften einer Dokumentklasse zu verändern,

→ weitere Funktionen mit Hilfe von Zusatzpaketen zu nutzen,

→ globale Eigenschaften für das ganze Dokument in der Präambel festzulegen,

→ die für LaTeX-Befehle gültige Syntax kennen und

→ die Wirkungsbereiche von Befehlen einzuschränken.

2.1   Arbeitsweise von LaTeX

Bei der Formatierung eines Dokuments geht LaTeX so vor, dass aus den im Text vorhandenen Zeichen Wörter gebildet werden, aus denen dann Zeilen und Absätze geformt werden. Aus diesen wird dann eine Seite gebildet. Die Seiten ergeben das Dokument. Dieser Prozess (siehe auch Abbildung 2.1) erfolgt weitgehend automatisch, ohne dass Sie eingreifen müssen.

LaTeX benutzt für die interne Formatierung nur die in der Darstellung angegebenen Rechtecke um die Zeichen. Nach festgelegten Regeln werden aus diesen

Die Buchstaben werden zu Wörtern zusammengefasst.
Zwischen den Wörtern wird flexibler Leerraum eingefügt. Damit können die
Zeilen im Blocksatz ausgerichtet werden.
Wörter werden, falls nötig, am Ende der Zeile automatisch getrennt. Aus die-
sen einzelnen Zeilen werden dann Absätze gebildet.
Die Absätze bilden die Grundelemente einer Seite. Zwischen diesen wird fle-
xibler Leerraum eingesetzt, damit das Seitenbild harmonisch durch LATEX ge-
staltet werden kann.

Abbildung 2.1: Der Textsatz mit LATEX

Zeichen-Boxen dann die Rahmen für die Wörter gebildet. Zwischen den Wort-
Boxen wird ein Wortabstand (Leerraum) eingefügt, der eine voreingestelle Breite
(Leerzeichen) hat. Die Wortabstände haben eine dehnbare und auch in geringem
Umfang stauchbare Breite. Für den Aufbau einer Zeile ordnet LATEX nun so viele
Wort-Boxen hintereinander an, dass eine optimale Füllung erreicht wird – damit
ist eine Zeilen-Box entstanden. Anschließend werden so viele Zeilen angefügt,
bis der Absatz aufgebaut ist. Erst jetzt versucht LATEX, das Layout des gesamten
Absatzes durch Worttrennungen und Anpassung der dehnbaren Leerstellen zu
optimieren.

Nach einem ähnlichen Verfahren optimiert LATEX auch das Aussehen einer Seite,
indem es zwischen den Absätzen dehnbare vertikale Abstände einfügt, die erst
beim endgültigen Aufbau der ganzen Seite angepasst werden.

Dies hat zur Konsequenz, dass Abweichungen von diesem Automatismus LATEX
explizit mitgeteilt werden müssen. Dazu dienen die im Folgenden beschriebenen
Befehle und Umgebungen. Je nach Wirkungsbereich müssen die Befehle an unterschiedlichen Stellen in einem Dokument angegeben werden. So müssen zum Beispiel globale Änderungen in der Präambel vereinbart werden.

2.2   Syntax der LATEX-Befehle

Neben dem Text enthält die Eingabedatei auch Anweisungen an LATEX, wie der
Text zu formatieren ist. Diese Anweisungen werden in Form von LATEX-Befehlen
angegeben. Sie sind unterschiedlich komplex und unterscheiden sich bezüglich
ihrer Syntax.

\Befehlsname   Einfache LATEX-Befehle beginnen in der Regel mit einem Backslash »\« gefolgt von einem nur aus Buchstaben bestehenden *Befehlsnamen*.
Leerzeichen, Ziffern und Sonderzeichen sind für die Namensgebung nicht
erlaubt. Die Groß- bzw. Kleinschreibung des Namens ist relevant!

Der *Befehlsname* kann auch nur aus **einem** Sonderzeichen bestehen.

Beispiel 2.1: Einige einfache LATEX-Befehle

Beispiele für einfache LATEX-Befehle sind das Å- und das å-Zeichen.	`Beispiele für einfache` `\LaTeX-Befehle sind das` `\AA- und das \aa-Zeichen.`

Ziffern und Sonderzeichen schließen einen Befehlsnamen ab. Diese werden von LATEX auch ausgegeben. Anders verhält es sich mit dem Leerzeichen. Es schließt zwar auch den LATEX-Befehl ab, wird aber **nicht** ausgegeben! In vielen Fällen ist dies auch sinnvoll, da Sie ja nach einem Befehl eventuell direkt noch Text anfügen müssen.

Wenn Sie eine Leerstelle nach dem Befehl erzeugen müssen, sollten Sie den LATEX-Befehl mit einem `{}`-Paar abschließen. Die beiden Sonderzeichen beenden den Befehl, werden aber nicht ausgegeben. Ein darauf folgendes Leerzeichen erzeugt dann eine Leerstelle.

\Befehlsname`[`*Option*`]`*{Argument}* Komplexere LATEX-Befehle können bis zu neun Parameter besitzen. Dabei wird zwischen verpflichtenden (obligatorischen) *Argumenten*, die angegeben werden müssen, und *Optionen*, die nur im Bedarfsfall angegeben werden, unterschieden. Dieser Unterschied wird auch in der Syntax deutlich – obligatorische Argumente werden in geschweifte Klammern »`{ }`« und optionale Parameter in eckige Klammern »`[ ]`« eingeschlossen.

Beispiel 2.2: Einige komplexere LATEX-Befehle

Dies ist ein *kursiver* Text, dem eine ▬3mm lange Linie und ein ⬚gerahmter⬚ Text folgt. Eine Variante ist hier zu sehen 1 2 3 4␣5␣6␣7.	`Dies ist ein \textit{kursiver}` `Text, dem eine \rule{3mm}{0.05cm}` `3mm lange Linie und ein` `\framebox[2cm][c]%` `{gerahmter} Text folgt. Eine` `Variante ist hier zu sehen` `\verb+1 2 3 +\verb*+4 5 6 7+.`

Einige Befehle existieren auch in einer Variante, die sich nur durch marginale Formatierungsänderung vom Originalbefehl unterscheidet. Varianten werden durch einen direkt an den Befehlsnamen angehängten Stern »*« kenntlich gemacht.

Besitzt ein LATEX-Befehl ein obligatorisches Argument, so ist sein Wirkungsbereich in der Regel nur auf dieses Argument begrenzt. Viele Befehle ohne Argument wirken ab der Stelle im Dokument, an der sie auftreten. Ihre Wirkung bleibt so lange erhalten, bis sie durch einen anderen Befehl ähnlicher Wirkung aufgehoben wird. Sie wirken also wie ein Schalter.

Muss der Wirkungsbereich eines Befehls eingegrenzt werden, so können Sie dazu so genannte Gruppenklammern verwenden. Dazu wird der Bereich, in dem ein

Befehl wirken soll, in geschweifte Klammern »{...}« eingeschlossen. Der für diesen so definierten Bereich geltende Befehl wird direkt nach der öffnenden Klammer angegeben. Er wirkt nur innerhalb der Gruppe, also bis zur schließenden Klammer.

Beispiel 2.3 zeigt die Einschränkung des Wirkungsbereichs eines LATEX-Befehls zur Änderung der Schriftform auf eine Textpassage.

Beispiel 2.3: Einschränkung des Wirkungsbereichs eines LATEX-Befehls

| Die *folgende Textpassage ist in einer kursiven Schrift* gesetzt. | `Die {\itshape folgende Textpassage ist in einer kursiven Schrift} gesetzt.` |

Neben den Befehlen gibt es so genannte Umgebungen, die komplexere Formatänderungen bewirken können. Eine Umgebung besteht aus einem einleitenden Befehl und einem Befehl, der die Umgebung beendet. Zwischen diesen beiden Befehlen befindet sich die Textpassage, die nach den Regeln der Umgebung gesetzt werden soll.

```
\begin{Umgebungsname}
    Textpassage
\end{Umgebungsname}
```

Hiermit wird die *Textpassage* nach den Regeln der Umgebung gesetzt, die durch *Umgebungsname* bezeichnet wird.

Die Arbeitsweise der Befehle und Umgebungen wird in den folgenden Kapiteln des Buches näher erklärt. Hier seien sie nur als exemplarische Beispiele für die Syntax anzusehen.

Einige Zeichen haben in LATEX eine besondere Bedeutung. Auf diese wird näher im Kapitel 3.1 eingegangen. Exemplarisch sei hier nur das Leerzeichen (dient als Trennzeichen zwischen Wörtern bzw. beendet einen LATEX-Befehl) und das Prozentzeichen »%« erwähnt. Alles, was nach dem Prozentzeichen bis zum Zeilenende im Eingabetext folgt, wird von LATEX ignoriert. Sie können es dazu verwenden, Kommentare im Dokument anzugeben, die nicht ausgedruckt werden sollen. Das Prozentzeichen kann auch dazu benutzt werden, um LATEX-Befehle über mehrere Zeilen schreiben zu können. Nach dem letzten Zeichen der Befehlszeile, die fortgesetzt werden soll, wird ein Prozentzeichen gesetzt, damit durch den Zeilenumbruch im Eingabetext keine ungewollten Wortabstände eingefügt werden.

Im Beispiel 2.2 wurde das Prozentzeichen benutzt, um den Befehl `\framebox` und seine Argumente in zwei Zeilen schreiben zu können. Diese Schreibweise ist hier zwar nicht unbedingt erforderlich, kann aber hilfreich sein, um anzudeuten, dass der Befehl in der nächsten Zeile weiter fortgeführt wird.

2.3 Aufbau und Art des Dokuments

Ein LATEX-Eingabetext gliedert sich in zwei verschiedene Bereiche: die so genannte Präambel, in der alle globalen Einstellungen für das Dokument getroffen werden müssen, und den Textkörper, in dem der Inhalt mit den Befehlen für die Formatierung angegeben wird. Die Abbildung 2.2 zeigt eine typische LATEX-Eingabedatei. Durch die geschweiften Klammern rechts außen werden Bereiche für die Präambel und für den Textkörper markiert.

Wenn die Dokumentklasse eingestellt ist und alle notwendigen Zusatzpakete geladen sind (Präambel), folgt der eigentliche Dokumententext. Dieser wird von den beiden Befehlszeilen \begin{document} und \end{document} eingeschlossen.

Achtung!
Texte und auch LATEX-Befehle, die nach einer Zeile \end{document} folgen, werden ignoriert.

```
\documentclass[a4paper]{article}
\usepackage{ngerman}
\usepackage[T1]{fontenc}
\usepackage[ansinew]{inputenc}
% Weitere globale Definitionen

\begin{document}
Wenn die Dokumentklasse
eingestellt ist und alle
notwendigen Zusatzpakete ...\\
\verb+\begin{document}+\\
und\\
\verb+\end{document}+\\
eingeschlossen.
\par\vspace{2ex}
\textbf{Achtung!} \\
Texte und auch \LaTeX-Befehle,
...
\end{document}
```

Präambel

Textkörper

Abbildung 2.2: Prinzipieller Aufbau eines LATEX-Dokuments

Die Präambel beginnt mit dem Befehl \documentclass und endet mit der letzten Zeile vor dem Befehl \begin{document}, der den Textkörper einleitet. Der Textkörper wird mit dem Befehl \end{document} abgeschlossen.

Befinden sich – meist irrtümlich – mehrere Befehle \end{document} in einem Dokument, so wird die Formatierung nach dem ersten Auftreten des Befehls beendet. Dies kann man sich im Fehlerfalle zu Nutze machen, indem man an einigen Stellen einen Befehl \end{document} einfügt und diesen so lange verschiebt, bis der Fehler nicht mehr auftritt. Damit kann dann der Bereich eingegrenzt werden, in dem der fehlerhafte Befehl eingegeben wurde.

2.3.1   Die Dokumentklasse

Der Befehl \documentclass ist der erste Befehl in einem LATEX-Dokument. Er legt fest, um welche Art von Dokument es sich handelt und welche möglichen Varianten benutzt werden sollen. Folgende Syntax ist zu beachten.

\documentclass[*Klassenoption(en)*]{*Dokumentklasse*}

Die Art des Dokuments wird im obligatorischen Argument *Dokumentklasse* angegeben. Im optionalen Parameter *Klassenoption(en)* können eine oder, durch Komma voneinander getrennt, mehrere Modifikationen für die Dokumentklasse vereinbart werden.

Für *Dokumentklasse* können in Standard-LATEX die folgende Angaben eingesetzt werden.

article   Für Artikel und andere weniger strukturierte Dokumente. Hauptgliederungsstufen werden direkt im Anschluss an den vorhergehenden Text gesetzt. Automatische Nummerierungen erfolgen einstufig, fortlaufend für das ganze Dokument. Im unteren Seitenbereich wird die Seitennummer zentriert ausgegeben. Das Seitenlayout ist auf einseitige Ausgabe ausgelegt (z. B. Seitenränder, Randnotizen).

report   Für längere, strukturierte Dokumente. Hauptgliederungsstufen beginnen auf einer neuen Seite. Die automatischen Nummerierungen erfolgen zweistufig: Zum einen wird die Kapitelnummer und zum anderen eine innerhalb des Kapitels fortlaufende Nummerierung verwendet. Im unteren Seitenbereich wird die Seitennummer zentriert ausgegeben. Das Seitenlayout ist auf einseitige Ausgabe ausgelegt (z. B. Seitenränder, Randnotizen).

book   Für lange, durchstrukturierte Dokumente. Hauptgliederungsstufen beginnen auf einer neuen rechten (ungeraden) Seite. Automatische Nummerierungen erfolgen zweistufig: Zum einen wird die Kapitelnummer und zum anderen eine innerhalb des Kapitels fortlaufende Nummerierung verwendet. Die Seitennummer wird im oberen Seitenbereich mit der Kapitel- bzw. Abschnittsüberschrift ausgegeben (lebender Kolumnentitel). Das Seitenlayout ist für doppelseitigen Druck ausgelegt (Ränder für linke und rechte Seiten sind spiegelsymmetrisch). Randnotizen erscheinen immer im Außenrand.

slides   Für Folien und ähnliche Anwendungen. Diese Klasse ist veraltet und sollte nicht mehr für neue Dokumente benutzt werden. Daher wird sie in diesem Buch auch nicht weiter behandelt.

letter   Für englischsprachige Briefe. Für deutschsprachige Briefe ist diese Dokumentklasse nur mit vielen Anpassungen zu verwenden. Besser ist es, das Zusatzpaket *dinbrief* zu verwenden.

Die weiterführende Literatur [8, 12, 13] gibt zusätzliche Auskünfte zu Einschränkungen und Anwendungen dieser Dokumentklassen.

Neben den Dokumentklassen von Standard-LATEX wurden auch spezielle Dokumentklassen für deutschsprachige Texte entwickelt. Insbesondere haben die so genannten KOMA-Script Dokumentklassen (z. B. `scrartcl`, `scrreprt`, `scrbook`) Verbreitung gefunden. Näheres können Sie der Dokumentation des Zusatzpakets und der weiterführenden Literatur [15] entnehmen.

2.3.2   Die Klassenoptionen

Für die drei ersten Dokumentklassen können die folgenden *Klassenoption(en)* gewählt werden.

`10pt` Die Basisschriftgröße für das Dokument (z. B. ein Buch) wird auf 10 Punkte (ca. 3,5 mm) festgelegt (*Voreinstellung*).

`11pt` Eine etwas größere Basisschriftgröße (11 Punkte) wird benutzt.

`12pt` Die Basisschriftgröße 12 Punkte wird für das Dokument (z. B. ein Artikel) angewendet.

`a4paper` Benutzt wird die Papiergröße DIN A4 (21 cm × 29,7 cm).

`draft` Diese Option kann für den „Probedruck" angegeben werden; Grafiken werden nur als Rechtecke dargestellt, zu lange Zeilen werden mit einem schwarzen Balken am äußeren Rand gekennzeichnet.

`twoside` Das Seitenlayout wird auf doppelseitige Ausgabe umgestellt (Voreinstellung in der Dokumentklasse `book`).

`twocolumn` Das Dokument wird zweispaltig ausgegeben.

`titlepage` Die Titelinformation des Dokuments wird auch in der Dokumentklasse `article` auf einer separaten Seite ausgegeben. Weitere Informationen dazu finden Sie im Kapitel 4.5.

Die drei Klassenoptionen für die Größe der Basisschrift können nur alternativ angegeben werden. Die übrigen Optionen können wahlweise angegeben werden. Weitere Klassenoptionen finden Sie im Kapitel 12.4.2 bzw. in der weiterführenden Literatur [8, 9, 12, 13].

2.3.3   Zusatzpakete

Für viele spezielle Anwendungen sind Erweiterungen bzw. Anpassungen für die Dokumentklassen entwickelt worden, die Zusatzpakete. Diese müssen **vor** dem eigentlichen Textkörper in der Präambel geladen werden. Dafür können Sie den folgenden Befehl verwenden.

`\usepackage[`*Paketoption(en)*`]{`*Paketname*`}`

Der *Paketname* muss immer angegeben werden. Für einige Zusatzpakete können weitere Zusatzfunktionen mit Hilfe der *Paketoption(en)* aktiviert werden.

Die wichtigsten Zusatzpakete sind *ngerman*, *babel*, *inputenc*, *fontenc*, *amsmath*, *geometry* sowie *graphicx*, deren Einsatzzweck im Folgenden kurz beschrieben wird.

> **!** Die Zusatzpakete *ngerman, inputenc* und *fontenc* werden in allen Beispielen benutzt. Das Zusatzpaket *amsmath* kommt in den Beispielen zum Formelsatz immer zum Einsatz. Diese werden in der Regel daher in den Quelltexten der Beispiele **nicht** angegeben!
> Wird in den Beispielen auf andere, spezielle Zusatzpakete zurückgegriffen, werden diese in den Quelltexten auch explizit angegeben.

Im Anhang A.1 werden weitere wichtige Zusatzpakete und deren Einsatzzweck kurz vorgestellt. Eine ausführliche Dokumentation gehört in der Regel mit zum Umfang der Zusatzpakete. Die Nutzung der Pakete wird in der weiterführenden Literatur [8, 9, 6] beschrieben. Einen sehr guten Überblick über häufig genutzte Pakete gibt [10, 13].

Eine aktuelle Tabelle mit einer kurzen Beschreibung der existierenden Zusatzpakete finden Sie im Internet unter der Adresse `www.dante.de` unter dem Stichwort „Software" und „The TeX Catalogue Online". Dort finden Sie oftmals auch die Paketdokumentation. Einige Zusatzpakete liegen in einer speziellen Form vor (`.ins`-Datei). Diese müssen Sie erst einmal mit LATEX „übersetzen", damit Sie die eigentlich notwendigen Dateien (`.sty`) erhalten. Gleiches gilt in einigen Fällen auch für die Paketdokumentation (`.dtx`).

Das Zusatzpaket *ngerman*

Mit diesem Zusatzpaket wird die deutsche Typografie und die deutsche Silbentrennung aktiviert (neue deutsche Rechtschreibung). Es muss in der Präambel mit dem folgenden Befehl geladen werden.

```
\usepackage{ngerman}
```

Für von LATEX automatisch erzeugte Überschriften werden deutsche Titel (siehe Kapitel 15.4) voreingestellt. Darüber hinaus definiert das Zusatzpaket weitere Befehle für Sonderzeichen, die in deutschen Texten häufig benötigt werden. Weitere Informationen zu dem Zusatzpaket finden Sie auch in den Kapiteln 3.1.5 und 15.5, in der Paketdokumentation und in der weiterführenden Literatur [8, 13].

Das Paket kann für Dokumente benutzt werden, die nur deutsche Texte enthalten. Alternativ können Sie auch das Zusatzpaket *babel* mit der Paketoption `ngerman` einsetzen.

Das Zusatzpaket *babel*

Dieses Zusatzpaket ist für eine Vielzahl von Sprachen entwickelt worden und ermöglicht die Aktivierung unterschiedlicher Algorithmen für die Silbentrennung in einem Dokument. Es sollte insbesondere für mehrsprachige Dokumente eingesetzt werden. In der Präambel können Sie das Paket mit dem folgenden Befehl laden.

```
\usepackage[Sprache(n)]{babel}
```

Im optionalen Parameter können Sie eine oder mehrere *Sprache(n)* angeben. Wenn Sie dort mehrere Einträge machen, müssen Sie diese durch Komma voneinander trennen. Wichtige Sprachangaben sind: z.B. `ngerman` für deutschsprachige

Texte mit der neuen Rechtschreibung, `english` für englischsprachige Texte, `french` für französische Dokumente.

Die zuletzt im optionalen Parameter angegebene Sprache wird für die Silbentrennung zu Beginn des Dokuments benutzt. Zwischen den optional angegebenen Sprachen kann innerhalb des Textes mit entsprechenden Befehlen umgeschaltet werden.

Für die von LATEX automatisch erzeugten Überschriften werden die Titel benutzt, die der aktivierten Sprache entsprechen (siehe Kapitel 15.4). Die dem Zusatzpaket beiliegende Dokumentation und die weiterführende Literatur [13] geben weitere Hinweise für die Nutzung dieses Pakets.

Das Zusatzpaket *inputenc*

Die Eingabe von Zeichen beschränkt sich beim Standard-LATEX auf die so genannten ASCII-Zeichen. Diese enthalten im Wesentlichen nur die Klein- und Großbuchstaben, die Ziffern, Satz- und einige Sonderzeichen. Insbesondere die sprachspezifischen Zeichen (z.B. die deutschen Umlaute und das ß) sind nicht in diesem Zeichenvorrat enthalten und können somit in Standard-LATEX nicht direkt über die Tastatur eingegeben werden. Mit Hilfe des Zusatzpakets *inputenc* ist es möglich, solche Sonderzeichen auch direkt über die Tastatur in Ihr Dokument einzugeben. Da die Codierung der Zeichen aber von der Rechnerplattform und dem benutzten Betriebssystem abhängt, muss diese Information dem Zusatzpaket im optionalen Parameter angegeben werden.

```
\usepackage[Codierung]{inputenc}
```

Für *Codierung* können Sie eine der folgenden Angaben einsetzen.

`latin1`   Die Codierung erfolgt nach dem ISO latin-1 Standard (ISO 8859-1); für Linux- und andere Unix-Rechner.

`ansinew`   Der erweiterte Zeichenvorrat gegenüber dem ISO 8859-1 Standard wird genutzt; für Windows-Rechner.

Nähere Einzelheiten zum Zusatzpaket und weitere *Codierungen* finden Sie in der weiterführenden Literatur [13] und in der Paketdokumentation.

Das Zusatzpaket *fontenc*

Auch der Zeichenvorrat innerhalb der TEX-Zeichensätze war am Anfang auf 128 Zeichen beschränkt. Durch die weite Verbreitung von LATEX wurde es notwendig, auch häufig benutzte sprachspezifische Zeichen in erweiterte Zeichensätze (mit 256 Zeichen) aufzunehmen.

Für die Nutzung dieser erweiterten TEX-Zeichensätze müssen Sie das folgende Zusatzpaket laden.

```
\usepackage[Schema]{fontenc}
```

Für *Schema* können Sie z. B. die folgenden Angaben machen.

`T1`   Es werden die erweiterten Zeichensätze genutzt. Damit verbessert sich auch die Silbentrennung von Wörtern mit Akzentzeichen.

OT1   Die älteren auf 128 Zeichen beschränkten Zeichensätze werden verwendet. Diese Option sollten Sie nur in Ausnahmefällen benutzen.

Weitere Informationen zu diesem Zusatzpaket finden Sie im Kapitel 6.1.4.

Das Zusatzpaket *amsmath*

Für die Nutzung zusätzlicher mathematischer Symbole und Erweiterungen des Formelsatzes kann das Zusatzpaket *amsmath* der *American Mathematical Society* ($\mathcal{A}_{\mathcal{M}}\mathcal{S}$) eingesetzt werden. Viele Hinweise zu diesem Zusatzpaket finden Sie in den Kapiteln 7 und 12.

Das Zusatzpaket *geometry*

Mit diesem Zusatzpaket lässt sich der Satzspiegel (z. B. Textbreite, Texthöhe, Ränder) ihres Dokuments relativ einfach beeinflussen. Eine ausführlichere Beschreibung des Zusatzpakets folgt im Kapitel 15.3.

Das Zusatzpaket *graphicx*

Dieses Paket ist erforderlich, wenn Sie extern erstellte Grafiken in Ihrem Dokument einbinden wollen. Das Zusatzpaket wird im Kapitel 9.3.1 ausführlicher behandelt.

2.4   Übung

In der ersten Übung haben Sie ein bereits existierendes Dokument verwendet. In dieser Übung sollen Sie ein neues LATEX-Dokument erstellen. Dazu benutzen Sie bitte folgende Angaben: Dokumentklasse `article`, Klassenoption `a4paper`. Zusätzlich müssen Sie auch die Zusatzpakete *ngerman*, *fontenc* mit der Option `T1` und *inputenc* mit der Option `latin1` bzw. `ansinew` laden, damit Sie die Umlaute direkt eingeben können. Verwenden Sie für das Dokument den nachfolgenden Text (aus der schattierten Box), der auch noch weitere Hinweise zur Eingabe enthält. Das Minuszeichen verwenden Sie als Bindestrich bei zusammengesetzten Wörtern. Trennstriche für die Worttrennung geben Sie hier nicht ein, da die Wörter gegebenenfalls automatisch von LATEX getrennt werden.

Verwenden Sie anschließend auch die Klassenoptionen `10pt`, `11pt` bzw. `12pt`, um zu sehen, welche Auswirkungen diese auf die Gestaltung Ihres Textes haben.

Wenn Sie deutsche Texte schreiben, sollten Sie immer die folgenden Zusatzpakete laden: ngerman, inputenc und fontenc. Beachten Sie, dass Sie bei den letzten beiden Paketen die richtigen optionalen Argumente angeben. Mit diesen Zusatzpaketen können Sie die Umlautzeichen (ä, ö, ü, Ä, Ö, Ü) und das ß direkt im Text über die Tastatur eingeben.

Einen neuen Absatz können Sie dadurch erzeugen, indem Sie im Eingabetext eine Leerzeile eingeben. Allerdings können Sie mit mehreren Leerzeilen keinen zusätzlichen Abstand zwischen den Absätzen erzielen. Die dazu notwendigen Befehle lernen Sie erst in einem der folgenden Kapitel kennen.

Gekennzeichnet werden Absätze in der Ausgabe durch einen Einzug der ersten Zeile des Absatzes. Dieses Verhalten können Sie beeinflussen. Wie das geht, lernen Sie auch in einem späteren Kapitel des Buches.

2.5   Zusammenfassung

In diesem Kapitel haben Sie die Arbeitsweise von LATEX gesehen sowie grundlegende Einstellungen für ein Dokument nachvollziehen können. Darüber hinaus haben Sie gelernt

✓ verschiedene Dokumentklassen anzuwenden,

✓ die verschiedenen Klassenoptionen zu verwenden,

✓ die Zusatzpakete zu nutzen,

✓ globale Einstellungen für das Dokument zu treffen,

✓ die Syntax einfacher und komplexer LATEX-Befehle zu beachten und

✓ die Wirkung der Befehle – falls erforderlich – einzuschränken.

Kapitel

3 Grundelemente für den Textsatz mit LaTeX

Der Satz eines LaTeX-Dokuments erfordert das Befolgen einiger Regeln, da die Formatierung des Dokuments meist nicht direkt bei der Eingabe überprüft werden kann. Auch lassen sich nicht alle Zeichen direkt in den Eingabetext eintippen, sondern müssen durch LaTeX-Befehle bei der Formatierung des Dokuments erzeugt werden.

Insbesondere lernen Sie in diesem Kapitel

→ die Besonderheiten bei der Zeicheneingabe zu berücksichtigen,

→ deutsche Typografie anzuwenden,

→ Zeilenumbrüche, falls erforderlich, manuell vorzunehmen,

→ Absätze zu verwenden und deren Aussehen zu modifizieren,

→ Seitenumbrüche zu beeinflussen,

→ im Bedarfsfall die Silbentrennung anzugeben,

→ eine dokumentspezifische Trenntabelle anzulegen sowie

→ horizontale und vertikale Abstände einzufügen.

3.1 Zeichen

3.1.1 Buchstaben, Ziffern und Satzzeichen

Wesentlichstes Element eines Dokuments sind die einzelnen Zeichen. Die Buchstaben, Ziffern, das Leerzeichen und die Satzzeichen können Sie direkt in Ihrem Eingabetext verwenden. Auch die Sonderzeichen: + - * / = ( ) [ ] ' @ lassen sich direkt im Eingabetext benutzen. Alle weiteren Zeichen müssen Sie über Ersatzdarstellungen eingeben. Die Sonderzeichen: & # $ _ { } % ^ ~ haben im LaTeX-Eingabetext eine Sonderbedeutung.

    &   Ein Ampersand dient in Tabellen als Tabulatorzeichen.

    #   Das Rautenzeichen wird als Platzhalter für Argumente benutzt.

    $ Der Dollar wird für die Umschaltung in den Formelsatz verwendet.

    _   Ein Unterstrich bewirkt im Formelsatz das Tiefstellen eines Zeichens.

    ^   Der Zirkumflex bewirkt im Formelsatz das Hochstellen eines Zeichens.

~ Eine Tilde verhindert den Zeilenumbruch zwischen zwei Wörtern.

{ } Die geschweiften Klammern dienen zur Angabe von Parametern in Befehlen und werden als Gruppenklammer benutzt.

% Das Prozentzeichen und damit alles was hinter diesem in der Zeile steht wird von LaTeX ignoriert (Kommentarzeichen).

Die Sonderbedeutung der Zeichen (nur nicht für die beiden Akzentzeichen) können Sie aufheben, indem Sie einen Backslash »\« dem Zeichen voranstellen, zum Beispiel \% für das Prozentzeichen »%«.

Mit Hilfe des Kommentarzeichens »%« ist es Ihnen möglich, eigene *Notizen* im Text zu hinterlegen, damit Sie zu einem späteren Zeitpunkt nachvollziehen können, warum der dort angegebene Weg beschritten wurde. Es wird auch häufig bei LaTeX-Befehlen eingesetzt, die sich über mehrere Zeilen erstrecken. Mit dem am Zeilenende eingesetzten Prozentzeichen lassen sich unerwünschte Wortabstände vermeiden, die sich sonst durch den Zeilenumbruch automatisch ergeben würden. Von dieser Funktion des Prozentzeichens wird häufig in den Beispielen dieses Buches Gebrauch gemacht.

3.1.2   Eingabe von Akzentzeichen

Buchstaben mit Akzenten und andere Sonderzeichen können Sie normalerweise nicht direkt über die Tastatur eingeben. Sie erhalten sie über die in der Tabelle 3.1 angegebenen LaTeX-Befehle; beispielhaft wurde »o« benutzt.

	Befehl		Befehl		Befehl		Befehl		Befehl
ò	\'{o}	ó	\'{o}	ô	\^{o}	õ	\~{o}	ō	\={o}
ȯ	\.{o}	ŏ	\u{o}	ǒ	\v{o}	ő	\H{o}	ö	\"o
ǫ	\c{o}	ọ	\d{o}	o̱	\b{o}	o͡o	\t{oo}	o̊	\r{o}

Tabelle 3.1: Befehle für Akzente

Für Akzente über einem »i« oder »j« müssen diese Buchstaben besonders gesetzt werden, da dabei der Punkt oberhalb des Buchstabens entfernt werden muss. Dies erfolgt mit dem Befehl \i bzw. \j.

Beispiel 3.1 zeigt die Wirkungsweise einiger Befehle für Akzentzeichen.

Beispiel 3.1: Akzentzeichen in einem LaTeX-Dokument

Akut: é; Gravis: à; Diaeresis: ë; Tilde: ñ; Cedilla: ç; Háček: ǐ.	`Akut: \'{e}; Gravis: \'{a}; Diaeresis: \"e;`
	
	 `Tilde: \~{n}; Cedilla: \c{c}; H\'a\v{c}ek: \v{\i}.`

Wenn Sie die Zusatzpakete *inputenc* und *fontenc* geladen haben, können Sie einige Akzentzeichen auch direkt über die Tastatur eingeben.

3.1.3 Eingabe anderer Sonderzeichen

Neben Akzentzeichen werden häufig auch noch andere nationale Sonderzeichen benötigt. Die Befehle für wichtige Zeichen sind in der Tabelle 3.2 angegeben.

	Befehl		Befehl		Befehl		Befehl		Befehl
œ	\oe{}	æ	\ae{}	å	\aa{}	ø	\o{}	ł	\l{}
Œ	\OE{}	Æ	\AE{}	Å	\AA{}	Ø	\O{}	Ł	\L{}
§	\S	†	\dag	‡	\ddag	¡	!`	¿	?`

Tabelle 3.2: Befehle für andere wichtige Sonderzeichen

Andere Sonderzeichen können mit Hilfe spezieller Zusatzpakete verwendet werden. Für die Nutzung des Euro-Zeichens muss das Zusatzpaket *eurosym* geladen werden. Der darin definierte Befehl \euro gibt das Euro-Zeichen aus (siehe Beispiel 3.2).

Das Zusatzpaket *textcomp* stellt eine Reihe weiterer Sonderzeichen für den Fließtext zur Verfügung. Die weiterführende Literatur [15] und die dem Paket beiliegende Dokumentation beschreiben die Symbole und die dafür erforderlichen Befehle.

3.1.4 Besondere Zeichen im Buchdruck

Der Buchdruck verwendet einige zusätzliche Zeichen, die auf einer normalen Tastatur nicht zu finden sind. Dabei handelt es sich zum Beispiel um Fortsetzungspunkte und unterschiedlich lange Striche. Darüber hinaus wird in einigen Fällen der Abstand zwischen bestimmten Buchstabenkombinationen verändert, um ein ausgewogenes Schriftbild zu erhalten.

Trenn- und Gedankenstrich

Der Buchsatz unterscheidet drei verschieden lange Striche.

- Eine kurze Linie stellt einen Trennstrich dar. Dieser wird auch als Bindestrich bei zusammengesetzten Wörtern benutzt. Diesen Strich erhalten Sie im Dokument durch Eingabe eines Minuszeichens (-).

– Eine etwas längere Linie (Breite des Kleinbuchstabens n, *endash*) dient zur Hervorhebung von erklärenden oder ausschmückenden Satzteilen (Gedankenstrich) und kann bei von–bis-Angaben (Streckenstrich) benutzt werden. In diesem Fall entfallen die Leerräume vor und nach dem Streckenstrich. Diesen Strich erhalten Sie im LATEX-Text durch die Eingabe zweier direkt aufeinander folgender Minuszeichen (--).

— Die noch längere Linie (Breite des Kleinbuchstabens m, *emdash*) findet im deutschsprachigen Raum nur in Tabellen als Auslassungszeichen Verwendung, da durch diese Linie das Satzbild im Fließtext zu sehr aufgerissen wird. Sie erhalten diese Linie durch Eingabe dreier Minuszeichen (---).

Fortsetzungs- oder Auslassungspunkte

Für fehlende Textstellen werden häufig drei Auslassungspunkte verwendet. Diese können auch mit LATEX gesetzt werden. Dazu können Sie den folgenden Befehl verwenden.

\dots   Er fügt an der aktuellen Stelle im Text Fortsetzungs- bzw. Auslassungspunkte »...« ein.

Die Auslassungspunkte werden mit anderen Abständen als drei direkt aufeinander folgende (»...«) oder durch Leerzeichen gesperrte (». . .«) Punkte gesetzt.

Beispiel 3.2: Befehle für einige spezielle Zeichen

Å – Zeichen für eine sehr kleine Längeneinheit, die in LATEX nicht verwendet werden kann. §1 . . . §5 stellen Begriffe klar. Ein Buch kostet 15,75 €.	`\usepackage{ngerman}`
	`\usepackage[latin1]{inputenc}`
	`\usepackage[T1]{fontenc}`
	`\usepackage{eurosym}`
	`...`
	`\AA{} -- Zeichen für eine`
	`sehr kleine Längeneinheit,`
	`die in \LaTeX{} nicht`
	`verwendet werden kann.\\`
	`\S 1 \dots \S 5 stellen`
	`Begriffe klar.\\`
	`Ein Buch kostet 15,75~\euro.`

Beispiel 3.2 stellt einige Sonderzeichen in einem LATEX-Dokument dar.

Kerning und Ligaturen

Im Buchdruck werden einige Buchstabenkombinationen mit geringerem Buchstabenabstand gesetzt als die natürlichen Breiten der Einzelbuchstaben eigentlich erfordern. Durch dieses *Unterschneiden* oder *Kerning* bei einigen Buchstabenkombinationen werden zu große optische Abstände zwischen diesen Buchstaben vermieden, um den Lesefluss nicht durch zu viel Weißraum zu stören. Beispielhaft seien hier erwähnt: VA statt VA.

Bei manchen Buchstabenkombinationen geht diese Unterschneidung so weit, dass die Buchstaben miteinander verschmelzen und so ein neues Zeichen bilden, eine so genannte Ligatur.

Ist das Kerning oder die Ligaturbildung nicht erwünscht, muss die Trennung der Ligatur erfolgen. Die weiterführende Literatur [4, 8, 13] zeigt die dafür einsetzbaren Befehle und deren Wirkung.

3.1.5 Spezifika deutschsprachiger Texte

Umlaute und das ß

Deutsche Umlaute könnten Sie nach Tabelle 3.1 als Vokal mit einem Doppelpunkt-
akzent eingeben. Wesentlich komfortabler ist die Eingabe der Umlaute, wenn Sie
die Zusatzpakete *ngerman*, *inputenc* und *fontenc* in der Präambel laden. Dann
können Sie die deutschen Umlaute und das »ß« direkt über die Tastatur eingeben.

> Wenn Sie ein Dokument auf mehreren verschiedenen Rechnerplattformen
> bearbeiten müssen, sollten Sie die Umlaute und das »ß« nicht direkt einge-
> ben, sondern die Schreibweise anwenden, die im Kapitel 15.5 beschrieben
> wird!
>
> Manche Editoren erlauben die direkte Eingabe der Umlaute und wandeln
> diese automatisch in die dort angegebene Ersatzdarstellung um.

An- und Abführungszeichen

In deutschsprachigen Texten werden auch die deutschen An- und Abführungszeichen (*Gänsefüßchen*) benutzt. Damit Sie diese verwenden können, müssen Sie
das Zusatzpaket *ngerman* bzw. *babel* mit der Option `ngerman` in der Präambel
laden. Dann können Sie einen der folgenden LATEX-Befehle verwenden.

`\glqq{}` Dieser Befehl erzeugt ein Anführungszeichen »„«.

`"`` Die Kombination aus doppeltem Anführungszeichen und Gravis erzeugt
auch das Anführungszeichen.

`\glq{}` Es wird ein einfaches Anführungszeichen »‚« gesetzt.

`\grqq{}` Dieser Befehl erzeugt ein Abführungszeichen »"«.

`"'` Die Kombination aus doppeltem Anführungszeichen und Apostroph
erzeugt ebenfalls das Abführungszeichen.

`\grq{}` Es wird ein ein einfaches Abführungszeichen »'« gesetzt.

Beispiel 3.3: Deutsche Sonderzeichen mit Hilfe der genannten Zusatzpakete

In diesem Text werden die Umlaute ä, ö, ü, ß, Ä, Ö, Ü verwendet. Auch die deutschen „Gänsefüßchen" werden benutzt.	`\usepackage{ngerman}`
	`\usepackage[T1]{fontenc}`
	`\usepackage[latin1]{inputenc}`
	`...`
	`In diesem Text werden die`
	`Umlaute ä, ö, ü, ß, Ä, Ö, Ü`
	`verwendet. Auch die deutschen`
	`\glqq{}Gänsefüßchen\grqq{}`
	`werden benutzt.`

Das Beispiel 3.3 zeigt die Anwendung der Befehle für deutsche Umlaute und Sonderzeichen.

In fremdsprachigen Texten sollten Sie die zugehörigen An- und Abführungszeichen verwenden. Im englischsprachigen Raum können Sie für die Anführungszeichen »"« zwei Gravis (") und für Abführungszeichen »"« zwei Apostrophe (") benutzen.

Französische An- und Abführungszeichen lassen sich gleichfalls mit diesen Zusatzpaketen erzeugen. Näheres finden Sie in der dem Paket beiliegenden Dokumentation und in der weiterführenden Literatur [4, 8, 13].

3.2   Silbentrennung

Wörter werden am Ende einer Zeile automatisch getrennt. Der von LaTeX verwendete Trennalgorithmus ist sehr effektiv. Bei deutschsprachigen Texten gibt es manchmal Schwierigkeiten, die korrekten Trennstellen zu finden. Insbesondere sind davon zusammengesetzte Wörter betroffen. Zeichen mit Akzenten verhindern das Auffinden potenzieller Trennstellen hinter dem Akzentzeichen. Wenn Sie das Zusatzpaket *ngerman* bzw. *babel* mit der Option ngerman (sowie die Zusatzpakete *inputenc* und *fontenc*) benutzen, lassen sich Wörter auch nach dem Umlautzeichen noch trennen.

Falls die Worttrennung dennoch fehlerhaft ist, können Sie LaTeX mit den folgenden Befehlen Hilfestellung geben.

\-   Hiermit wird das Wort nur an den so gekennzeichneten Stellen getrennt. Trennstellen, die sich aus dem Trennalgorithmus ergeben, werden ignoriert. Beispiel: `Uni\-ver\-si\-täts\-ver\-wal\-tung`.

"-   Es wird eine zusätzliche Trennstelle zu denen aus dem Trennalgorithmus zur Verfügung gestellt. Beispiel: `Universitäts"-verwaltung`; die Nahtstelle beider Wörter wird nicht als Trennstelle gefunden; daher wird diese hier zusätzlich angegeben. Das Zusatzpaket *ngerman* ist für diesen Befehl erforderlich!

""   Eine zusätzliche Trennstelle wird definiert, an der aber kein Trennstrich eingefügt wird. Dies ist häufig bei Abkürzungen und Internetadressen erforderlich. Beispiel: `http://""www.dante.de/""software/`. Das Zusatzpaket *ngerman* ist für diesen Befehl erforderlich!

"=   Ein Bindestrich wird an dieser Stelle eingesetzt, der gleichzeitig als Trennstelle dienen kann. Erfolgt an dieser Stelle ein Zeilenumbruch, so wird **kein** Trennstrich zusätzlich eingefügt. Der Befehl wird häufig bei Abkürzungen und zusammengesetzten Wörtern benutzt. Beispiel: `Di"=Methyl"=Aceton`. Das Zusatzpaket *ngerman* ist für diesen Befehl erforderlich!

"~   Es wird ein Bindestrich erzeugt, an dem aber **nicht** getrennt werden darf. Dieser Befehl ist häufig bei Fachbegriffen und Abkürzungen notwendig.

Darüber hinaus kann er auch bei zusammengesetzten Worten hilfreich sein.
Beispiel: `Bergauf und "~ab`.
Das Zusatzpaket *ngerman* ist für diesen Befehl erforderlich!

Alle hier aufgezeigten Befehle wirken nur an dieser einen Stelle im Text. Wenn
Sie Worttrennungen global für ein Wort im ganzen Dokument definieren wollen,
können Sie diese in der Präambel des Dokuments mit folgendem Befehl angeben.

`\hyphenation{`*Trennliste*`}` Die *Trennliste* enthält die durch Leerzeichen
getrennte Aufzählung von Wörtern mit vordefinierten Trennstellen. Die
Trennstellen werden in der *Trennliste* durch ein Minuszeichen »-« dargestellt.
Beispiel: `\hyphenation{Ver-wal-tung Stau-becken}`.

Es gibt Einschränkungen für die Anwendung des Befehls `\hyphenation`. So
dürfen **keine** Umlaute oder »ß« im Wort enthalten sein. Ebenfalls können keine
zusammengesetzten Wörter angegeben werden, die selbst einen Trennstrich bein-
halten. Die Liste kann auch nicht beliebig umfangreich werden; meist sind nur 300
Einträge zulässig.

Eine Trennliste sollte für jedes Dokument neu erstellt werden und nur die Fach-
begriffe und speziellen Wörter enthalten, auf die Sie in Ihrer Ausarbeitung (z. B.
Diplomarbeit) Bezug nehmen.

3.3   Zeilenumbruch

LATEX führt den Zeilenumbruch automatisch durch, wenn die Zeile ausreichend
mit Text gefüllt ist. Das Wort am Zeilenende wird von LATEX gegebenenfalls mit
Hilfe der relativ guten Silbentrennung selbsttätig getrennt. Für den automatischen
Zeilenumbruch wird nicht nur die gerade bearbeitete Zeile berücksichtigt, sondern auch die Gestaltung des gesamten Absatzes.

Wenn Sie manuell den Zeilenumbruch beeinflussen wollen, können Sie die folgenden Befehle verwenden.

`\\[`*Höhe*`]` bzw. `\\*[`*Höhe*`]` Diese Befehle führen unmittelbar einen Zeilenumbruch ohne Randausgleich durch. Der optionale Parameter *Höhe* gibt an,
wie viel **zusätzlicher** vertikaler Leerraum eingefügt werden soll. Für *Höhe*
ist eine Zahl mit Maßeinheit einzusetzen. Die Tabelle 3.3 gibt Auskunft über
verwendbare Maßeinheiten. Die Variante `\\*` verhindert einen gleichzeitigen
Seitenumbruch an dieser Stelle.

`\newline` Dieser Befehl hat im Fließtext die gleiche Wirkung wie der oben
angegebene Befehl `\\` ohne das optionale Argument.

`\linebreak[`*n*`]` bzw. `\nolinebreak[`*n*`]` Es wird ein Zeilenumbruch
mit Randausgleich an der aktuellen Stelle im Dokument ermöglicht bzw.
verhindert. Dabei können in der letzten Zeile große Wortabstände entstehen.
Mit Hilfe des optionalen Arguments *n* ist eine Gewichtung möglich. Für *n*
können Sie Werte zwischen 0 (möglich) und 4 (zwingend) einsetzen.

An einigen Stellen im Text kann ein Zeilenumbruch unerwünscht sein: z. B. zwischen einer Zahl und der zugehörigen Maßeinheit oder zwischen Titel und Name.

Maßeinheit	Name / Umrechnung
mm	Millimeter
cm	Zentimeter (1 Zentimeter = 10 Millimeter)
in	Inch (1 Inch = 2,54 cm)
pt	LaTeX-Punkt (1 Punkt $= \frac{1}{72{,}72}$ in $\approx \frac{1}{3}$ mm)
bp	PostScript-Punkt (1 Punkt $= \frac{1}{72}$ in $\approx \frac{1}{3}$ mm)
em	Breite des »M«; proportional zum aktuellen Zeichensatz
ex	Höhe des »x«; proportional zum aktuellen Zeichensatz

Tabelle 3.3: Wichtige Maßeinheiten für LaTeX-Längen

Auch für solche Fälle stellt LaTeX einen Befehl zur Verfügung.

~ Die Tilde an Stelle eines normalen Leerzeichens verhindert den Zeilenumbruch zwischen den beiden Textteilen.
Beispiel: `5~mm`, `Dr.~Schiwago` erzeugen 5 mm, Dr. Schiwago, ohne dass diese beiden Textbestandteile getrennt werden können.

Beispiel 3.4 zeigt die Wirkung der Befehle für den manuellen Zeilenumbruch.

Beispiel 3.4: Befehle für manuellen Zeilenumbruch

Automatisch von LaTeX umbrochener Fließtext; manueller Zeilenumbruch mit einem zusätzlichen vertikalen Leerraum.

Zeilenumbruch ohne Angabe einer zusätzlichen Höhe.
Umbruch mit Randausgleich.

```
Automatisch von \LaTeX{}
umbrochener Fließtext;
manueller Zeilenumbruch
mit einem zusätzlichen
vertikalen Leerraum.\\[1ex]
Zeilenumbruch ohne Angabe
einer zusätzlichen Höhe.\\
Umbruch mit Randausgleich.
\linebreak[4]
```

3.4 Absätze

Absätze werden im LaTeX-Eingabetext durch eine oder mehrere Leerzeilen kenntlich gemacht. Alternativ dazu können Sie auch den TeX-Befehl `\par` verwenden. Die Zeilen in einem Absatz werden automatisch mit beidseitigem Randausgleich im so genannten Blocksatz gesetzt, wobei eine bestmögliche Gestaltung des gesamten Absatzes angestrebt wird.

Die oben genannten Befehle bewirken das Ende des vorhergehenden Absatzes. Wenn Sie keine anderen Einstellungen getroffen haben, markiert LaTeX die erste Zeile eines neuen Absatzes durch einen Einzug am linken Rand. Dabei bleibt der

Zeilenabstand zwischen den Absätzen gleich. Der Einzug der ersten Zeile unterbleibt beim ersten Absatz einer Hauptgliederungsstufe (siehe Kapitel 4.1).

3.4.1 Absatzeinstellungen

Sie können die Einstellungen für Absätze ändern. Mit den folgenden zwei Befehlen nehmen Sie Einfluss auf die Länge des Einzugs und auf den Leerraum zwischen zwei Absätzen.

`\setlength{\parindent}{`*Länge*`}` Der Einzug der ersten Zeile eines Absatzes wird durch *Länge* spezifiziert. In der Regel wird hier eine Längenangabe eingesetzt, die sich auf den aktuellen Zeichensatz bezieht (z. B. 2em).

`\setlength{\parskip}{`*Dehnbare Länge*`}` Der zusätzlich zum normalen Zeilenabstand eingefügte vertikale Leerraum wird durch *Dehnbare Länge* angegeben. In der Regel wird hier eine Längenangabe eingesetzt, die sich auf die aktuelle Zeichenhöhe bezieht (z. B. 2ex). Darüber hinaus sollten auch Stauch- und Dehnmaße angegeben werden, damit LaTeX ausreichend Spielraum für die Seitengestaltung erhält.

Dehnbare Längenangaben bestehen aus den folgenden drei Teilen.

1. Der Grundlängenangabe, bestehend aus einer Zahl und der Maßeinheit.
2. Der Angabe, um wie viel die Länge maximal aufgeweitet werden darf. Nach der Grundlängenangabe und einem Leerzeichen als Separator folgt das Schlüsselwort `plus` und eine Zahl mit Maßeinheit.
3. Der Angabe, um wie viel die Länge maximal verkürzt werden kann. Nach einem Leerzeichen als Separator folgt das Schlüsselwort `minus` und eine Zahl mit Maßeinheit.

Die Angabe von `1.5ex plus 0.5ex minus 0.3ex` als dehnbare Länge bedeutet, dass zunächst eine Längenangabe von 1,5 ex eingesetzt wird. Falls notwendig, kann diese um bis zu 0,5 ex aufgeweitet werden (also auf maximal 2,0 ex) oder um bis zu 0,3 ex gestaucht werden (also auf minimal 1,2 ex).

Werden die beiden Längen-Parameter `\parindent` bzw. `\parskip` in der Präambel des Dokuments verändert, so gelten sie global für das ganze Dokument. Ansonsten gelten sie ab der Stelle im Dokument, wo die oben genannten Befehle angegeben werden.

Für das Layout eines Absatzes kann auch der folgende Befehl hilfreich sein.

`\noindent` Der Einzug am Anfang der ersten Zeile wird in diesem einen Absatz unterdrückt.

Im Beispiel 3.5 sind die Auswirkungen der oben beschriebenen Befehle dargestellt.

Hilfreich kann auch der Einsatz des Zusatzpakets *parskip* sein, das den Einzug der ersten Zeile der Absätze verhindert und zwischen den Absätzen einen ver-

---

Beispiel 3.5: Absatzeigenschaften

Das voreingestellte Aussehen für einen Absatz. Dieser Absatz wird ohne Einzug der ersten Zeile gesetzt.	`Das voreingestellte` `Aussehen für einen Absatz.`

Dieser Absatz wird mit einem kleinen Einzug (1em) gesetzt.	`\noindent Dieser Absatz wird`
	`ohne Einzug der ersten Zeile`
	`gesetzt.`

Dieser Absatz wird durch einen vertikalen Abstand gekennzeichnet. Kein Einzug der ersten Zeile.	`\setlength{\parindent}{1em}`
	`Dieser Absatz ... (1em) gesetzt.`
	
	`\par\setlength{\parindent}{0cm}`
	`\setlength{\parskip}`
	`  {1ex plus0.3ex minus0.1ex}`
	`Dieser Absatz wird ... Zeile.`

tikalen Zwischenraum einfügt. Darüber hinaus korrigiert dieses Paket auch die Abstände innerhalb der Listenumgebungen (siehe Kapitel 5.3).

3.4.2   Absatzausrichtung

Manchmal ist der Blocksatz nicht die zweckmäßigste Form. In einigen Fällen kann es sinnvoll sein, Textteile besser links- oder rechtsbündig bzw. zentriert auszugeben. Für diese Anwendungen stellt LATEX die folgenden Befehle zur Verfügung.

`\raggedright` Der nachfolgende Text wird linksbündig (der rechte Rand flattert) gesetzt.

`\raggedleft` Hiermit wird der nachfolgende Text rechtsbündig (der linke Rand flattert) gesetzt.

`\centering` Nachfolgender Text wird zentriert ausgegeben.

In allen Fällen versucht LATEX, die Zeilen optimal aufzufüllen. Eine Worttrennung am Ende der Zeile unterbleibt dabei allerdings. Mit den Befehlen für den manuellen Zeilenwechsel (siehe Kapitel 3.3) können Sie einen Zeilenumbruch einfügen.

Beispiel 3.6 zeigt unterschiedlich ausgerichtete Absätze in einem LATEX-Dokument. Falls diese Ausrichtungsart nur für einen begrenzten Bereich gelten soll, muss dieser Bereich mit einer Gruppenklammer umschlossen werden. Der entsprechende Befehl steht dann **innerhalb** der Gruppenklammer. Alternativ können auch die entsprechenden LATEX-Umgebungen verwendet werden (siehe Kapitel 5.2). Sie fügen aber zusätzlichen vertikalen Abstand vor und nach der Umgebung ein.

3.4.3   Absatzeigenschaften

Neben der Absatzausrichtung und der Absatzeinstellung können Sie noch weitere Eigenschaften eines Absatzes verändern.

Beispiel 3.6: Verschiedene Absatzausrichtungen

Dieser Absatz ist im Blocksatz gesetzt. Wörter werden automatisch getrennt.
 	
Dieser Absatz ist links ausgerichtet, eine Worttrennung unterbleibt.
 	
Dieser Absatz wird zentriert dargestellt. Auch hier unterbleibt die Silbentrennung.
	`\setlength{\parskip}{0.75ex}`
	`...`
	`Dieser Absatz ... werden`
	`automatisch getrennt.`
	
	`\raggedright`
	`Dieser Absatz ... unterbleibt.`
	
	`\centering`
	`Dieser Absatz ... unterbleibt`
	`die Silbentrennung.`

Zeilenabstand

In der Regel benutzt LATEX den von der Schrift vorgegebenen Zeilenabstand. Gerade für wissenschaftliche Arbeiten wird meist ein größerer Zeilenabstand verlangt, damit Korrekturen besser von Hand eingetragen werden können. Die Änderung des Zeilenabstands können Sie mit dem folgenden Befehl veranlassen.

   `\linespread{`*Faktor*`}\selectfont`   Der *Faktor* gibt den Zahlenwert an, mit dem der aktuelle Zeilenabstand multipliziert wird.

Der Befehl `\selectfont` muss angehängt werden, um den neuen Zeilenabstand zu aktivieren. Meist wird diese Befehlskombination in der Präambel des Dokuments verwendet, um den Zeilenabstand global zu ändern. Wenn die Wirkung eingeschränkt werden soll, können Sie dazu Gruppenklammern benutzen, der Befehl steht dann **innerhalb** der Gruppe und in der Gruppe muss ein neuer Absatz beginnen (`\par` oder eine Leerzeile noch in der Gruppe).

Zeilengestaltung

LATEX versucht das Aussehen eines Absatzes möglichst optimal zu gestalten. Gerade bei umfangreichen Dokumenten bedeutet das einen relativ hohen Zeitaufwand. Wenn Sie nicht so großen Wert auf die gute Durchgestaltung legen, können Sie LATEX anweisen, etwas großzügiger zu formatieren.

Die beiden folgenden Befehle erlauben die Umschaltung zwischen großzügiger und strenger Formatierung.

   `\sloppy`   Es wird die großzügige Formatierungsart benutzt. Dabei entstehen größere Wortzwischenräume und Trennungen werden sparsamer verwendet. Für sehr kleine Zeilenbreiten kann dieser Modus sehr hilfreich sein; daher sind auch viele Beispiele in diesem Buch so gesetzt worden.

   `\fussy`   Hier kommt die strenge Formatierung zum Einsatz (*Voreinstellung*). LATEX versucht die Zeilen möglichst optimal zu füllen.

Beispiel 3.7 demonstriert die Wirkung der Befehle.

Beispiel 3.7: Veränderung von Zeilengestaltung und Zeilenabstand

Dieser Absatz ist mit einzeiligem Zeilenabstand gesetzt und wird exakt umbrochen.
 	
Dieser Absatz ist mit anderthalbzeiligem Zeilenabstand gesetzt und wird großzügig umbrochen.
	`\setlength{\parskip}{0.75ex}`
	`...`
	`Dieser Absatz ist mit`
	`einzeiligem Zeilenabstand`
	`gesetzt und wird exakt`
	`umbrochen.`
	
	`{\linespread{1.5}\selectfont`
	`\sloppy`
	`Dieser Absatz ist mit`
	`anderthalbzeiligem`
	`Zeilenabstand gesetzt und wird`
	`großzügig umbrochen.\par}`

3.5   Seitenumbruch

Der Seitenumbruch wird von LATEX automatisch vorgenommen. Dabei werden die Absätze so angeordnet, dass die Seite optimal gefüllt werden kann. Wichtig dafür ist, dass die Abstände zwischen den Absätzen mit dehnbaren Längen angegeben werden. Damit kommt es dann selten zu „Hurenkindern" (die letzte Zeile eines Absatzes steht auf einer neuen Seite) bzw. „Schusterjungen" (Seitenumbruch nach der ersten Zeile eines neuen Absatzes).

Manchmal kann es notwendig sein, den Seitenumbruch von Hand zu steuern. Dazu können Sie einen der folgenden Befehle verwenden.

`\newpage`   Mit diesem Befehl wird eine neue Seite (bzw. im Mehrspaltensatz eine neue Spalte) begonnen.

`\clearpage` bzw. `\cleardoublepage`   Hiermit wird eine neue Seite bzw. eine neue rechte Seite begonnen. Alle bis dahin noch nicht platzierten Gleitobjekte (siehe Kapitel 10) werden damit auch ausgegeben.

`\pagebreak[`*n*`]` bzw. `\nopagebreak[`*n*`]`   Diese Befehle ermöglichen oder verhindern einen Seitenumbruch. Mit Hilfe des optionalen Arguments *n* ist eine Gewichtung möglich. Für *n* können Werte zwischen 0 (möglich) und 4 (zwingend) eingesetzt werden. Fehlt die Angabe des optionalen Parameters, so wird der Wert 4 (zwingend) benutzt.

`\samepage`   Hiermit wird ein Seitenumbruch innerhalb des Absatzes verhindert.

`\enlargethispage{`*Länge*`}`   Der Befehl ermöglicht LATEX die aktuelle Seitenhöhe um die angegebene *Länge* zu vergrößern. Damit lassen sich oft auch „Hurenkinder" und „Schusterjungen" vermeiden.

Wichtig ist, dass Sie diese Befehle nur bewusst einsetzen, da die Entfernung dieser Befehle bei Textänderungen häufig vergessen wird.

3.6   Boxen

LATEX geht bei der Formatierung des Textes so vor, dass aus Zeichen Wörter gebildet werden. Intern wird jedes dieser Objekte als Rechteck (*box*) dargestellt, siehe
auch Abbildung 2.1. Manchmal lässt sich die Arbeit von LATEX sinnvoll unterstützen, indem Sie selbst eine solche untrennbare Einheit (Box) definieren. Dafür stellt
LATEX verschiedene Befehle zur Verfügung.

> \mbox{*Inhalt*}   Der obligatorische Parameter *Inhalt* gibt den Text an, der als
> Einheit (in einer Box) gesetzt werden soll. Die erforderliche Breite (und die
> Höhe) der Box wird dabei von LATEX selbst festgelegt. Mit diesem Befehl kann
> zum Beispiel ein Wort vor der Silbentrennung geschützt werden.

> \makebox[*Breite*][*Ausrichtung*]{*Inhalt*}   Mit dem Befehl geben Sie die
> Breite der verwendeten Box durch den optionalen Parameter *Breite* vor. Mit
> dem optionalen Parameter *Ausrichtung* wird angegeben, wie der *Inhalt* in
> dieser Box ausgerichtet werden soll.

> \fbox{*Inhalt*}   Dieser Befehl kann wie \mbox verwendet werden, er
> zeichnet zusätzlich einen Rahmen um die entstandene Box.

> \framebox[*Breite*][*Ausrichtung*]{*Inhalt*}   Der Befehl ist analog zum
> Befehl \makebox, nur zeichnet er einen Rahmen um die entstandene Box.

Für *Ausrichtung* können Sie die folgenden Angaben einsetzen.

> l   Der Inhalt wird linksbündig (*left*) gesetzt.
>
> r   Die Ausgabe des Inhalts erfolgt rechtsbündig (*right*).
>
> c   Der Inhalt wird in der Box zentriert (*center*) gesetzt.
>
> s   Die Ausgabe des Inhalts erfolgt im Blocksatz (*spread*).

Folgende Befehle beeinflussen die Gestaltung des Rahmens.

> \setlength{\fboxrule}{*Breite*}   Die Linienbreite wird auf den Wert
> von *Breite* gesetzt.

> \setlength{\fboxsep}{*Länge*}   Das Argument *Länge* gibt den Abstand
> zwischen dem Rahmen und der Box an.

> **Z** Die Dimension einer Box wird von LATEX an Hand ihres Inhalts bestimmt.
> Wenn sich in einer Box Buchstaben mit Unterlängen befinden, so ragt die
> Box auch unter die Grundlinie; bei vorhandenen Oberlängen werden diese
> ebenso berücksichtigt. Um ein einheitliches Aussehen mehrerer Boxen zu
> erreichen, können Sie den folgenden Befehl in den Boxen einfügen.
>
> > \strut
>
> Dieser bewirkt, dass eine unsichtbare Stütze in der Box angebracht wird.
> Die Höhe entspricht etwa der maximalen Zeichenhöhe des aktuellen Zei-
> chensatzes; davon liegen 30 % unter und 70 % über der Grundlinie.

Beispiel 3.8 zeigt die Nutzung der Befehle für gerahmte Boxen. Ebenso veranschaulicht es, dass auch unkorrekte Angaben des optionalen Parameters *Breite*
verarbeitet werden. Wird dieser zu klein gewählt, erfolgt **keine** Fehlermeldung!

Beispiel 3.8: Nutzung der Box-Befehle

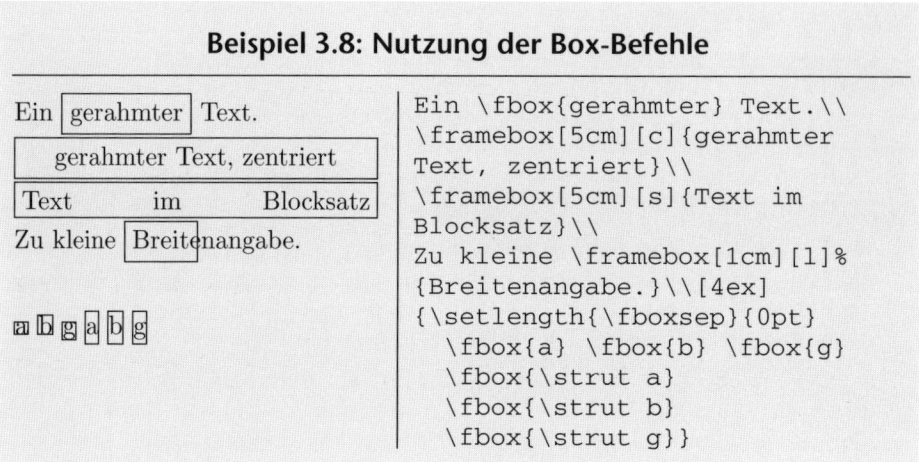

```
Ein \fbox{gerahmter} Text.\\
\framebox[5cm][c]{gerahmter
Text, zentriert}\\
\framebox[5cm][s]{Text im
Blocksatz}\\
Zu kleine \framebox[1cm][l]%
{Breitenangabe.}\\[4ex]
{\setlength{\fboxsep}{0pt}
  \fbox{a} \fbox{b} \fbox{g}
  \fbox{\strut a}
  \fbox{\strut b}
  \fbox{\strut g}}
```

Neben diesen genannten Befehlen für den Satz von Texten in Boxen gibt es noch eine Reihe weiterer Befehle, die Texte in einer separaten Box setzen.

\underline{*Inhalt*}   Der *Inhalt* wird unterstrichen. Dazu wird die Unterkante der Box benutzt. Dies hat zur Folge, dass die Position der Unterstreichung davon abhängt, ob in der Box Zeichen mit oder ohne Unterlänge vorhanden sind. Beispiel: <u>ohne</u> und mit <u>Unterlänge</u>. Der Befehl \strut kann eine Vereinheitlichung herbeiführen. Eine Silbentrennung für *Inhalt* findet nicht statt! Der Einsatz des Zusatzpakets *soul* kann hier Abhilfe schaffen.

\verb+*Inhalt*+   Der *Inhalt* wird in einer Schreibmaschinenschrift ausgegeben. Innerhalb dieser Box werden LATEX-Befehle **nicht** interpretiert, d. h. also ausgedruckt, wie sie eingegeben wurden.
Beispiel: \dots wurde mit \verb+\dots+ ausgegeben.

Inhalt wird von zwei paarweise auftretenden Begrenzungszeichen (hier das Pluszeichen) eingerahmt, diese werden nicht mit ausgedruckt. Statt der

Beispiel 3.9: Gefüllte Rechtecke und Linien

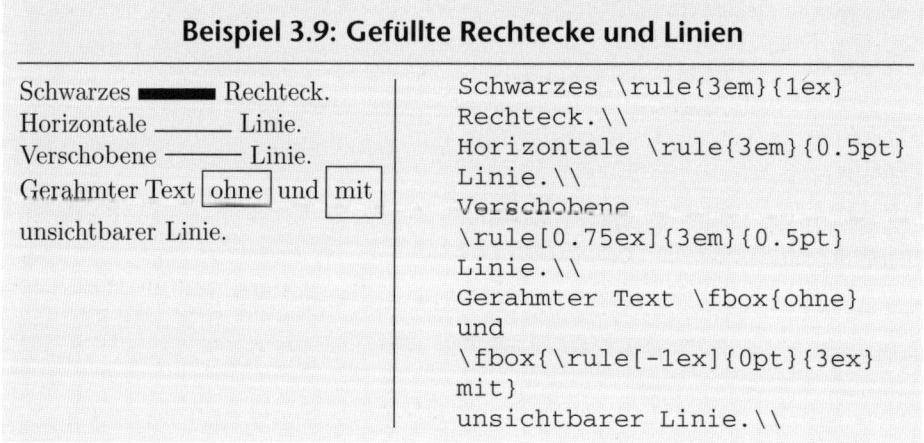

```
Schwarzes \rule{3em}{1ex}
Rechteck.\\
Horizontale \rule{3em}{0.5pt}
Linie.\\
Verschobene
\rule[0.75ex]{3em}{0.5pt}
Linie.\\
Gerahmter Text \fbox{ohne}
und
\fbox{\rule[-1ex]{0pt}{3ex}
mit}
unsichtbarer Linie.\\
```

Pluszeichen können beliebige andere Sonderzeichen verwendet werden, sie dürfen nur nicht im auszugebenden Text vorhanden sein.

Die Variante `\verb*+`*Inhalt*`+` gibt ein spezielles Zeichen (»␣«) anstelle des Leerzeichens aus; Beispiel: `\verb*/A B C/` erzeugt A␣B␣C.

`\rule[`*Lift*`]{`*Breite*`}{`*Höhe*`}` Es wird ein schwarz gefülltes Rechteck mit den Dimensionen *Höhe* und *Breite* auf der Grundlinie der Zeile erzeugt. Für die Parameter ist auch ein Wert von 0 cm zulässig. Damit entsteht dann ein unsichtbarer Strich, der aber Wirkung innerhalb von anderen Box-Befehlen hat. Mit dem optionalen Parameter *Lift* kann die gefüllte Box vertikal verschoben werden.

Beispiel 3.9 zeigt Anwendungen des Befehls `\rule`. Weitere Beispiele und Box-Befehle sind in der weiterführenden Literatur [8, 6, 12] zu finden.

3.7   Abstände

Die Breite der Wortzwischenräume wird beim Absatzumbruch von LATEX selbst festgelegt. Die Eingabe von zusätzlichen Leerzeichen bzw. Leerzeilen hat keine Auswirkung auf die horizontalen bzw. vertikalen Abstände. Wenn Sie mehr oder weniger Platz benötigen, müssen Sie dafür spezielle LATEX-Befehle einsetzen.

3.7.1   Horizontale Abstände

LATEX unterscheidet zwei Typen horizontaler Abstände: Leerräume mit vorgegebener fester Länge und Abstände, die sich beliebig ausdehnen können.

Abstände mit fester Länge

Für horizontale Abstände mit fester Länge können Sie folgende Befehle nutzen.

`\,` Dieser Befehl fügt einen sehr kleinen Abstand ‖ (1/6 der Breite eines »m«) ein. Er kann dazu benutzt werden, etwas Platz zwischen einer Zahl und der zugehörigen Maßeinheit zu schaffen.

`\enspace` Ein Leerraum ‖ ‖ mit der Breite des »n« wird eingefügt.

`\quad` Dieser Befehl fügt einen Leerraum ‖ ‖ mit der Breite des »M« ein.

`\qquad` Es wird ein Leerraum mit der doppelten Breite ‖ ‖ eines `\quad` erzeugt.

`\phantom{`*Inhalt*`}` Der eingefügte Leerraum entspricht der Breite des angegebenen Arguments *Inhalt*.

`\hspace{`*Länge*`}` Hiermit wird ein Leerraum eingefügt, dessen Dimension dem Argument *Länge* entnommen wird. Für *Länge* muss eine Zahl mit einer Maßeinheit eingesetzt werden. Dieser Befehl hat am Anfang bzw. Ende einer Zeile keine Wirkung.

`\hspace*{`*Länge*`}` Diese Variante fügt den Leerraum auch am Anfang oder am Ende einer Zeile ein.

Beispiel 3.10 zeigt die Wirkungsweise der Befehle für vorgegebene feste horizontale Abstände.

Beispiel 3.10: Feste horizontale Abstände

Das A B   C   D.
Zeile mit   2 em Leerraum.
        Eingezogen um: |Zeile |.
Kein Leerraum am Anfang.
    1 em Leerraum am Anfang.
	`Das A\enspace B\quad C\qquad`
	`D.\\`
	`Zeile mit \hspace{2em} 2\,em`
	`Leerraum.\\`
	`\phantom{Zeile }Eingezogen um:`
	`\verb+|+Zeile \verb+|+.\\`
	`\hspace{1em} Kein Leerraum am`
	`Anfang.\\`
	`\hspace*{1em}1\,em Leerraum`
	`am Anfang.\\`

Dehnbare horizontale Abstände

Neben den festen Abständen können Sie auch variable Leerräume einfügen, für die LATEX dann die Länge selbstständig berechnet. Für dehnbare horizontale Abstände stehen die folgenden Befehle zur Verfügung.

`\hfill`   Es wird ein beliebig dehnbarer horizontaler Leerraum eingefügt. Dieser Befehl hat am Anfang bzw. Ende einer Zeile keine Wirkung.

`\hspace*{\fill}`   Diese Variante fügt einen dehnbaren Leerraum auch am Anfang und am Ende einer Zeile ein.

`\hrulefill`   Eine beliebig dehnbare Linie wird eingefügt. Dieser Befehl hat am Anfang einer Zeile keine Wirkung.

`\dotfill`   Der Befehl fügt eine beliebig dehnbare gepunktete Linie ein. Er hat am Anfang einer Zeile keine Wirkung.

Beispiel 3.11 zeigt die Wirkung der Befehle für dehnbare horizontale Abstände.

Beispiel 3.11: Dehnbare horizontale Abstände

Beginn   Ende
          zentriert
Beginn_____Ende
Beginn............. ....
	`Beginn\hfill Ende\\`
	`\hspace*{\fill}zentriert%`
	`\hspace*{\fill}\\`
	`Beginn\hrulefill Ende\\`
	`Beginn\dotfill\\`

3.7.2   Vertikale Abstände

LATEX unterscheidet zwei Typen vertikaler Abstände: Leerräume mit vorgegebener Länge und Leerräume, die sich beliebig ausdehnen können.

Abstände mit fester Länge

Die Abstände zwischen Absätzen werden von LATEX automatisch gesetzt. Zusätzliche vertikale Abstände können Sie in Ihrem Dokument mit den folgenden Befehlen erzeugen.

\smallskip   Der Befehl fügt einen kleinen dehn- und stauchbaren vertikalen Leerraum (voreingestellt 1/4 Zeile) am Ende der Zeile bzw. zwischen zwei Absätzen ein.

\medskip   Damit wird ein größerer dehn- und stauchbarer vertikaler Leerraum (voreingestellt 1/2 Zeile) eingefügt.

\bigskip   Hiermit wird ein großer dehn- und stauchbarer vertikaler vertikaler Leerraum (voreingestellt 1 Zeile) eingefügt.

\vspace{*Länge*}   Es wird ein vertikaler Leerraum der angegebenen *Länge* eingefügt. Für *Länge* muss eine Zahl mit einer Maßeinheit eingesetzt werden. Dieser Befehl wirkt erst am Ende einer Zeile, nicht aber am Anfang oder Ende einer Seite.

\vspace*{*Länge*}   Diese Variante fügt den Leerraum auch am Anfang und Ende einer Seite ein.

Meist werden die Befehle zwischen Absätzen verwendet.

Beispiel 3.12: Feste vertikale Abstände

Ein Absatz.	`Ein Absatz. \par\medskip`
Der Abstand zum vorhergehenden Absatz wurde um 1/2 Zeile aufgeweitet.	`Der Abstand zum vorhergehenden` `Absatz wurde um 1/2 Zeile` `aufgeweitet.\par`
Dieses ist der normale Absatzabstand. Es folgt hier ein vertikaler	`Dieses ist der normale` `Absatzabstand.` `Es folgt hier\vspace{2ex}`
Abstand von 2 ex. Er wirkt erst am Zeilenende.	`ein vertikaler Abstand von` `2\,ex. Er wirkt erst am` `Zeilenende.`

Beispiel 3.12 zeigt die Wirkungsweise der Befehle für fest vorgegebene vertikale Abstände. Es veranschaulicht auch, dass der Befehl \vspace seine Wirkung erst am Zeilenende entfaltet.

Dehnbare vertikale Abstände

Neben den vorgegebenen Abständen können Sie auch variable vertikale Leerräume einfügen, für die LATEX dann die Länge selbstständig berechnet. Die folgenden Befehle stehen dafür zur Verfügung.

\vfill   Ein beliebig dehnbarer vertikaler Leerraum wird eingefügt. Dieser Befehl hat am Anfang und am Ende einer Seite keine Wirkung.

\vspace{\fill}   Es wird ein beliebig dehnbarer vertikaler Leerraum eingefügt. Dieser Befehl wirkt nicht am Anfang oder Ende einer Seite.

`\vspace*{\fill}` Diese Variante fügt einen dehnbaren vertikalen Leerraum auch am Anfang bzw. Ende einer Seite ein.

Der Befehl `\vfill` fügt den dehnbaren vertikalen Leerraum direkt an der Stelle ein, an der er sich befindet und beendet implizit den Absatz. Dagegen wirkt der Befehl `\vspace*{\fill}` erst am Ende der Zeile und nimmt keinen Absatzumbruch vor.

3.8   Übung

Setzen Sie den nachfolgenden Text in der Dokumentenklasse `article` mit den Ihnen bis jetzt bekannten LaTeX-Befehlen. Beachten Sie auch, dass Sie für die Nutzung der deutschen Umlaute geeignete Zusatzpakete benötigen.

Bei der Formatierung Ihres Dokuments sollte LaTeX die folgende Fehlermeldung „`Overfull \hbox ...`" ausgeben. Diese deutet auf eine zu lange Zeile hin, in der LaTeX keine geeignete Trennstelle finden konnte. Suchen Sie diese Stelle im Eingabetext und fügen Sie an einer passenden Position eine zusätzliche Trennstelle ein.

Versuchen Sie zum Schluss noch, einen Seitenumbruch vor dem letzten Absatz einzufügen.

Zeichen

Deutsche Spezifika
Die deutschen Umlaute ä, ö, ü, Ä, Ö, Ü und das ß sind in den deutschsprachigen Texten natürlich überall zu finden. Auch die „Gänsefüßchen" sollten Sie in dieser korrekten Weise setzen.

Andere Sonderzeichen
Häufiger benötigen Sie einige Akzentzeichen, z.B. Acute-Akzent é und der Grave-Akzent à. Bei rechtlichen Fragestellungen werden Sie auch das §-Zeichen benötigen. Fortsetzungspunkte (...) und Gedankenstriche (–) werden mit speziellen LaTeX-Befehlen gesetzt.

Absätze
Dieser Text enthält sowohl Absätze als auch einfache Zeilenumbrüche. Für das gesamte Dokument wurde vereinbart, dass für die erste Zeile eines Absatzes kein Einzug verwendet wird. Der Abstand zwischen den Absätzen soll 1.5 ex betragen, der um maximal 0.5 ex aufgeweitet und um höchsten 0.2 ex gestaucht werden kann. Dieser und der folgende Absatz sollen linksbündig ausgerichtet werden.

Sonstiges
Hier wurde 1 cm zusätzlicher Platz vor dem Absatz eingesetzt. Es folgt noch ein schwarzes Rechteck (3 cm breit, 2 ex hoch) in der Mitte der Zeile.

3.9   Zusammenfassung

In diesem Kapitel haben Sie grundlegende Befehle für den Textsatz mit LaTeX kennen gelernt. Insbesondere haben Sie gelernt, wie Sie

✓ Buchstaben, Ziffern und Sonderzeichen eingeben,

✓ deutsche Umlaute und das ß sowie die typografisch korrekten An- und Abführungszeichen verwenden,

✓ manuelle Zeilenumbrüche vornehmen,

✓ Absätze verwenden und diese formatieren können,

✓ Seitenumbrüche von Hand angeben und

✓ gezielt horizontale und vertikale Abstände einfügen.

Darüber hinaus haben Sie erfahren, wie LaTeX bei der Formatierung Ihres Dokuments vorgeht.

Kapitel

4 Dokumentenstruktur

Jedes umfangreichere Dokument (z. B. Studien- oder Diplomarbeit, Dissertation) besitzt eine Gliederung in verschiedene Teilbereiche (z. B. Vorwort, Einführung, Hauptteil, Zusammenfassung, Ausblick). Diese Gliederung können Sie dem Leser durch optische Hilfen verdeutlichen. Darüber hinaus sollten Sie die einzelnen Gliederungsteile mit beschreibenden Überschriften versehen, die sich vom umgebenden Text deutlich abheben (z. B. durch Schriftart, -auszeichnung und -größe, Abstand zum vohergehenden und nachfolgenden Text).

Die logische Strukturierung eines Dokuments wird von LATEX durch spezielle Befehle unterstützt. Diese sorgen gleichzeitig für eine einheitliche und klare optische Strukturierung des Dokuments. Damit ist gewährleistet, dass alle logischen Strukturen einer Ebene in gleicher Art und Weise dargestellt werden. Wird dagegen die optische Strukturierung von Hand vorgenommen (was in LATEX auch möglich ist), besteht die Gefahr, dass die Einheitlichkeit bei gleichen Strukturen nicht immer gewährleistet ist. Insbesondere bei Änderungen umfangreicher Dokumente können schnell von Hand formatierte Stellen übersehen werden. Deshalb ist dringend anzuraten, die Gliederungsbefehle, die LATEX zur Verfügung stellt, zu benutzen.

In diesem Kapitel lernen Sie

→ die Befehle zur Dokumentenstrukturierung kennen,

→ auf die automatische Nummerierung der Überschriften zurückzugreifen,

→ das automatisch erstellte Inhaltsverzeichnis auszugeben,

→ eine Titelseite zu erstellen und

→ Anhänge zu verwenden.

4.1 Gliederungsbefehle

Die Gliederungsbefehle, die LATEX zur Verfügung stellt, sind stets hierarchisch anzuwenden. Sie erleichtern Ihnen die logische Strukturierung des Dokuments und nehmen gleichzeitig auch die optische Strukturierung vor. Dazu wird Folgendes automatisch bewirkt.

1. Das Argument des Gliederungsbefehls wird als Überschrift für den folgenden Textteil verwendet und hervorgehoben (fettere und größere Schrift).

2. Die Überschriften erhalten dabei automatisch eine der Hierarchie entsprechende Nummerierung.

3. Der Abstand der Überschrift zum vorhergehenden und zum nachfolgenden Text wird entsprechend der Strukturebene angepasst.

4. Der Text der Überschrift, die Nummerierung und die Seitenzahl werden in das Inhaltsverzeichnis übernommen (und dieses wird mit jedem LaTeX-Lauf automatisch aktualisiert).

Mit dieser Vorgehensweise ist gewährleistet, dass die optische Strukturierung für alle Strukturebenen einheitlich und in sich konsistent erfolgt. Durch den Automatismus bei der Nummerierung und der Übernahme in das Inhaltsverzeichnis können Dokumentteile problemlos im Nachhinein noch verschoben werden; das Inhaltsverzeichnis und die Verweise auf Strukturelemente werden von LaTeX automatisch aktualisiert.

Alle Gliederungsbefehle haben eine einheitliche Syntax.

> *Strukturebene*[*Kurzform*] {*Titel*}   Dabei gibt *Strukturebene* die Gliederungsebene an (s. Tabelle 4.1). *Titel* enthält den Text für die Überschrift. Soll diese nicht in voller Länge im Inhaltsverzeichnis erscheinen, wird die *Kurzform* aus dem optionalen Parameter im Inhaltsverzeichnis ausgewiesen.

Je nach Dokumentklasse können nicht alle Strukturebenen verwendet werden. Die Tabelle 4.1 gibt Auskunft über die in LaTeX definierten Gliederungsbefehle und deren Hierarchie.

LaTeX-Befehl	Gliederungsebene	book	report	article
\part	Teil	[•]	[•]	[•]
\chapter	Kapitel	•	•	—
\section	Abschnitt	•	•	•
\subsection	Unterabschnitt	•	•	•
\subsubsection	Unterunterabschnitt	(•)	(•)	•
\paragraph	Paragraph	(•)	(•)	(•)
\subparagraph	Unterparagraph	(•)	(•)	(•)

Tabelle 4.1: Befehle zur Dokumentenstrukturierung

Die Gliederungsebene Teil ist in allen hier vorgestellten Dokumentklassen optional (in der Tabelle mit [•] markiert). Sie erhält eine separate Zählung mit römischen Zahlzeichen. Die Gliederungsebene Kapitel ist nur in den Dokumentklassen book und report anwendbar. Beide Gliederungsbefehle bewirken darüber hinaus, dass diese Strukturen auf einer neuen Seite beginnen – im Falle von book sogar auf einer neuen, rechten (ungeraden) Seite. Gleichzeitig wird dem *Titel* ein entsprechender Zusatztext mit der Nummerierung vorangestellt (z. B. Kapitel 1, Teil I).

Die Markierungen (•) in der Tabelle zeigen an, dass diese Strukturen im Regelfall **nicht mehr** mit einer Nummerierung versehen werden. Es werden jeweils nur die drei höchsten Gliederungsebenen nummeriert und ins Inhaltsverzeichnis übernommen.

Das Beispiel 4.1 zeigt eine Dokumentenstruktur für eine kürzere wissenschaftliche Arbeit (z. B. Studien- oder Diplomarbeit) in der Dokumentklasse article.

**Beispiel 4.1: Strukturierungsbefehle
in der Dokumentklasse *article***

1 Einleitung

Im Hauptteil ab Seite ...

2 Hauptteil

2.1 Theorie

Allgemeines zur Theorie ...

2.1.1 These A

Die These A beschreibt ...

2.1.2 These B

Die These B beschreibt ...

2.2 Praxis

Versuchsergebnisse ...

```
\section{Einleitung}
Im Hauptteil ab Seite \dots
%========================
\section{Hauptteil}
\subsection{Theorie}
Allgemeines zur Theorie \dots
%------------------------
\subsubsection{These A}
Die These A beschreibt \dots
%------------------------
\subsubsection{These B}
Die These B beschreibt \dots
%------------------------
\subsection{Praxis}
Versuchsergebnisse \dots
%========================
```

Alle in Tabelle 4.1 genannten Strukturierungsbefehle existieren noch als Variante (mit »∗« nach dem Strukturnamen). Die optische Strukturierung der Varianten (Schriften, Leerräume) erfolgt in gleicher Weise wie beim vollständigen Gliederungsbefehl, nur wird hierbei die Überschrift **nicht** nummeriert und der *Titel* wird auch **nicht** in das Inhaltsverzeichnis aufgenommen. Der optionale Parameter *Kurzform* entfällt.

Diese Befehle können für solche Dokumentteile benutzt werden, die sich in die optische Struktur einfügen sollen, aber nicht zur logischen Gliederung gehören (z. B. Verzeichnisse, Zusatzinformationen, ...).

Im CWS und in der weiterführenden Literatur (z. B. [8, 12]) finden sich dazu Beispiele und Anwendungsszenarien.

Für weitere Dokumentteile (z. B. Titelseite, Verzeichnisse, ...) existieren ebenfalls LATEX-Befehle. Diese unterscheiden sich von den Gliederungsbefehlen, so dass sie erst später behandelt werden.

4.2   Anhang

Umfangreiche Tabellen und größere erklärende Dokumentteile werden häufig in einem separaten Teil des Dokuments gesammelt, um den Leser nicht von den wichtigen Inhalten abzulenken. Dieser Dokumentteil wird als Anhang bezeichnet.

LaTeX gestattet es auch, einen Anhang zu erstellen. Der Anhang wird wie die höchste Gliederungsebene nummeriert und formatiert (\section für die Dokumentklasse article und \chapter für die Klassen report und book). Allerdings erfolgt die Nummerierung auf der höchsten Ebene nicht mit Zahlen, sondern mit großen Buchstaben, beginnend mit »A«, die folgenden Ebenen werden mit arabischen Zahlen nummeriert.

Um einen Anhang zu erzeugen, verwenden Sie den folgenden Befehl.

```
\appendix
```

Dieser schaltet den Nummerierungsstil auf Großbuchstaben um. Für die innere Struktur des Anhangs kann auf die bereits bekannten Gliederungsbefehle (siehe Tabelle 4.1) zurückgegriffen werden.

Beispiel 4.2: Struktur eines Anhangs

A Messdaten	`\appendix`
	`\section{Messdaten}`
A.1 Versuch A	`\subsection{Versuch A}`
	`\subsection{Versuch B}`
A.2 Versuch B	`\section{Programme}`
	`\subsection{sinus.c}`
B Programme	`\subsection{cosinus.c}`
B.1 sinus.c	
B.2 cosinus.c	

Beispiel 4.2 zeigt die Wirkung des Befehls \appendix.

4.3   Querverweise

Auf die von LaTeX automatisch vergebene Nummerierung bei Gliederungsbefehlen – wie auch z. B. bei Formeln, Tabellen, Abbildungen, Aufzählungen und Fußnoten – kann im Text zurückgegriffen werden.

Dazu muss die zu referenzierende Stelle mit einem Anker (*Label*) versehen werden. Diese Anker sind im Text nicht sichtbar, werden aber von LaTeX dazu benutzt, um auf die Nummerierung und/oder Seitenzahl der Referenz zurückgreifen zu können.

Folgende Befehle sind im Zusammenhang mit Querverweisen wichtig.

`\label{`*Marke*`}`   Der Befehl definiert einen Ankerpunkt, von dem aus auf eine Nummerierung oder Seitenzahl zurückgegriffen werden kann. Dieser Ankerpunkt muss direkt an dem zu referenzierenden Objekt angebracht werden, sonst besteht die Gefahr, dass eine falsche Nummerierung oder Seitenzahl verwendet wird.

`\ref{`*Marke*`}`   Hiermit wird die Nummerierung des durch *Marke* angegebenen Ankerpunkts referenziert.

`\pageref{`*Marke*`}`   Die Seitenzahl des durch *Marke* angegebenen Ankerpunkts wird ausgegeben.

Die *Marke* ist eine selbst gewählte, im gesamten Dokument eindeutige Kombination aus Buchstaben (A–Z, a–z), Ziffern (0–9) und einigen Sonderzeichen (z. B. . , : ; -), die Groß-/Kleinschreibung ist zu beachten. Sie wird sowohl für die Definition des Ankerpunkts als auch für die Referenzierung verwendet. Verweise können auch auf Ankerpunkte erfolgen, die erst im nachfolgenden Text definiert werden.

Als *Marke* sollten symbolische Namen gewählt werden, die Rückschlüsse auf das Objekt zulassen. Da sich die Nummerierung bzw. Seitenzahl des Objekts durch Modifikation des Textes ändern kann, sollten diese nie Bestandteil der *Marke* sein, um nicht später Verwirrung zu stiften.

> Die Referenzen werden in der LaTeX-Hilfsdatei (`.aux`) abgelegt. Die Auflösung erfolgt erst beim zweiten LaTeX-Lauf.

Die folgende Warnung erscheint auf dem Monitor und in der Log-Datei, wenn noch nicht alle Referenzen korrekt aufgelöst werden konnten.

```
LaTeX Warning: Label(s) may have changed.
Rerun to get cross-references right.
```

In diesen Fällen müssen Sie den LaTeX-Lauf so oft wiederholen, bis die Meldung nicht mehr erscheint.

Werden Referenzen verwendet, ohne dass der zugehörige Ankerpunkt definiert wurde, schreibt LaTeX folgende Fehlermeldungen auf den Monitor und in die Log-Datei.

```
LaTeX Warning: Reference '...' on page ... undefined
LaTeX Warning: There were undefined references.
```

Für die Auslassungspunkte werden entsprechende Angaben eingesetzt. Oft handelt es sich in diesen Fällen um Tippfehler im Argument *Marke* der Befehle `\ref` bzw. `\pageref`.

Werden Ankerpunkte mehrfach definiert, schreibt LaTeX folgende Fehlermeldungen auf den Monitor und in die Log-Datei.

```
LaTeX Warning: Label '...' multiply defined.
LaTeX Warning: There were multiply-defined labels.
```

Für die Auslassungspunkte werden entsprechende Angaben eingesetzt. Hier handelt es sich meist um Tippfehler im Argument *Marke* des Befehl \label.

Beispiel 4.3 zeigt die Referenzierung von Nummerierungen und Seitenzahlen in einem umfangreicheren Dokument, das in der Dokumentklasse article gesetzt wurde.

Beispiel 4.3: Zusammenspiel der Befehle für Querverweise

1   Einleitung

Im Hauptteil ab Seite 8 wird die Theorie und die Praxis beschrieben. Das Kapitel 3 stellt die eigenen Ergebnisse dar.

3

2   Hauptteil

2.1   Theorie

2.1.1   These A

Die These A beschreibt die Theorie ...

8

3   Interpretation

Die Ergebnisse der Praxis (Abschnitt 2.2) lassen sich mit den Theorien (Abschnitt 2.1.1 bzw. 2.1.2) erklären ...

68

```
\section{Einleitung}
\label{sec:einleit}
Im Hauptteil ab Seite
\pageref{sec:haupt} wird
die Theorie und die Praxis
beschrieben. Das Kapitel
\ref{sec:interpret} stellt
die eigenen Ergebnisse dar.
...
\section{Hauptteil}
\label{sec:haupt}
\subsection{Theorie}
\label{theorie}
\subsubsection{These A}
\label{these-a}
Die These A beschreibt die
Theorie \dots
...
\subsubsection{These B}
\label{these-b}
...
\subsection{Praxis}
\label{praxis}
...
\section{Interpretation}
\label{sec:interpret}
Die Ergebnisse der Praxis
(Abschnitt \ref{praxis})
lassen sich mit den
Theorien (Abschnitt
\ref{these-a} bzw.
\ref{these-b}) erklären
\dots
```

4.4 Inhaltsverzeichnis

LaTeX erstellt aus den Informationen, die es aus den Gliederungsbefehlen erhält, automatisch ein Inhaltsverzeichnis. In dieses werden die automatisch vergebene Nummerierung, der Text der Überschrift bzw. dessen Kurzform sowie die Seitennummer aufgenommen. Die Einträge werden entsprechend ihrer Hierarchie im Inhaltsverzeichnis eingerückt und erhalten – bis auf die höchste Gliederungsebene – eine gepunktete Linie bis zur Seitennummer.

Die Ausgabe des Inhaltsverzeichnisses erfolgt mit dem folgenden Befehl an der Stelle im Dokument, an der dieser Befehl in der Eingabedatei steht.

```
\tableofcontents
```

Mehrere LaTeX-Durchläufe sind notwendig, um das Inhaltsverzeichnis korrekt zu erstellen und auszugeben. Dem Verzeichnis selbst wird eine entsprechende Überschrift mit einem nicht nummerierten Gliederungsbefehl auf höchster Ebene vorangestellt. Bei Nutzung des Zusatzpakets *ngerman* wird hierfür »Inhaltsverzeichnis« benutzt. Mit den im Kapitel 15.4 beschriebenen Befehlen können Sie die Überschrift selbst bestimmen.

Beispiel 4.4: Ausdruck eines Inhaltsverzeichnisses

Inhaltsverzeichnis		

1

```
\tableofcontents
...
\section{Einleitung}
...
\section{Haupteil}
\subsection{Theorie}
\subsubsection{These A}
...
\section{Interpretation}
...
\addtocontents{toc}{%
    \vspace{2mm}}
\addcontentsline{toc}{%
    section)[Anhang}
\addtocontents{toc}{%
    \vspace{-2mm}}
\appendix
\section{Messdaten}
\subsection{Versuch A}
\subsection{Versuch B}
```

Falls erforderlich, kann der Autor auch noch weitere Informationen in das Inhaltsverzeichnis eintragen bzw. Formatierangaben in das Inhaltsverzeichnis einfügen. Dazu dienen die beiden folgenden Befehle.

`\addcontentsline{`*Verzeichnis*`}{`*Ebene*`}{`*Text*`}` Der zusätzliche *Text*-Eintrag wird in das entsprechende *Verzeichnis* aufgenommen. Die Einrückung erfolgt analog zu den Einträgen für die Gliederungsebene *Ebene* (Gliederungsbefehl ohne Backslash »\«). Für *Verzeichnis* können folgende Angaben gemacht werden.

> `toc`   Inhaltsverzeichnis (*table of contents*).
>
> `lot`   Tabellenverzeichnis (*list of tables*).
>
> `lof`   Abbildungsverzeichnis (*list of figures*).

Der zusätzliche Eintrag »Anhang« im Beispiel 4.4 wurde so erzeugt.

`\addtocontents{`*Verzeichnis*`}{`*Eintrag*`}`   Der angegebene *Eintrag* kann auch Formatierungsbefehle für das *Verzeichnis* (siehe oben) enthalten.

Im Beispiel 4.4 wurden mit diesem Befehl der zusätzliche Leerraum vor dem Eintrag »Anhang« und der verkleinerte Leerraum hinter diesem Eintrag erzeugt.

4.5   Titel

Jedem wissenschaftlichen Artikel sollten ein Titel, Informationen zum Autor (zu den Autoren) und zum Erscheinungsdatum vorangestellt werden. Für die Dokumentklasse `report` kann eine eigene Titelseite mit den unten beschriebenen Kommandos erzeugt werden. In der Dokumentklasse `article` erfolgt die Ausgabe dieser Informationen aus Platzgründen nicht auf einer eigenen Seite, sondern direkt vor dem eigentlichen Text.

Folgende Befehle sind bei der Generierung von Titelinformationen wichtig.

`\title{`*Titel*`}`   Der Eintrag *Titel* definiert die Titelinformation. Diese wird in einer größeren Schrift gesetzt, Zeilenumbrüche (`\\`) sind erlaubt.

`\date{`*Datum*`}`   Das *Datum* des Dokuments wird hiermit festgelegt. Für das aktuelle Datum kann der Befehl `\today` dort eingesetzt werden.

`\author{`*Autor*`}`   *Autor* enthält die Angaben zum Autor. Zeilenumbrüche (`\\`) sind erlaubt. Sind mehrere Autoren an dem Werk beteiligt, so werden diese Informationen durch den Befehl `\and` miteinander verknüpft.

`\thanks{`*Zusatz*`}`   Dieser Befehl erlaubt es, innerhalb der Befehle `\author` und `\title` die *Zusatz*-Information als Fußnote anzubringen.

`\maketitle`   Die mit den obigen Befehlen zusammengestellten Titelinformationen werden an der Stelle im Dokument ausgegeben, wo sich der Befehl in der Eingabe befindet.

Beispiel 4.5 zeigt die Verwendung und das Zusammenspiel der Kommandos.

> Soll auch in der Dokumentklasse `article` eine eigene Titelseite erzeugt werden, so kann beim Befehl `\documentclass` die Option `titlepage` angegeben werden.

Beispiel 4.5: Eigene Titelseite in der Dokumentklasse *article*

LATEX-Kurs

Schlager[1]   Thibud[2]
Raum 229   Raum 227

Dezember 2006

[1] Tel: 2080
[2] Tel: 2733

```
\documentclass[titlepage]%
   {article}
...
\title{\LaTeX-Kurs}
\date{Dezember 2006}
\author{Schlager%
   \thanks{Tel: 2080}\\
   Raum 229
\and Thibud%
   \thanks{Tel: 2733}
   \\Raum 227}
\maketitle
```

4.6   Seitenlayout

Bei den Dokumentklassen von Standard-LATEX wird die Seitengestaltung unterschiedlich gehandhabt. In den Dokumentklassen `article` und `report` wird per Voreinstellung die Seitennummer zentriert im Seitenfuß ausgegeben.

In der Dokumentklasse `book` wird ein lebender Kolumnentitel erzeugt. Das bedeutet, dass in der Kopfzeile einer linken Seite die Seitennummer links außen steht und zum Bundsteg hin die Kapitelüberschrift bzw. deren Kurzform; die Kopfzeile einer rechten Seite enthält am Bundsteg die Überschrift des aktuellen Abschnitts bzw. dessen Kurzform und am Außensteg die Seitennummer[1]. Die Kopfzeile auf der Seite, an der eine neue Hauptgliederungsstufe beginnt, bleibt leer, die Seitennummer wird im Seitenfuß ausgegeben. Die vorhergehende linke Seite behält ihren Kolumnentitel unabhängig davon, ob diese Seite mit Text gefüllt oder leer ist.

Das Seitenlayout lässt sich mit den folgenden Befehlen verändern.

   `\pagestyle{`*Stil*`}`   Der *Stil* für das Seitenlayout wird für die aktuelle und alle nachfolgenden Seiten benutzt.

   `\thispagestyle{`*Stil*`}`   Nur die aktuelle Seite erhält ein Seitenlayout mit dem angegebenen *Stil*.

Für *Stil* können Sie eine der folgenden Angaben einsetzen.

   `plain`   Es wird nur die Seitennummer zentriert im Seitenfuß ausgegeben, der Seitenkopf bleibt leer.

   `empty`   Die Seiten werden nicht nummeriert, der Seitenkopf und -fuß bleiben leer.

   `headings`   Es wird ein lebender Kolumnentitel (siehe oben) im Seitenkopf erzeugt, der Seitenfuß bleibt leer.

---

[1] Dieses Buch wurde nicht mit dem voreingestellten Layout für die Kopfzeile gesetzt.

`myheadings` Ein fester Kolumnentitel steht im Seitenkopf, der Seitenfuß bleibt leer. Die Titelinformation für die linke und rechte Seite müssen Sie mit den Befehlen `\markright` bzw. `\markboth` angeben. Die weiterführende Literatur [8, 12] erklärt die Syntax dieser beiden Befehle.

Die Seitenzahl wird normalerweise mit arabischen Zahlzeichen dargestellt. Für einige Textteile (z. B. Vorwort, Anhang) kann es sinnvoll sein, von dieser Darstellung abzuweichen, dazu dient der folgende Befehl.

`\pagenumbering{`*Art*`}`

Für *Art* kann eine der folgenden Angaben eingesetzt werden.

`arabic` Es werden arabische Zahlzeichen benutzt (*Voreinstellung*).

`roman` Die Nummerierung erfolgt mit kleinen römische Zahlzeichen.

`Roman` Es werden große römische Zahlzeichen verwendet.

`alph` Die Seitennummerierung erfolgt mit Kleinbuchstaben.

`Alph` Großbuchstaben werden zur Nummerierung benutzt.

> Der Befehl `\pagenumbering` setzt den Seitenzähler automatisch zurück, so dass die Nummerierung der folgenden Seiten wieder bei »1« beginnt. Für dir Darstellung der Seitenzahl wird die gewählte *Art* benutzt.

4.7 Hilfreiche Zusatzpakete

Die Handhabung von Querverweisen lässt sich durch einige Zusatzpakete noch verbessern. Zu nennen sind zum Beispiel die Pakete *showkeys*, *varioref*, *xr*, deren Handhabung und Wirkungsweise in der Literatur [1, 9, 13, 15] ausführlich beschrieben wird. Auch hilft die den Zusatzpaketen beigefügte Dokumentation weiter.

4.8 Übung

Verwenden Sie die Dokumentklasse `article` für dieses Dokument und den Text aus der letzten Übung. Ersetzen Sie die unterstrichenen Textpassagen durch entsprechende Gliederungsbefehle, wobei „Zeichen" und „Absätze" als Hauptgliederungsstufen zu setzen sind und die anderen Überschriften eine Stufe darunter anzusiedeln sind. Verwenden Sie die Befehle für Querverweise, um auf die Gliederungsnummer und auf die Seitenzahl zu verweisen.

Ergänzen Sie das Dokument mit einem vorangestellten Titel: „Meine Übungen zu LaTeX", Ihrem Namen und dem aktuellen Datum (dafür kann der Befehl `\today` benutzt werden).

Am Ende des Dokuments drucken Sie auch das Inhaltsverzeichnis aus (im Beispieltext ist es – wie auch das gesamte Dokument – nur verkürzt dargestellt!).

Meine Übungen zu LaTeX

Ihr Name

Aktuelles Datum

1 Zeichen

1.1 Deutsche Spezifika

Die deutschen Umlaute ä, ö, ü, Ä, Ö, Ü und das ß sind in den deutschsprachigen Texten natürlich überall zu finden. Auch die „Gänsefüßchen" sollten Sie in dieser korrekten Weise setzen (andere Sonderzeichen im Abschnitt 1.2).

1.2 Andere Sonderzeichen

Häufiger benötigen Sie einige Akzentzeichen, z.B. Acute-Akzent é und der Grave-Akzent à. Bei rechtlichen Fragestellungen werden Sie auch das §-Zeichen benötigen. Fortsetzungspunkte (. . .) und Gedankenstriche (–) werden mit speziellen LaTeX-Befehlen gesetzt (deutsche Umlaute auf Seite 1).

. . .

Inhaltsverzeichnis

4.9   Zusammenfassung

In diesem Kapitel haben Sie erfahren, welche Befehle Sie für die Strukturierung Ihres Dokuments einsetzen können. Insbesondere haben Sie gelernt

- ✓ Teile, Kapitel, Abschnitte und Unterabschnitte in Ihrem Dokument zu nutzen,
- ✓ einen Anhang und einen Titel zu erstellen,
- ✓ auf die automatisch vergebene Nummerierung und die Seitenzahl zurückzugreifen,
- ✓ manuelle Einträge in das Inhaltsverzeichnis vorzunehmen und
- ✓ das Inhaltsverzeichnis an geeigneter Stelle auszugeben.

Kapitel

5   Umgebungen

Eine optisch klare und einheitliche Darstellung Ihrer schriftlichen Ausarbeitung ist notwendig, um dem Leser Ihres Dokument eine Orientierungshilfe zu geben. Bei den meist knappen Darstellungen für wissenschaftliche Texte ist dies besonders wichtig, da diese oft nicht Wort für Wort, sondern *quer gelesen* oder überflogen werden. Fehlende optische Klarheit kann dazu führen, dass wesentliche Teile des Dokuments beim Lesen nicht erfasst werden.

Zur einheitlichen Darstellung von Textpassagen stellt LATEX so genannte Umgebungen bereit. In diesem Kapitel lernen Sie die für LATEX-Umgebungen gültige Syntax kennen. Für folgende Anwendungen werden die zugehörigen Umgebungen besprochen

→ Ausrichtung und Gestaltung von Absätzen,

→ Listen und Aufzählungen,

→ Mehrspaltensatz auf einer Seite,

→ nummerierte Textpassagen, wie zum Beispiel Theoreme,

→ spaltengenaue Ausgabe von Daten und Programmen und

→ Zusammenfassung (Abstract) für ein Dokument.

Komplexere LATEX-Umgebungen (zum Beispiel für Tabellen, Abbildungen oder das Literaturverzeichnis) werden in eigenen Kapiteln erklärt.

5.1   Grundlagen

Sollen größere Textpassagen in einer anderen Satzart dargestellt werden, so sind LATEX-Befehle nicht so gut geeignet, da sie in der Regel nur auf das in geschweifte Klammern eingeschlossene Argument wirken. Bei längeren Textteilen geht meist die Übersicht verloren, welche schließende Klammer welcher öffnenden Klammer zuzuordnen ist. Ähnliches gilt für „Umschalt"-Befehle und Gruppenklammern, die so lange wirken, bis eine neue Definition vorgenommen oder die Gruppe beendet wird. Dieses Verfahren ist gegen Fehler anfällig und führt häufig zu ungewollten Ergebnissen oder Fehlermeldungen.

Die in LATEX definierten Umgebungen (auch *Environments* genannt) versuchen, dieses zu vermeiden. Sie sind im Eingabetext optisch auffälliger und können verschiedene Eigenschaften des eingeschlossenen Textbereichs gleichzeitig beeinflussen (z. B. Ausrichtung, Zeichensatz und Schriftgröße). So werden Ansammlungen von öffnenden und schließenden Klammern vermieden und die Übersichtlichkeit bleibt erhalten.

Die Syntax der Umgebungen gehorcht in der Regel der folgenden Notation.

```
\begin{Name}[Option(en)]{Parameter}
    Texteinträge, die anders gesetzt werden sollen
\end{Name}
```

Der *Name* der Umgebung muss immer angegeben werden. Einige Umgebungen besitzen darüber hinaus auch noch *Parameter*, die angegeben werden müssen, bzw. *Option(en)*, die nur im Bedarfsfall angegeben werden.

Für einige Umgebungen existieren – wie bei den LaTeX-Befehlen – Varianten. Sie werden durch die Ergänzung des Namens mit einem »∗« als solche kenntlich gemacht (`\begin{Name*}` bzw. `\end{Name*}`).

Innerhalb einer Variante gelten andere Einstellungen als in der regulären Umgebung. Einzelheiten dazu werden bei den Umgebungen, für die es Varianten gibt, beschrieben.

Umgebungen können ineinander geschachtelt werden, dabei muss auf die richtige Reihenfolge der öffnenden und schließenden Befehle für die unterschiedlichen Umgebungen geachtet werden (was zuletzt geöffnet wurde, muss zuerst wieder geschlossen werden; Überkreuzungen sind **nicht** gestattet).

```
\begin{aaa}
    Text in der äußeren Umgebung
    \begin{bbb}
        Text in der inneren Umgebung  } bbb    } aaa
    \end{bbb}
    Weiterer Text der äußeren Umgebung
\end{aaa}
```

Die folgenden Abschnitte stellen häufig benötigte Umgebungen vor und geben Hinweise für deren Nutzung. Im Anhang A.2 befindet sich eine Zusammenstellung wichtiger LaTeX-Umgebungen.

5.2   Absatzausrichtung

LaTeX setzt Absätze automatisch im so genannten Blocksatz, d. h., die Wortabstände in der Zeile werden so weit gedehnt, dass auch der rechte Rand (Satzspiegelbreite) bündig ist (Randausgleich). Hervorhebungen von Absätzen können durch beidseitige Einrückungen oder Aufhebung des Blocksatzes erreicht werden.

5.2.1   Einrückungen

Beidseitige Einrückungen (am linken und rechten Rand) werden mit der Umgebung *quote* bzw. *quotation* erzielt. Die Syntax für die Umgebung *quote* lautet:

```
\begin{quote}
    Beidseitig eingerückter Text
\end{quote}
```

Das Beispiel 5.1 verdeutlicht die Wirkung der Umgebung *quote*.

Beispiel 5.1: Eingerückte Absätze in der Umgebung *quote*

... letzte Textzeile vor der Umgebung.	`\dots~letzte Textzeile vor der`
	`Umgebung.`
	`\begin{quote}`
	`Text, der sich in der`
	`quote-Umgebung befindet.`

Text, der sich in der quote-Umgebung befindet.	

Er wird sowohl links wie rechts eingerückt.	`Er wird sowohl links`
	`wie rechts eingerückt.`
	`\end{quote}`

Erste Textzeile nach der Umgebung ...	`Erste Textzeile nach` `der Umgebung \dots`

Die Syntax der Umgebung *quotation* ist analog zur Umgebung *quote*. Beide Umgebungen unterscheiden sich durch folgende Merkmale: In der Umgebung *quote* werden Absätze durch einen zusätzlichen Abstand kenntlich gemacht, der Einzug der ersten Zeile unterbleibt. In der Umgebung *quotation* wird dagegen die erste Zeile aller Absätze eingezogen, zwischen den Absätzen wird kein zusätzlicher Abstand eingefügt. Ein zusätzliches Beispiel für die Nutzung der Umgebung *quotation* finden Sie unter dem Namen `quotation` im CWS.

5.2.2 Aufhebung des Blocksatzes

Oft ist der Blocksatz **nicht** die optimale Gestaltungsform. Linksbündiger Satz ist für Textpassagen mit kurzen Zeilenlängen sinnvoll, Blocksatz würde hier eher störend wirken. Rechtsbündiger Satz ist für hervorgehobene kurze Textpassagen möglich. Längere Zeilen im rechtsbündigen Satz sind meist schwerer lesbar, da sich der Zeilenanfang ständig verschiebt. Zentrierte Passagen lassen sich zur deutlichen Abgrenzung vom Fließtext benutzen.

LATEX stellt geeignete Umgebungen zur Verfügung, mit denen Absätze nur am linken (Umgebung *flushleft*) bzw. rechten Rand (Umgebung *flushright*) bündig gesetzt werden, während der Text am anderen Rand „flattert", d. h. nicht ausgerichtet wird. Auch kann der Text zentriert (Umgebung *center*) gesetzt werden, d. h., sowohl der linke wie auch der rechte Rand „flattern".

Innerhalb der Umgebungen werden die Zeilen so weit mit Wörtern aufgefüllt, dass eine optimale Füllung der Zeilen erfolgt. Eine Worttrennung am Ende der Zeile wird von LATEX nicht vorgenommen, so dass die Länge der Zeilen unter Umständen stark variieren kann. Vom Autor vorgegebene Zeilenumbrüche (\ \) und Absatzbefehle (Leerzeile, \par) werden beachtet.

Beispielhaft wird hier die Umgebung *flushleft* vorgestellt. Analoges gilt für die beiden anderen Umgebungen *flushright* und *center*.

```
\begin{flushleft}
    Nur linksbündig ausgerichteter Text
\end{flushleft}
```

Beispiel 5.2: Absatzausrichtung: linksbündig

Einige Zeilen vor der Umgebung, die im Blocksatz gesetzt werden.
 	
Dieser Absatz wird ohne Worttrennungen linksbündig ausgerichtet dargestellt. Die Anwendung ist nur für kurze Textpassagen mit festem Wortabstand sinnvoll.
 	
Textzeilen nach der Umgebung, die wieder im Blocksatz gesetzt werden.
	`Einige Zeilen vor der Umgebung,`
	`die im Blocksatz gesetzt werden.`
	`\begin{flushleft}`
	`Dieser Absatz wird ohne`
	`Worttrennungen linksbündig`
	`ausgerichtet dargestellt.`
	
	`Die Anwendung ist nur für`
	`kurze Textpassagen mit festem`
	`Wortabstand sinnvoll.`
	`\end{flushleft}`
	`Textzeilen nach der Umgebung,`
	`die wieder im Blocksatz`
	`gesetzt werden.`

Das Beispiel 5.2 verdeutlicht die Auswirkung der Umgebung *flushleft*.

Syntax und Wirkungsweise der Umgebungen *flushright* und *center* entsprechen der oben vorgestellten Umgebung *flushleft*. Beispiele zu diesen beiden Umgebungen finden Sie unter den Namen `ausr-r` bzw. `ausr-c` im CWS.

Die im Kapitel 3.4.2 erwähnten „Umschalt"-Befehle `\raggedright` (linksbündig, rechts flatternd), `\centering` (zentriert) und `\raggedleft` (rechtsbündig, links flatternd) haben eine ähnliche Wirkung, erzeugen aber keinen neuen Absatz und keinen zusätzlichen vertikalen Zwischenraum.

Für kurze Dokumente (z. B. Briefe, Notizen) ist oft der Blocksatz **nicht** die optimale Gestaltungsform, diese sollten besser nur linksbündig ausgerichtet gesetzt werden. Die oben beschriebenen Umgebungen sind für längere Textpassagen nur unzureichend geeignet, da sie die Worttrennung am Zeilenende verhindern. Abhilfe schafft hier z. B. das Zusatzpaket *ragged2e*, das die neuen Umgebungen *FlushLeft*, *FlushRight* bzw. *Center* und die neuen Befehle `\RaggedRight`, `\RaggedLeft` bzw. `\Centering` definiert. Diese Umgebungen und Befehle erlauben die Worttrennung am Zeilenende und lassen sich an eigene Belange anpassen. Ein zusätzliches Beispiel dazu finden Sie unter dem Namen `ragged-l` im CWS. Hinweise zur Nutzung des Pakets finden Sie in der weiterführenden Literatur [4, 13] und in der dem Paket beiliegenden Dokumentation.

Wenn Sie ein ganzes Dokument mit rechtem Flatterrand setzen wollen, sollten Sie das Zusatzpaket wie folgt in der Präambel angeben.

```
\usepackage[document]{ragged2e}
```

Die Paketoption `document` bewirkt, dass das ganze Dokument nicht im Blocksatz ausgegeben wird sondern nur am linken Rand ausgerichtet wird.

Die einschlägige weiterführende Literatur [8, 12] gibt Auskunft über weitere Umgebungen zur Absatzausrichtung (z. B. *verse*).

5.3　Listen

Häufig vorkommende Textbestandteile sind Spiegelstrichlisten und Aufzählungen. Diese können mit Hilfe der LATEX-Umgebungen *itemize* (ungeordnete Listen) bzw. *enumerate* (nummerierte Listen) gesetzt werden.

Jedem Eintrag in der Liste wird dabei eine dem Listentyp zugeordnete Markierung vorangestellt. Für diese Markierung (rechtsbündig ausgerichtet) wird ein entsprechender Platz am linken Rand reserviert. Entsprechend verschiebt sich der linke Rand (Einzug) für alle Zeilen des Eintragstextes.

Diese Listen können ineinander – und auch untereinander – verschachtelt werden. Mit jeder Schachtelung ändert sich der Markierungsstil und der Einzug für die Listeneinträge, so dass eine gute Übersicht über die Listenstruktur gewahrt bleibt.

Die Syntax für die Listenumgebungen wird hier nur beispielhaft angegeben.

```
\begin{Listenart}
  \item Listeneintrag 1
  \item Weitere Listeneinträge ...
\end{Listenart}
```

Jeder Listeneintrag muss mit einem Befehl \item eingeleitet werden.

\item[*Alternativ*] *Eintragstext*　　Je nach Listenart wird eine entsprechende Markierung angebracht und der nachfolgende *Eintragstext* ausgegeben. Wird das optionale Argument benutzt, so kommt nicht die voreingestellte Markierung, sondern der *Alternativ*-Eintrag für die Listenmarkierung zum Einsatz.

Eine ausführliche Beschreibung der für das Listenlayout (zum Beispiel horizontale und vertikale Abstände, Leerräume) zuständigen Parameter kann der einschlägigen weiterführenden LATEX-Literatur [4, 6, 8, 13] entnommen werden.

Beispiel 5.3: Spiegelstrichliste

Text vor der Liste ...	`Text vor der Liste \dots` `\begin{itemize}`
• Erster Punkt der Spiegelstrichliste,	`\item Erster Punkt der` `    Spiegelstrichliste,`
• Zweiter Punkt,	`\item Zweiter Punkt,` `\begin{itemize}`

– Erster Listenpunkt in der zweiten Stufe	`\item Erster Listenpunkt`
	`    in der zweiten Stufe`
	`\end{itemize}`

! Alternative Markierung	`\item[!] Alternative Markierung` `\end{itemize}`
Text nach der Liste ...	`Text nach der Liste \dots`

Darüber hinaus können auch beschreibende Listen (Umgebung *description*) benutzt werden, in denen zu einem Stichwort eine Erklärung gegeben wird. Auf die von LaTeX noch zur Verfügung gestellten – nur selten benötigten – Listenumgebungen *list* und *trivlist* kann im Rahmen dieses Buches nicht eingegangen werden. Die weiterführende Literatur [8, 12] hält entsprechende Beispiele bereit.

5.3.1 Spiegelstrichlisten

Das Listensymbol in einer Spiegelstrichliste (Umgebung *itemize*) bleibt für die Listeneinträge immer gleich. Werden Spiegelstrichlisten verschachtelt angewendet, so ändert sich die Art des Listensymbols. Für die erste Schachtelungsstufe wird »•«, für die zweite Stufe »–«, für die dritte »∗« und für die vierte Stufe »·« benutzt.

> Wenn global andere Symbole für die Markierung der Listeneinträge verwendet werden sollen, müssen die Voreinstellungen geändert werden.
>
> `\renewcommand{\labelitemi}{+}` Für die Markierung der ersten Stufe wird damit ein Pluszeichen »+« benutzt.
>
> Beispielhaft ist oben die Änderung für die erste (`\labelitemi`) Stufe angegeben. Für die zweite (`\labelitemii`), dritte (`\labelitemiii`) bzw. vierte (`\labelitemiv`) Stufe kann analog vorgegangen werden. Die jeweiligen Änderungen müssen vor Aufruf der Liste erfolgen! Sie wirken bis zu einer erneuten Änderung.

5.3.2 Aufzählungen

Bei Aufzählungen (nummerierten Listen, Umgebung *enumerate*) wird als Listenmarkierung ein LaTeX-Zähler (z. B. *enumi, enumii, ...*) benutzt, der mit jedem

Beispiel 5.4: Aufzählung

Text vor der Liste ...	`Text vor der Liste \dots`
	`\begin{enumerate}`
1. Erster Punkt der nummerierten Liste,	`\item Erster Punkt der`
	`    nummerierten Liste,`
2. Zweiter Punkt,	`\item Zweiter Punkt,`
	`\begin{enumerate}`
(a) Erster Listenpunkt in der zweiten Stufe	`\item Erster Listenpunkt in`
	`    der zweiten Stufe`
	`\end{enumerate}`
! Alternative Markierung	`\item[!] Alternative Markierung`
	`\end{enumerate}`
Text nach der Liste ...	`Text nach der Liste \dots`

neuen Listeneintrag um 1 erhöht wird, so dass die Einträge automatisch durch-nummeriert werden.

Je nach Schachtelungstiefe unterscheidet sich die Art der Darstellung des jeweiligen Zählers: Für die erste Stufe werden Zahlen mit Punkt (»1.«), für die zweite Stufe in Klammern eingefasste Kleinbuchstaben (»(a)«), für die dritte kleine römische Ziffern mit Punkt (»i.«) und für die vierte Stufe Großbuchstaben mit Punkt (»A.«) benutzt.

Wenn global von dieser Darstellungsart abgewichen werden soll, müssen die Voreinstellungen modifiziert werden.

`\renewcommand{\labelenumi}{\Alph{enumi}:}` Die Darstellungsart der Markierung für die erste Schachtelungsebene wird geändert.

In der obigen Definition wird der Zähler der ersten Stufe als Großbuchstabe ausgegeben und mit einem Doppelpunkt abgeschlossen (z. B. »A:«, »B:«, »C:«, ...).
Beispielhaft ist oben die Änderung für die erste (`\labelenumi`) Stufe angegeben. Für die zweite (`\labelenumii`), dritte (`\labelenumiii`) bzw. vierte (`\labelenumiv`) Stufe kann analog vorgegangen werden. Die Änderungen müssen vor Aufruf der Liste erfolgen! Sie wirken bis zu einer erneuten Änderung.

Auf die Nummerierung der ersten beiden Schachtelungsebenen kann problemlos mit dem bekannten Mechanismus (`\label` und `\ref`, siehe Kapitel 4.3) im Text Bezug genommen werden. Der Anker (Befehl `\label`) befindet sich dabei in der Nähe des Befehls `\item`.

Die Referenzierung der dritten und vierten Stufe wird **nicht** konsistent mit den vorhergehenden Zählerstufen dargestellt! Details dazu finden Sie in der weiterführenden Literatur [13].

5.3.3   Verschachtelung der Listen

Die Umgebungen *itemize* und *enumerate* können ineinander und untereinander verschachtelt werden. Dazu wird in einem Listeneintrag (Befehl `\item`) eine weitere Listenumgebung geöffnet, in die dann die Einträge für diese Unterpunkte eingetragen werden.

Die Schachtelungstiefe aller Listen[1] ist auf sechs begrenzt. Es dürfen allerdings nur maximal vier Listen eines Typs geschachtelt werden. Das Beispiel 5.5 zeigt die Schachtelung verschiedener Listen.

Alle Listeneinträge erhalten die für die jeweilige Listenart gültigen Listensymbole. Ausschlaggebend für das Symbol bzw. für die Zählerdarstellung ist die Schachtelungstiefe innerhalb der Listenart und nicht die Schachtelungstiefe innerhalb der

---

[1] Dazu zählen z. B. auch die Umgebungen *description*, *quote*, *quotation* und *verse*.

Beispiel 5.5: Verschachtelung von Listen

Dies ist Text vor der Liste ...

- Stufe 1; itemize; Ebene 1

    1. Stufe 2; enumerate; Ebene 1
        - Stufe 3; itemize; Ebene 2
    2. Stufe 2; enumerate; Ebene 1

- Stufe 1; itemize; Ebene 1

Dies ist Text nach der Liste ...

```
Dies ist Text vor der Liste \dots
\begin{itemize}
    \item Stufe 1; itemize; Ebene 1
    \begin{enumerate}
        \item Stufe 2; enumerate; Ebene 1
        \begin{itemize}
            \item Stufe 3; itemize; Ebene 2
        \end{itemize}
        \item Stufe 2; enumerate; Ebene 1
    \end{enumerate}
    \item Stufe 1; itemize; Ebene 1
\end{itemize}
Dies ist Text nach der Liste \dots
```

gesamten Listenstruktur! Dies bedeutet, dass der erste Listeneintrag der ersten Aufzählung immer mit »1.« beginnt, unabhängig davon, ob die Aufzählung an zweiter, dritter oder gar der vierten Stelle in der gesamten Listenstruktur steht. Analoges gilt auch für die Listensymbole der Spiegelstrichlisten.

5.3.4   Beschreibende Listen

Listeneinträge für beschreibende Listen beginnen jeweils mit dem fett gedruckten Stichwort und dem nachfolgenden erklärenden Text für dieses Stichwort. Hervorgehoben wird das optionale Argument des Befehls \item[*Alternativ*]. In der Umgebung *description* **muss** daher für jeden Listeneintrag das optionale Argument angegeben werden!

Im Gegensatz zu Spiegelstrichlisten und Aufzählungen wird das Schlüsselwort hier linksbündig gesetzt. Der Text der ersten Zeile des Listentextes ist davon abgesetzt, erst die Folgezeilen werden am linken Rand um einen gleichbleibenden Abstand eingezogen (siehe Beispiel 5.6). Bei einem sehr schmalen Schlüsselwort ragt die erste Zeile allerdings in den Einzugsbereich hinein.

Beispiel 5.6: Beschreibende Liste

Text vor der Liste ...	`Text vor der Liste \dots`
	`\begin{description}`
LATEX Ein gutes Werkzeug für den Textsatz.	`\item[\LaTeX] Ein gutes`
	`    Werkzeug für den Textsatz.`
LATEX-Befehle Sie sind für die Formatierung notwendig.	`\item[\LaTeX-Befehle] Sie`
	`    sind für die Formatierung`
	`    notwendig.`
! Ein Satzzeichen, das nur wenig Platz benötigt	`\item[!] Ein Satzzeichen, das`
	`    nur wenig Platz benötigt`
	`\end{description}`
Text nach der Liste ...	`Text nach der Liste \dots`

5.3.5 Hilfreiche Zusatzpakete für Listen

Das Zusatzpaket *paralist* stellt neben den verbesserten und einfacher parametrisierbaren LATEX-Listenumgebungen auch noch weitere Listenarten zur Verfügung. Insbesondere lassen sich die oftmals störenden zusätzlichen vertikalen Abstände zwischen den Listeneinträgen und zum umgebenden Text vermeiden (kompaktere Listen).

Darüber hinaus kann es manchmal notwendig sein, Aufzählungen durch Textpassagen zu unterbrechen. Jede neue Umgebung *enumerate* beginnt allerdings wieder mit dem ersten Listenpunkt »1.«, so dass so keine fortlaufende Nummerierung erreicht werden kann. Das Zusatzpaket *mdwlist* aus dem Gesamtpaket *mdwtools* definiert erweiterte Umgebungen für diesen Zweck. Auch lassen sich mit diesem Paket sehr kompakte Listen (im Fließtext) erstellen.

Die weiterführende Literatur [4, 6, 13] gibt Hinweise zur Nutzung dieser und weiterer Zusatzpakete für Listen.

5.4 Die Umgebung *minipage*

Häufig wird in einem Dokument ein Bereich benötigt, in dem zwei oder mehr Textteile nebeneinander angeordnet werden können (z. B. Ein- und Ausgabe, Vergleiche). Dabei ist es wünschenswert, die Breite dieser Teilbereiche den Erfordernissen anpassen zu können. Für solche Fälle steht die Umgebung *minipage* zur Verfügung.

```
\begin{minipage}[Aussen]{Breite}
   Text
\end{minipage}
```

Der *Text* wird dabei in diesem Teilbereich der Seite ausgegeben. Das obligatorische Argument *Breite* gibt die Breite (Zahl mit Maßeinheit) des Teilbereichs an. Der Inhalt der Umgebung *minipage* wird wie ein Zeichen behandelt, das in der aktuellen Zeile angeordnet wird (**keine** neue Zeile oder neuer Absatz!). Der optionale Parameter *Aussen* gibt an, wie dieses „Zeichen" (Inhalt der Umgebung *minipage*) vertikal zur aktuellen Textzeile ausgerichtet werden soll; dafür können eingesetzt werden: t für *top*, c für *center* (*Voreinstellung*) oder b für *bottom*.

Beispiel 5.7: Mehrspaltensatz mit der Umgebung *minipage*

Dieser Bereich ist .... Dieser Bereich ist an der unteren Zeile ausgerichtet. .... Dieser Bereich ist vertikal zentriert.
an der oberen Zeile ausgerichtet.

```
\begin{minipage}[t]{3cm}
Dieser Bereich ist an der oberen Zeile ausgerichtet.
\end{minipage}\dotfill
\begin{minipage}[b]{4cm}
Dieser Bereich ist an der unteren Zeile ausgerichtet.
\end{minipage}\dotfill
\begin{minipage}[c]{3cm}
Dieser Bereich ist vertikal zentriert.
\end{minipage}
```

Das Beispiel 5.7 zeigt drei nebeneinander stehende Teilbereiche, die die Ausrichtungen *top*, *bottom* bzw. *center* aufweisen. Zwischen den Teilbereichen wurden punktierte Linien zur Verdeutlichung der aktuellen Zeile eingefügt.

Für die Darstellung der meisten Beispiele in diesem Buch kommt ein Konstrukt aus drei nebeneinander angeordneten Umgebungen *minipage* zum Einsatz. Die linke Spalte enthält die Druckausgabe, die mittlere Spalte die vertikale Linie und die rechte Spalte die LaTeX-Eingabe.

Die Umgebung *minipage* kann auch mit erweiterter Syntax verwendet werden.

```
\begin{minipage}[Aussen][Höhe][Innen]{Breite}
    Text
\end{minipage}
```

Der Parameter *Höhe* gibt die Höhe (Zahl mit Maßeinheit) des Textbereichs an. Die vertikale Anordnung des Textes innerhalb des Textbereichs wird durch *Innen* beschrieben: t für *top*, c für *center*, b für *bottom* oder s für *spread* (*Voreinstellung*).

Neben der Umgebung *minipage* gibt es einen ähnlich wirkenden LaTeX-Befehl.

```
\parbox[Aussen][Höhe][Innen]{Breite}{Text}
```

Allerdings steht hier der *Text* im obligatorischen Argument des Befehls! Für umfangreichere Textpassagen ist der Befehl daher eher ungeeignet (Gefahr der „verlorenen" schließenden Klammer).

5.5 Nummerierte Textpassagen (Theoreme)

In wissenschaftlichen Texten finden sich häufig Textpassagen, die ein einheitliches Erscheinungsbild und eine fortlaufende Nummerierung erhalten sollen. Sie zeichnen sich meist durch ein in fetter Schrift hervorgehobenes Schlüsselwort aus, dem die zugehörige Textpassage in kursiver Schrift folgt. Für solche Anforderungen bietet LATEX die Möglichkeit, eine selbst definierte Umgebung aufzubauen.

Im ersten Schritt muss eine neue nummerierte Umgebung definiert werden. Der dazu eingesetzte Befehl kann wie folgt eingesetzt werden.

> `\newtheorem{`*Name*`}{`*Schlüsselwort*`}[`*Gliederung*`]`

Alternativ ist auch die folgende Nutzung erlaubt.

> `\newtheorem{`*Name*`}[`*Theorem*`]{`*Schlüsselwort*`}`

Für das obligatorische Argument *Name* muss ein geeigneter Umgebungsname eingesetzt werden.

Das zweite obligatorische Argument *Schlüsselwort* gibt den hervorzuhebenden Text an, der um die automatische Nummerierung ergänzt wird. Die beiden optionalen Parameter des Befehls dienen der fortgeschrittenen Nutzung: *Theorem* – mehrere mit `\newtheorem` definierte Umgebungen benutzen einen gemeinsamen Zähler; *Gliederung* – die Nummerierung erfolgt mittels einer vorangestellten Kapitel- bzw. Abschnittsnummer. Die weiterführende Literatur, z. B. [6, 13], gibt hierüber Auskunft.

> Bei der Wahl des Namens sollten Sie beachten, dass keine Konflikte mit bereits existierenden Befehls- oder Umgebungsnamen auftreten!
> Bei *Theorem* darf es sich nur um einen Zähler handeln, der mit einem anderen Befehl `\newtheorem` definiert wurde.

Der Befehl `\newtheorem` darf mehrfach benutzt werden, um unterschiedliche Theorem-Umgebungen zu definieren.

Nach der Definition einer solchen nummerierten Umgebung kann diese dann im Dokument wie folgt verwendet werden.

> `\begin{`*Name*`}[`*Zusatz*`]`
>   *Textpassage*
> `\end{`*Name*`}`

Für *Name* muss der zuvor mit einem Befehl `\newtheorem` definierte Umgebungsname eingesetzt werden. Das optionale Argument *Zusatz* erlaubt es, dem Schlüsselwort und der Nummerierung noch eine Anmerkung anzufügen.

Beispiel 5.8 zeigt die Anwendung des Befehls `\newtheorem` zum Aufbau der Umgebung *satz* und die Nutzung dieser Umgebung. Hervorgehoben wird das Schlüsselwort »**Satz**« und die automatisch generierte Nummerierung. Für den ersten Satz ist eine Anmerkung angegeben, die auch mit hervorgehoben wird. Der erklärende Text wird in einer kursiven Schrift gesetzt. Auf die automatische Nummerierung wurde mit dem bekannten Mechanismus (`\label` und `\ref` bzw. `\pageref`, siehe Kapitel 4.3) zurückgegriffen.

Beispiel 5.8: Nummerierte Textpassagen

... vorhergehender Text	`\newtheorem{satz}{Satz}`
	`\dots~vorhergehender Text`
Satz 1 (Pythagoras) *In je-dem rechtwinkligen Dreieck ist die Summe der Quadrate über den Katheten flächengleich mit dem Quadrat über der Hypotenuse.*	`\begin{satz}[Pythagoras]%`
	`\label{Pyth}`
	`In jedem rechtwinkligen`
	`Dreieck ist die Summe`
	`...`
	`über der Hypotenuse.`
	`\end{satz}`
Weitere Textpassagen ...	`Weitere Textpassagen \dots`
	`\begin{satz}\label{Alt}`
Satz 2 *In jedem rechtwinkligen Dreieck ist das Quadrat über der Hypotenuse flächengleich mit der Summe der Quadrate über den Katheten.*	`In jedem rechtwinkligen`
	`Dreieck ist das Quadrat`
	`...`
	`über den Katheten.`
	`\end{satz}`
Der Satz 2 ist eine andere For-mulierung des Satzes 1.	`Der Satz~\ref{Alt} ist eine`
	`andere Formulierung des`
	`Satzes~\ref{Pyth}.`

---

z Weitergehende Nutzung und mehr Gestaltungsmöglichkeiten bietet das Zusatzpaket *amsthm*. Eine Beschreibung dazu findet sich in [13]. Hinweise zur Nutzung können auch der im Paket enthaltenen Dokumentation entnommen werden.

5.6 Die Umgebung *verbatim*

Oft müssen Daten oder Programm-Quelltexte buchstabengetreu wiedergegeben werden. Dazu ist die Verwendung eines dicktengleichen Zeichensatzes, bei dem alle Zeichen gleich breit sind, erforderlich. Dies hat den Vorteil, dass Einrückungen, die durch Leerzeichen hervorgerufen werden, korrekt wiedergegeben werden. Darüber hinaus müssen auch solche Zeichen dargestellt werden können, die in LATEX eine Sonderbedeutung haben (z. B. \, {, }, #, $). All diese Anforderungen werden durch die Umgebung *verbatim* erfüllt.

```
\begin{verbatim}
    Unverändert auszugebender Text
\end{verbatim}
```

Das Beispiel 5.9 zeigt die Auflistung eines C-Programms mit den typischen Sonderzeichen in Programmiersprachen.

Der Inhalt der Umgebung *verbatim* wird in einem eigenen Absatz dargestellt. Ein automatischer Zeilenumbruch findet innerhalb der Umgebung **nicht** statt, d. h.,

---

**Beispiel 5.9: Auflistung eines C-Programms
in der Umgebung *verbatim***

```
... Vorhergehende Textteile

/* Kubische Zahlen */
main()
{
    int i,i3;
    for(i=-5; i<=10; i++) {
        i3=i*i*i;
        printf ("%d & ", i);
        printf ("%d", i3);
        printf ("\\\\ \n");
    }
}

Nachfolgende Textteile ...
```

```
\dots~Vorhergehende Textteile
\begin{verbatim}
/* Kubische Zahlen */
main()
{
    int i,i3;
    for(i=-5; i<=10; i++) {
        i3=i*i*i;
        printf ("%d & ", i);
        printf ("%d", i3);
        printf ("\\\\ \n");
    }
}
\end{verbatim}
Nachfolgende Textteile \dots
```

---

die Zeilen werden so ausgegeben, wie sie in der Eingabe stehen. Falls die auszugebenden Zeilen zu lang sind, werden diese über den rechten Rand hinausgehend ausgegeben. Dabei erfolgt die folgende Fehlermeldung.

```
Overfull \hbox (...pt too wide) in paragraph
at lines ...-...
```

An Stelle der Auslassungspunkte finden Sie in der Meldung aktuelle Angaben für die Überschreitung der Zeilenbreite und der Zeilennummern im Eingabetext.

Die zur Umgebung *verbatim* existierende Variante *verbatim*∗ unterscheidet sich von dieser nur insofern, dass Leerzeichen durch ein besonderes Zeichen (»␣«) ersetzt werden.

Für kurze Textpassagen, die buchstabengetreu wiedergegeben werden müssen, können Sie auch den Befehl \verb aus Kapitel 3.6 verwenden.

Einige Zusatzpakete (z. B. *alltt, fancyvrb* oder *verbatim*) modifizieren bzw. ersetzen die LATEX-interne Definition der Umgebung *verbatim* oder stellen weitere Umgebungen für die buchstabengetreue Ausgabe zur Verfügung. Für die Wiedergabe von Programm-Quellcode eignet sich auch das Zusatzpaket *listings*. Nutzungshinweise und Beispiele dazu finden Sie in der jeweiligen Paketdokumentation und in der weiterführenden Literatur [6, 13].

5.7   Die Umgebung *abstract*

In den meisten wissenschaftlichen Dokumenten befindet sich am Anfang eine kurze Inhaltsangabe (Zusammenfassung, Abstract). Eine Zusammenfassung soll sich deutlich vom eigentlichen Dokumententext absetzen und mit einer Überschrift versehen werden. LaTeX stellt dafür die folgende Umgebung bereit.

```
\begin{abstract}
    Text der Zusammenfassung
\end{abstract}
```

Wird das Zusatzpaket *ngerman* bzw. *babel* mit der Option ngerman benutzt, so wird der Titel *Zusammenfassung* als Überschrift benutzt. Im Kapitel 15.4 wird beschrieben, wie Sie gegebenenfalls Einfluss auf diesen Titel nehmen können.

Je nach benutzter Dokumentklasse (nur in den Klassen article und report ist die Umgebung definiert) unterscheidet sich die Hervorhebung der Zusammenfassung.

Beispiel 5.10: Zusammenfassung für einen Artikel

... letzte Zeilen vor der Zusammenfassung	`\dots~letzte Zeilen vor der Zusammenfassung`
Zusammenfassung	`\begin{abstract}`
Dies ist eine kurze Inhaltsangabe des Dokuments.	`Dies ist eine kurze Inhaltsangabe des Dokuments.`
Oft wird auch eine englischsprachige Version benötigt.	`Oft wird auch eine englischsprachige Version benötigt.`
Textzeilen nach der Zusammenfassung	`\end{abstract}` `Textzeilen nach der Zusammenfassung`

Beispiel 5.10 zeigt die Anwendung der Umgebung *abstract* in der Dokumentklasse article. In dieser Dokumentklasse wird der Text der Zusammenfassung beidseitig eingerückt und in einer kleineren Schrift dargestellt und die erste Zeile eines jeden Absatzes wird eingezogen. Zwischen den Absätzen wird kein zusätzlicher Leerraum eingefügt.

In der Dokumentklasse report wird die Zusammenfassung auf einer separaten Seite ohne beidseitige Einrückung vertikal zentriert ausgegeben. Es kommt die gleiche Schriftgröße wie im Dokument zum Einsatz. Die erste Zeile des ersten Absatzes der Zusammenfassung wird nicht eingezogen, in allen folgenden Absätzen wird dagegen die erste Zeile eingezogen.

Soll die Zusammenfassung auch in einer anderen Sprache (z. B. Englisch) ausgegeben werden, so kann der übersetzte Text in einer weiteren Umgebung *abstract* angefügt werden.

Damit die Silbentrennung korrekt erfolgt, ist das Zusatzpaket *babel* mit entsprechenden Sprachoptionen zu laden. Der neue Trennalgorithmus **muss vor** der Umgebung *abstract* aktiviert werden. Zum Beispiel wird mit dem Befehl `\selectlanguage{english}` der Trennalgorithmus für die englische Sprache ausgewählt. Gleichzeitig werden auch die Überschriften passend zur angegebenen Sprache ausgewählt (»Abstract«). Nach dem fremdsprachigen Teil **muss** mit dem Befehl `\selectlanguage{ngerman}` wieder auf den deutschen Trennalgorithmus zurückgeschaltet werden!

Zur Vertiefung finden Sie im CWS ein zusätzliches Beispiel (`abstract`) mit einer deutschen und englischen Zusammenfassung.

5.8   Übung

Setzen Sie bitte das nachfolgend angegebene Dokument. Dazu verwenden Sie „zwei Spalten", wobei die linke Spalte 5,5 cm und die rechte 6,0 cm breit ist. Zwischen diesen – an der oberen Zeile ausgerichteten – Spalten befindet sich ein dehnbarer horizontaler Leerraum.

Die linke Spalte enthält eine Spiegelstrichliste. In der rechten Spalte vermerken Sie die wichtigen Befehle, die Sie für den zweispaltigen Satz und die Liste benutzt haben.

Verwenden Sie geeignete Umgebungen und Befehle, um das Dokument in dieser Form zu erstellen!

Zum Schluss verändern Sie Ihre Eingabe so, dass statt der Spiegelstrichliste eine Aufzählung verwendet wird. Beobachten Sie dabei die Veränderungen in der Ausgabe.

1   Umgebungen

Ein LaTeX-Dokument besteht aus

- Präambel, mit den Befehlen

    - `\documentclass`, für die Dokumentenklasse;

    - `\usepackage`, für die Zusatzpakete;

    - mit globaler Wirkung;

- `\begin{document}`, als Startmarke für den Textkörper, die Strukturierung erfolgt mit:

    - `\chapter` für ein Kapitel (nur book und report);

    - `\section` für einen Abschnitt;

    ...

- `\end{document}`, als Endmarke für den Textkörper.

Hinter dem `\end{document}`-Befehl stehende Eingaben ignoriert LaTeX!

Ihren Eingabetext dazu stellen Sie bitte in dieser Spalte dar (bitte ergänzen):

```
\documentclass[a4paper]{article}
\usepackage{ngerman}
\usepackage[latin1]{inputenc}
\usepackage[T1]{fontenc}
\begin{document}
...
\end{document}
```

5.9   Zusammenfassung

In diesem Kapitel haben Sie gelernt

✓ Absätze durch Einrückungen oder besondere Formatierungen hervorzuheben,

✓ Absätze nicht nur im Blocksatz zu setzen,

✓ Spiegelstrichlisten, Aufzählungen und beschreibende Listen zu erstellen,

✓ Mehrspaltensatz auf einer Seite einzurichten und zu nutzen,

✓ eigene, nummerierte Umgebungen (Theoreme) zu erstellen,

✓ Texte mit Sonderzeichen buchstabengetreu auszugeben sowie

✓ eine Zusammenfassung für ein Dokument zu formatieren.

Kapitel

6 Schriftarten und -größen

Ein wichtiges Kriterium für die Lesbarkeit eines Textes ist die Darstellung der Buchstaben. Wenn die Art der Buchstaben, die Zeilenabstände und die Länge der Zeilen nicht miteinander harmonieren, kann der – noch so interessante – Text oft schwer lesbar erscheinen. Donald E. Knuth hat neben dem Satzsystem TEX gleich auch die erforderlichen Schriften (Fonts) entworfen. Großen Wert legte er insbesondere auf gut gestaltete Zeichensätze mit mathematischen Sonderzeichen. Diese Zeichensätze gehören zur Grundausstattung einer LATEX-Implementation und werden als Basisschriften in LATEX benutzt.

Mit der Verbreitung der Personalcomputer setzte auch die Entwicklung anderer, für den Computereinsatz bestimmter Zeichensätze ein. Geschaffen wurden unter anderem die verschiedensten *PostScript*- und die *TrueType*-Schriften. Beide Schriftarten sind für Fließtexte entwickelt worden, entsprechend fehlen die mathematischen Sonderzeichen. Die *PostScript*-Schriften können von LATEX nur mit Hilfe besonderer Zusatzpakete (siehe Kapitel 6.2) genutzt werden. *TrueType*-Fonts lassen sich erst nach einer speziellen Aufbereitung in LATEX-Dokumenten einsetzen.

In diesem Kapitel lernen Sie

→ die Standardzeichensätze von LATEX zu nutzen,

→ LATEX-Befehle und -Umgebungen für Texthervorhebungen anzuwenden,

→ unterschiedlich große Schriften auszuwählen sowie

→ wichtige Zusatzpakete für LATEX- und *PostScript*-Schriften einzusetzen.

6.1 LATEX-Zeichensätze

In den von Donald E. Knuth entworfenen Schriften stimmen die Proportionen der Buchstaben und Zeichen untereinander und die verschiedenen Zeichensätze harmonieren miteinander. Die von den so genannten Computer Modern Zeichensätzen (*cm*-Fonts) abgeleiteten Zeichensätze für mathematische Symbole und Ausdrücke gehören ebenfalls zum Lieferumfang einer TEX-/LATEX-Implementation.

Im Zuge der internationalen Verbreitung von TEX/LATEX entstand der Wunsch, auch nationale Sonderzeichen (z. B. Akzentbuchstaben, Umlaute), die bei den *cm*-Fonts nur über Befehle zugänglich sind, direkt als komplette Zeichen im Zeichensatz zur Verfügung zu haben. Vorteilhaft dabei ist darüber hinaus, dass der Trennalgorithmus bei solchen Wörten besser funktioniert.

Daher entschloss man sich, so erweiterte (an die *cm*-Fonts angelehnte) Zeichensätze zu schaffen. Diese sind heute unter dem Namen European Computer Modern Zeichensätze bzw. *ec*-Fonts (siehe auch [4, 9, 13]) bekannt.

6.1.1 Auswahl der Schriftparameter bei Standardschriften

LATEX setzt Fließtext in einer aufrechten Schrift mit Serifen (Computer Modern bzw. European Computer Modern). Hervorgehobene Texte (z. B. Überschriften) werden automatisch in der richtigen Schriftgröße und Schriftform gesetzt. Sie als LATEX-Nutzer müssen sich nur in einigen wenigen Fällen um die Formatierung von Texthervorhebungen kümmern. Dazu stellt Ihnen LATEX eine Reihe von Befehlen zur Verfügung, mit denen Sie verschiedene Schriftparameter ändern können.

Eine Schrift wird durch drei Parameter beschrieben.

1. Schriftfamilie (*family*)
   (a) Serifenschriften (*roman*): proportionale Schriften mit Serifen (kleinen Hilfslinien) zur besseren Lesbarkeit an jedem Buchstaben
   (b) Serifenlose Schriften (*sans serif*): proportionale Schriften ohne Hilfslinien
   (c) `Typewriter Schriften` (`teletype`)`: Alle Zeichen haben die gleiche Breite (dicktengleich)`
2. Schriftstärke (*series*)
   (a) normale Schriftstärke (*medium*)
   (b) **fette bzw. halbfette Schriften** (*boldface*)
3. Schriftform (*shape*)
   (a) Aufrechte Schriften (*up*)
   (b) *Geneigte Schriften, aufrechte Schrift geneigt* (*slanted*)
   (c) *kursive Schriften, ein eigener Schriftstil* (*italic*)
   (d) KAPITÄLCHEN-SCHRIFTEN, KLEINBUCHSTABEN HABEN EIN ÄHNLICHES AUSSEHEN WIE GROSSBUCHSTABEN (*small caps*)

Je nachdem, ob nur ein kurzer Textbereich oder eine längere Textpassage mit einer der oben genannten Schriftauszeichnungen versehen werden soll, kommen unterschiedliche LATEX-Befehle zur Anwendung.

> Die Befehle für die Angabe der verschiedenen Schriftparameter für Schriftfamilie, -stärke und -form können miteinander kombiniert werden. Zu beachten ist dabei, dass nicht für alle möglichen Kombinationen auch passende Zeichensätze in LATEX existieren!

Überschaubare Textbereiche

Für kurze Textbereiche kommen Befehle zum Einsatz, in denen der hervorzuhebende Text als Argument angegeben wird. Die Tabelle 6.1 fasst die zur Verfügung stehenden Befehle zusammen.

LATEX-Befehl	Wirkung
`\textrm{Schrift mit Serifen}`	Schrift mit Serifen
`\textbf{fette Schrift}`	**fette Schrift**
`\textsf{serifenlose Schrift}`	serifenlose Schrift
`\textit{kursive Schrift}`	*kursive Schrift*
`\textsl{geneigte Schrift}`	*geneigte Schrift*
`\texttt{Typewriter}`	`Typewriter`
`\textsc{Kapitälchen}`	KAPITÄLCHEN

Tabelle 6.1: Schriftauswahlbefehle in LATEX

Bitte denken Sie daran, dass in der Schriftform Kapitälchen das Zeichen »ß« nicht verfügbar ist und durch die Zeichenfolge »SS« ersetzt werden muss!

Die Schriftumschaltbefehle können auch ineinander verschachtelt werden, wobei darauf zu achten ist, dass für die so entstehenden Kombinationen auch passende Schriften verfügbar sind. Das Beispiel 6.1 zeigt die Hervorhebung von Textbereichen mit den oben genannten Befehlen, wobei für den Fall der serifenlosen, geneigten Schrift von der Schachtelung der Befehle Gebrauch gemacht wird.

Beispiel 6.1: Texthervorhebungen mit den Schriftauswahlbefehlen

Text in normaler, **fetter**, *kursiver* und *geneigter* Schrift. Nun folgt noch Text in serifenloser und *geneigter Schrift* gesetzt. Hier sind KAPITÄLCHEN zu sehen.

```
Text in \textrm{normaler},
\textbf{fetter},
\textit{kursiver} und
\textsl{geneigter} Schrift.
Nun folgt noch Text in
\textsf{serifenloser und
\textsl{geneigter Schrift}}
gesetzt. Hier sind
\textsc{Kapitälchen} zu sehen.
```

Längere Textpassagen

Für längere und damit unübersichtlichere Textpassagen kommen entsprechende Umschaltbefehle zum Einsatz. Die Tabelle 6.2 stellt die zur Verfügung stehenden

Schriftfamilie		Schriftstärke		Schriftform	
`\rmfamily`	Roman	`\mdseries`	Normal	`\upshape`	Aufrecht
`\ttfamily`	Typewriter	`\bfseries`	Fett	`\itshape`	Kursiv
`\sffamily`	Serifenlos			`\slshape`	Geneigt
				`\scshape`	Kapitälchen

Tabelle 6.2: Schriftumschaltbefehle in LATEX

Befehle dafür zusammen. Der Wirkungsbereich kann auch durch Nutzung einer Gruppenklammer (siehe Kapitel 2.2) eingeschränkt werden. Die erforderlichen Befehle stehen dann **innerhalb** der Gruppenklammer.

Im Beispiel 6.2 wird gezeigt, wie die Hervorhebungen aus dem vorherigen Beispiel durch die Anwendung der Umschaltbefehle erzielt werden können.

Beispiel 6.2: Texthervorhebungen mit den Schriftumschaltbefehlen

Text in normaler, **fetter**, *kursiver* und *geneigter* Schrift. Nun folgt noch Text in serifenloser und *geneigter Schrift* gesetzt. Hier sind KAPITÄLCHEN zu sehen.	`Text in normaler, {\bfseries fetter}, {\itshape kursiver} und {\slshape geneigter} Schrift. Nun folgt noch Text in \sffamily serifenloser und \slshape geneigter Schrift \rmfamily\upshape gesetzt. Hier sind {\scshape Kapitälchen} zu sehen.`

6.1.2   Auswahl der Schriftgröße

Fließtexte werden von LATEX in der Basisschriftgröße des Dokuments gesetzt. Für die Überschriften passt LATEX automatisch die Schriftgröße und -stärke an. Als Autor müssen Sie wahrscheinlich nur in Ausnahmefällen die Schriftgröße selbst beeinflussen. Dafür stellt LATEX die in Tabelle 6.3 angegebenen Befehle zur Verfügung. Sie erzeugen keine kontinuierlich einstellbaren, sondern diskrete, aufeinander abgestimmte Schriftgrößen. In der Tabelle sind die durch die Befehle erzeugten Schriftgrößen (abhängig von der Basisschriftgröße) angegeben. Der Befehl `\normalsize` schaltet auf die Basisschriftgröße des Dokuments um.

Diese Befehle wirken als Umschaltbefehle. Wenn Sie deren Wirkungsbereich einschränken wollen, müssen Sie die Befehle innerhalb von Gruppenklammern (siehe Kapitel 2.2) verwenden.

LATEX-Befehl	Basisschriftgröße			LATEX-Befehl	Basisschriftgröße		
	10pt	11pt	12pt		10pt	11pt	12pt
`\tiny`	5pt	6pt	6pt	`\large`	12pt	12pt	14pt
`\scriptsize`	7pt	8pt	8pt	`\Large`	14pt	14pt	17pt
`\footnotesize`	8pt	9pt	10pt	`\LARGE`	17pt	17pt	20pt
`\small`	9pt	10pt	11pt	`\huge`	20pt	20pt	25pt
`\normalsize`	10pt	11pt	12pt	`\Huge`	25pt	25pt	25pt

Tabelle 6.3: Schriftgrößenbefehle und benutzte Schriftgrößen

Wird die Schriftgröße für einen ganzen Absatz geändert, so wird innerhalb dieses Absatzes automatisch auch der Zeilenabstand angepasst. Wird dagegen nur ein Wort in einer größeren Schrift ausgegeben, so wird nur in der betroffenen Zeile entsprechender vertikaler Leerraum bereitgestellt. Dadurch kann das Schriftbild stark aufgerissen wirken.

Beispiel 6.3 zeigt die Nutzung der Befehle für die Schriftgrößenänderung.

Beispiel 6.3: Änderung der Schriftgröße

Text in normaler, kleiner, Fußnotengröße und sehr kleiner Schrift. Es folgt noch Text in normaler, größerer und sehr großer Schrift. Dieser Text ist wieder in normaler Schrift gesetzt.	`Text in normaler, {\small kleiner}, {\footnotesize Fußnotengröße und} {\tiny sehr kleiner} Schrift. Es folgt noch Text in normaler, \Large größerer und \huge sehr großer Schrift. \normalsize Dieser Text ist wieder in normaler Schrift gesetzt.`

> **Z** Wenn Sie eine eigene Umgebung definieren (siehe dazu Kapitel 15.2.2), innerhalb derer die Schriftgröße geändert wird, so ist darauf zu achten, dass darin der Befehl \par verwendet wird.

6.1.3 LATEX-Sonderschriften

Neben den Computer Modern Schriften hat Donald E. Knuth auch einige Sonder- bzw. Zierschriften entwickelt. Diese eignen sich nicht für längere Fließtexte, sondern nur für kurze Hervorhebungen oder für Texte zu besonderen Anlässen.

Beispiel 6.4: Auswahl einer Zierschrift mit LATEX-Befehlen

Dieser Text wurde in der Schriftart Dunhill gesetzt. Die Schriftgröße wurde auf 10 pt und der Zeilenabstand auf 14 pt gesetzt.	`\fontsize{10pt}{14pt}`
	`\usefont{OT1}{cmdh}{m}{n}`
	`Dieser Text wurde in der`
	`Schriftart Dunhill gesetzt.`
	`Die Schriftgröße wurde auf`
	`10\,pt und der Zeilenabstand`
	`auf 14\,pt gesetzt.`

Beispiel 6.4 zeigt die Nutzung des LATEX-Zeichensatzes *cmdh* (Dunhill) aus der Computer Modern Zeichensatzfamilie in der Schriftgröße 10 pt. Für die Nutzung der Sonderschriften existieren keine vorgefertigten Befehle, sondern Sie müssen

selbst diese Schriften LATEX bekannt machen. Die dazu erforderlichen Kommandos finden Sie im Quelltext des Beispiels. Die weiterführende Literatur [6, 8, 9, 13] beschreibt ausführlich die Vorgehensweise.

6.1.4   Das Zusatzpaket *fontenc*

Die ürsprünglichen Standard-Zeichensätze des TEX-Systems, die Computer Modern Zeichensätze (*cm*-Fonts), sind auf amerikanische Verhältnisse ausgelegt und stellten maximal 128 Zeichen zur Verfügung. Sie enthielten keine speziellen Glyphen für Buchstaben mit Akzenten. Durch die weite Verbreitung von LATEX im europäischen Raum war aber die Nutzung der nationalen Sonderzeichen notwendig geworden. Daher wurden – angelehnt an die ursprünglichen *cm*-Fonts – neue Zeichensätze entworfen, die einen auf 256 Zeichen erweiterten Zeichenvorrat aufwiesen, der auch die europäischen Sonderzeichen umfasst. Da die so genannten European Computer Modern Zeichensätze bzw. *ec*-Fonts mehr Zeichen als die alten Computer Modern Zeichensätze enthalten, muss LATEX die Anordnung dieser neuen Zeichen im Zeichensatz (Codierung) angegeben werden. Diese Zuordnung erfolgt durch Laden des Zusatzpakets `fontenc` mit einer entsprechenden Option in der Präambel des Dokuments.

```
\usepackage[Option(en)]{fontenc}
```

Die Art der Zeichenkodierung wird dabei im optionalen Argument angegeben. Die beiden folgenden *Option(en)* sind wichtig.

`T1` Es wird die Codierung für 256 Zeichen benutzt (European Computer Modern Zeichensätze);

`OT1` Es wird die alte Codierung für 128 Zeichen benutzt (Computer Modern Zeichensätze).

Weitere Codierungen existieren für die mathematischen Sonderzeichen und spezielle Zeichensätze. Nähere Informationen dazu können Sie der weiterführenden Literatur [4, 13] entnehmen.

Werden mehrere durch Komma getrennte Optionen angegeben, so wird die zuletzt angegebene Option als Voreinstellung für das ganze Dokument benutzt.

> Werden die European Computer Modern Zeichensätze benutzt, so werden auch Trennstellen nach den Umlauten von LATEX erkannt und brauchen nicht separat eingegeben werden.

6.2   PostScript-Zeichensätze

Für die weiter verbreiteten PostScript-Schriften, wie zum Beispiel Times, Helvetica oder Palatino, wurden Zusatzpakete entwickelt, um diese Schriften im Fließtext nutzen zu können. Beispiele für einige Schriftfamilien können Sie der Abbildung 6.1 entnehmen.

Times: aufrecht **fett** *kursiv*

Palatino: aufrecht **fett** *kursiv*

Helvetica: aufrecht **fett** *geneigt*

Courier: aufrecht **fett** *geneigt*

Abbildung 6.1: Einige wichtige PostScript-Schriften

Für den Formelsatz werden bei den meisten Zusatzpaketen weiterhin die Computer Modern Zeichensätze benutzt, da nur darin die erforderlichen mathematischen Sonderzeichen enthalten sind. Dies fällt bei Formeln im Fließtext oftmals deutlich auf, da beide Zeichensatzwelten dann direkt aufeinander treffen. In abgesetzten Formeln sind diese Effekte meist nicht so deutlich zu erkennen.

Zur Nutzung der PostScript-Schriften in einem Dokument ist im Allgemeinen nur die Einbindung des entsprechenden Pakets in der Präambel erforderlich. Die Tabelle 6.4 stellt wichtige Pakete aus dem Zusatzpaket *psnfss* mit den benutzten PostScript-Schriften vor.

Zusatzpaket	Serifen	Serifenlos	Typewriter	Formeln
mathptmx	Times	—	—	Times
mathpazo	Palatino	—	—	Palatino
helvet	—	Helvetica	—	—
avant	—	Avant Garde	—	—
courier	—	—	Courier	—
bookman	Bookman	Avant Garde	Courier	—

Tabelle 6.4: PostScript-Schriften aus dem Zusatzpaket psnfss

Die PostScript-Schriften umfassen meist nur eine Schriftart (z. B. nur Serifenschriften) in den verschiedenen Schriftformen und Schriftstärken. Für andere Schriftfamilien werden von den Zusatzpaketen meist keine anderen PostScript-Schriften eingesetzt, da es eine Vielzahl verschiedener Schriftarten gibt. Sie entscheiden selbst, welche Schriftfamilien Sie verwenden wollen und laden selbst die zugehörigen Pakete. Denken Sie daran, dass die Schriften miteinander harmonieren sollten.

> Die Schrifthöhe der PostScript-Schriften ist nicht genormt, so kann es bei gleichzeitiger Verwendung verschiedener Schriften zu unterschiedlich hohen Zeichen kommen. Daher erlauben einige Zusatzpakete für PostScript-Schriften die globale Skalierung der Schrift.

Abbildung 6.2 zeigt Text in verschiedenen Schriftstärken und -formen sowie eine mathematische Formel. Benutzt wurden die LaTeX-Voreinstellungen für das linke Beispiel in der Computer Modern Schrift und das Zusatzpaket *mathptmx* für das

cm-Fonts	mathptmx.sty	mathpazo.sty
Normal: cmr	Normal: Times-Roman	Normal: Palatino-Roman
fett: cmbx	**fett: Times-Bold**	**fett: Palatino-Bold**
Kursiv: cmti	*Kursiv: Times-Italic*	*Kursiv: Palatino-Italic*
Formeln: $c^2 = a^2 + b^2$	Formeln: $c^2 = a^2 + b^2$	Formeln: $c^2 = a^2 + b^2$

Abbildung 6.2: Einige PostScript-Schriften im Vergleich zu Computer Modern

mittlere Beispiel in der Times-Schrift bzw. *mathpazo* für das rechte Beispiel in der Palatino-Schrift. Die Abbildung zeigt die unterschiedliche Gestaltung der Buchstaben in den verschiedenen Schriftstärken und -formen sowie die unterschiedliche Breite der Zeichen (Laufweite der Schrift).

Der mathematische Formelsatz erfolgt beim linken Beispiel mit den Mathematik-Zeichensätzen der Computer Modern Schrift. Bei den gezeigten PostScript-Schriften wird jeweils die Kursivschrift für den Formelsatz benutzt.

Die Fließtexte in diesem Buch wurden übrigens in der Palatino-Schrift gesetzt. Nur für die Beispiele kamen die Computer Modern Schriften zum Einsatz.

6.3   TrueType-Zeichensätze

Es ist sehr aufwändig, TrueType-Schriften (z. B. Times New Roman, Arial, Courier New) für LATEX verfügbar zu machen. Dazu sind einige zusätzliche Programme erforderlich, die die notwendigen Konvertierungen vornehmen. Auch müssen die erforderlichen Schritte in der richtigen Reihe erfolgen. Anfänger, ohne tiefgehende Kenntnisse in der internen Verarbeitung und dem Zusammenspiel der verschiedenen Font-Dateien, sollten sich daher nicht an ein solches Projekt wagen. Fortgeschrittene sollten die weiterführende Dokumentation [16] der benötigten Programme studieren.

6.4   Übung

Bitte setzen Sie das nachfolgende kurze Beispiel. Benutzen Sie für den ersten Absatz die Schriftauswahlbefehle, für den zweiten Absatz die Schriftumschaltbefehle! Achten Sie darauf, dass der klein gedruckte Text mit dem korrekten Zeilenabstand gesetzt wird (eigener Absatz)!

---

1   Schriftarten und -größen

Umfangreichere Texte sollten Sie in einer Serifenschrift setzen. Dieser Text wurde in der LaTeX-Standardschrift gesetzt (cmr). Hervorhebungen in einem Text können Sie durch *geneigte Schriften* oder durch *kursive Schriften* vornehmen. *Kursive* Schriften sind durch ihre andere Gestaltung meist etwas auffälliger als die *geneigten* Schriften. **Fette Schriften** betonen dagegen sehr stark.

KAPITÄLCHEN werden gerne für Autoren- oder Programmnamen benutzt. Serifenlose Schriften sind für Überschriften und plakative Texte gut geeignet. Auch diese können Sie in der Schriftstärke **fett** und in der Schriftform *geneigt* benutzen. Die kursive Schriftform existiert oft nicht.

Setzen Sie Ihre Texte in einer geeigneten Schriftgröße. Für ein Buch sind 10 pt angemessen. Briefe und kürzere Dokumente können Sie auch in 12 pt setzen. Wenn Sie ein Dokument im Nachhinein verkleinern müssen (z.B. von DIN-A4 auf DIN-A5), wählen Sie dann auch für das Buch 12 pt als Basisschriftgröße aus.

Bitte schreiben Sie Ihre Texte in einer gut lesbaren Schriftgröße, damit das Lesen des Textes das Auge nicht zu sehr ermüdet.

6.5   Zusammenfassung

In diesem Kapitel haben Sie an Hand von Beispielen verschiedene Hervorhebungsarten kennen gelernt. Zu nennen ist hier die Auszeichnung von Textpassagen durch eine andere Schriftstärke oder -form. Darüber hinaus kann Text auch durch eine größere Schrift hervorgehoben oder mit einer kleineren Schrift in den Hintergrund gesetzt werden.

In diesem Kapitel haben Sie gelernt

✓ kürzere Textstellen hervorzuheben,

✓ umfangreichere Textpassagen auszuzeichnen,

✓ die Schriftgröße zu ändern und auch

✓ PostScript-Schriften zu nutzen.

Kapitel

7 Grundelemente des Formelsatzes

Wissenschaftliche Arbeiten mit vielen Formeln stellen hohe Ansprüche an das Textsystem, denn mathematische Ausdrücke und Formeln werden anders behandelt als der normale Fließtext. Ein Schwerpunkt bei der Entwicklung von TeX und LaTeX lag auf einem hochwertigen, den wissenschaftlichen und mathematischen Konventionen entsprechenden Formelsatz. Demzufolge bietet LaTeX standardmäßig viele Möglichkeiten, mathematische Formeln zu setzen.

Es mag zunächst verwundern, was LaTeX alles unter die Rubrik Formelsatz stellt. Hierzu gehören u. a.

→ Zahlen, Variablen, Operatoren,

→ mathematische Symbole,

→ Namen von Funktionen,

→ griechische Buchstaben,

→ das Hoch- und Tiefstellen von Zeichen und Texten,

→ komplette mathematische Formeln sowie

→ diverse Sonderzeichen.

Dabei werden Zahlen und Operatoren in einer aufrechten Schrift, Variablennamen meist in einer kursiven Schrift, jedoch ohne optischen Ausgleich des horizontalen Abstands zwischen den Buchstaben, gesetzt. Auch die sonstigen mathematischen Konventionen berücksichtigt LaTeX automatisch, beispielsweise die Regeln für Abstände um Operatoren oder die Größenanpassung von Exponenten und Indizes.

Wenn die LaTeX-Standardschriftfamilie Computer Modern benutzt wird, steht ein umfangreicher Satz an Schriften zur Verfügung – auch für den Formelsatz. Bei der Benutzung einer anderen Schriftfamilie kann es jedoch vorkommen, dass die mathematischen Symbole fehlen.

Ein wichtiges Zusatzpaket für den Formelsatz ist das von der American Mathematical Society ($\mathcal{AMS}$) entwickelte Paket *amsmath*, das neben weiteren Operatoren und Symbolen auch zusätzliche Strukturelemente und Gestaltungsmöglichkeiten beinhaltet. Beim Schreiben von Dokumenten mit erheblichen Anteilen an mathematischen Formeln empfiehlt es sich, dieses Zusatzpaket standardmäßig mit einzubinden. Dazu muss es mittels \usepackage{amsmath} in der Präambel des LaTeX-Dokuments geladen werden.

Im Folgenden wird vorausgesetzt, dass das Zusatzpaket *amsmath* geladen ist, und nicht konsequent darauf hingewiesen, falls es benötigt wird.

Weitere Extras können durch sonstige Zusatzpakete verfügbar gemacht werden, Tabelle 7.1 zeigt eine Auswahl.

Name	Funktion
amsbsy*	Fette Schriften (\boldsymbol und \pmb)
amscd	Erzeugung kommutativer Diagramme
amsfonts*	Fonts für zusätzliche Symbole
amssymb	Namensdefinition zusätzlicher Symbole
amstext*	Text im Formelsatz (\text)
amsthm	Weitere Theoremumgebungen
amsxtra	Weitere, selten benutzte Funktionen

* im Zusatzpaket *amsmath* enthalten

Tabelle 7.1: Wichtige Zusatzpakete für den Formelsatz

Die Pakete müssen in der Präambel des LaTeX-Dokuments mit dem aus Kapitel 2.3.3 bekannten Befehl \usepackage{*Paketname*} eingebunden werden. In der Regel sind in der jeweiligen Paketdokumentation die vom Paket zur Verfügung gestellten Befehle und deren Wirkungsweise erklärt und mit Beispielen verdeutlicht. Eventuelle *Paketoptionen* werden dort ebenfalls erläutert.

7.1   Formelsatz in LaTeX

In wissenschaftlichen Arbeiten, meist aus den Natur- oder Ingenieurwissenschaften, können mathematische Formeln und Ausdrücke vorkommen, die im Fließtext eingebettet sind. Diese werden im Formelsatz anders gehandhabt als mathematische Formeln und Gleichungen, die auf Grund ihrer Größe, Komplexität oder Bedeutung hervorgehoben dargestellt werden.

7.1.1   Formeln im Fließtext

Beim Formelsatz muss man beachten, dass es einige Unterschiede zum Textsatz gibt: Alles, was für LaTeX unter die Rubrik Mathematik fällt, wird im so genannten mathematischen Modus gesetzt. Hier gelten die Regeln des mathematischen Textsatzes, die sich teilweise von denen des Fließtextes stark unterscheiden. So sind beispielsweise die Größe der mathematischen Zeichen und ihre Ausrichtung zueinander festgelegt. Man kann sich darauf verlassen, dass LaTeX diese Vorgaben korrekt umsetzt. Außerdem werden im mathematischen Modus alle Abstände nach der Logik der mathematischen Ausdrücke festgelegt. Leerstellen und Zeilenwechsel haben keine Auswirkungen, auch der automatische Zeilenumbruch steht nur bedingt zur Verfügung.

Beispiel 7.1: Abstände im Formelsatz

Es gelte für alle
$x \leq 0 x^2 \geq 0$ oder deutlicher
$x \leq 0 \quad x^2 \geq 0$
	```Es gelte für alle \\```
	 ```$ x \leq 0 x^{2} \geq 0 $```
	 ```oder deutlicher \\```
	 ```$ x \leq 0 \quad x^{2} \geq 0 $```

Sollte, wie in Beispiel 7.1, zusätzlicher Leerraum notwendig sein, kann dieser durch spezielle Befehle, wie in 3.7.1 beschrieben, eingefügt werden:

`\,`	oder	`\quad`	oder	`\qquad`		für positive Abstände
`\!`						für negative Abstände

Damit LᴬTₑX Formelsatz und umgebenden Text voneinander unterscheiden kann, werden Umschaltbefehle benötigt. Dazu werden im Fließtext mathematische Ausdrücke und Formeln von speziellen Klammerungen eingeschlossen. Es stehen folgende Möglichkeiten zur Verfügung, die in den Beispielen 7.2 und 7.3 veranschaulicht werden.

`$` *mathematischer Ausdruck* `$`

`\(` *(mathematischer Ausdruck* `\)`

`\begin{math}` *mathematischer Ausdruck* `\end{math}`

Obige drei Möglichkeiten können gleichberechtigt verwendet werden, jede hat Vor- und Nachteile. Die erste Variante ist natürlich schreibtechnisch die attraktivste, aber auch die fehlerträchtigste. Viele raten davon ab, mathematische Aus-

Beispiel 7.2: Satz des Pythagoras

In jedem rechtwinkligen Dreieck $\triangle ABC$ ist das Quadrat über der Hypotenuse c flächengleich mit der Summe der Quadrate über den Katheten a und b.
Es gilt: $a^2 + b^2 = c^2$.
	```In jedem rechtwinkligen Dreieck```
	 ```$ \triangle ABC $ ist das```
	 ```Quadrat über der Hypotenuse```
	 ```c flächengleich mit der```
	 ```Summe der Quadrate über den```
	 ```Katheten a und b.\\```
	 ```Es gilt: \(a^2+b^2=c^2 \).```

Beispiel 7.3: Mathematische Symbole im Fließtext

TₑX spricht man $\tau\epsilon\chi$ aus.
$100\ m^2$ Nutzfläche ...
Mit ♡lichen Grüßen
Schwefelsäure: H_2SO_4
	```\TeX\ spricht man```
	 ```$\tau\epsilon\chi$ aus.\\```
	 ```100~m^2 Nutzfläche \dots\\```
	 ```Mit $\heartsuit$lichen Grüßen\\```
	 ```Schwefelsäure:```
	 ```\(\mathrm{H_2SO_4} \)```

drücke mit »$«-Zeichen einzuschließen, da es die Fehlersuche erschwert und die mit Syntaxhervorhebung arbeitenden Editoren bei den anderen Varianten bessere Unterstützung bieten. Falls Sie jedoch einen mathematischen Ausdruck verwenden, aber ein Umschaltzeichen vergessen, wird diese Fehlermeldung ausgegeben.

```
! Missing $ inserted.
```

Die anderen beiden Alternativen sind in Überschriften nicht zulässig, insbesondere wenn diese in Verzeichnisse überführt werden sollen. Die dritte Möglichkeit verbietet sich aufgrund ihrer Länge bei den meisten mathematischen Einschüben im Fließtext.

Diese Befehle dienen auch dazu, mathematische Symbole und Sonderzeichen im Fließtext zu benutzen.

7.1.2   Hervorgehobene Formeln

Nicht immer empfiehlt es sich, Formeln in den Fließtext einzubetten. Häufig wird dadurch das Schriftbild stark aufgerissen und somit der Lesefluss behindert. Auch möchte man auf wichtige mathematische Ausdrücke, große Formeln und Gleichungen in der Regel durch Hervorhebung aufmerksam machen. Dazu werden sie üblicherweise in eigene Zeilen mit etwas mehr Abstand zum umgebenden Text gesetzt. Auch für längere Formeln, die sich über mehrere Zeilen erstrecken, oder solche, die große Operatoren benötigen, sollte diese Darstellungsart gewählt werden. In LATEX benutzt man dafür den hervorgehobenen mathematischen Modus.

Beispiel 7.4: Höhensatz des Euklid

Im rechtwinkligen Dreieck ist das Quadrat über der Höhe

$$h^2 = p \cdot q$$

flächengleich dem Rechteck aus den beiden Hypotenusenabschnitten p und q.

```
Im rechtwinkligen Dreieck ist das Quadrat über der Höhe
\begin{displaymath}
h^2 = p \cdot q
\end{displaymath}
flächengleich dem Rechteck aus den beiden
Hypotenusenabschnitten $p$ und $q$.
```

Wie im Beispiel 7.4 verdeutlicht, wird die Umschaltung in den hervorgehobenen mathematischen Modus wiederum duch eine spezielle Klammerung initiiert.

$$ *hervorgehobene Formel* $$

\ [*hervorgehobene Formel* \ ]

\begin{displaymath} *hervorgehobene Formel* \end{displaymath}

Die Zeichenfolge »$$« ist ein Relikt aus TEX-Zeiten und wird hier nur der Vollständigkeit halber erwähnt. Sie sollte jedoch nicht mehr angewendet werden, insbesondere da sie in verschiedenen Konstellationen sogar zu Fehlern führen kann.

7.2   Mathematische Grundelemente

Wie die vorhergehenden Beispiele anschaulich verdeutlichen, setzen sich mathematische Formeln aus Zahlen, Operatoren, Variablen, Relationen u. a. m. zusammen. Diese Grundelemente, und wie daraus mathematische Ausdrücke und Formeln entstehen, werden Sie im Folgenden kennen lernen. Wie man Formeln mit einer Gleichungsnummer versehen und somit referenzieren kann, ist Thema in Kapitel 12.1.

7.2.1   Arithmetische Ausdrücke und Brüche

Arithmetische Operationen, wie die Grundrechenarten in Beispiel 7.5, können erwartungsgemäß direkt über die Tastatur eingegeben werden.

Beispiel 7.5: Grundrechenarten

$a + b \qquad a \cdot b$

$a - b \qquad a/b$

$\frac{1+2x}{x+xy+y} \qquad \frac{3+2a-a^2}{4+b}$

$a - b = \frac{a^2-b^2}{a+b}$

```
$ a + b \qquad a \cdot b $ \\
$ a - b \qquad a/b $        \\[2ex]
$ \frac{1+2x}{x+xy+y} \qquad
    \frac{3+2a-a^2}{4+b} $ \\[2ex]
$ a-b = \frac{a^2-b^2}{a+b} $
```

Brüche mit dem Schrägstrich darzustellen, ist in der Mathematik eher unüblich, insbesondere, wenn Zähler und Nenner aus mehr als einer Ziffer bestehen. Meist wird wie in Beispiel 7.5 die Darstellung mit waagerechtem Bruchstrich gewählt. Dafür steht in LATEX der Befehl \frac zur Verfügung.

\frac{*Zähler*}{*Nenner*}   Es wird ein Bruchstrich erzeugt, dessen Länge an *Zähler* bzw. *Nenner* angepasst ist, der kürzere Teil wird zentriert gesetzt.

Der Bruchstrich wird automatisch am umgebenden Text ausgerichtet. Er liegt immer in der Operatorebene, also auf gleicher Höhe wie das Minuszeichen.

Im Fließtext werden Zähler und Nenner in der Schriftgröße für Exponenten gesetzt, um das Schriftbild nicht zu sehr aufzureißen. Dieser Voreinstellung kann man mit dem LATEX-Befehl \displaystyle entgegenwirken. Damit erreicht man

die gleiche Schriftgröße, die auch für Brüche in hervorgehobenen Formeln gewählt wird.

Bei Mehrfachbrüchen, wo Zähler oder Nenner oder beide Brüche sind, wird automatisch eine noch kleinere Schriftgröße gewählt. Das beeinträchtigt unter Umständen deutlich die Lesbarkeit. Deshalb sollten Mehrfachbrüche ausschließlich
im hervorhobenen mathematischen Modus gesetzt werden. Hier setzt die Ver-
kleinerung der Schriftgröße erst eine Bruchschachtelungstiefe später ein.

Beispiel 7.6: Mehrfachbrüche

$$\frac{\frac{a}{x-y}+\frac{b}{x+y}}{1+\frac{a-b}{a+b}} = 1 \qquad \frac{\frac{a}{x-y}+\frac{b}{x+y}}{1+\frac{a-b}{a+b}} = 1 \qquad \frac{\frac{a}{x-y}+\frac{b}{x+y}}{1+\frac{a-b}{a+b}} = 1$$

```
$ \frac{\frac{a}{x-y}+\frac{b}{x+y}}
      {1+\frac{a-b}{a+b}} = 1            \qquad
  \displaystyle
  \frac{\frac{a}{x-y}+\frac{b}{x+y}}
      {1+\frac{a-b}{a+b}} = 1            \qquad
  \dfrac{\frac{a}{x-y}+\frac{b}{x+y}}
      {1+\frac{a-b}{a+b}} = 1            $
```

Beispiel 7.6 zeigt die Wirkung des LATEX-Befehls \displaystyle und des analo-
gen Befehls \dfrac aus dem Zusatzpaket *amsmath*. Der Hauptbruchstrich wird
immer am umgebenden Text ausgerichtet.

7.2.2   Exponenten und Indizes

Zur Darstellung von Potenzen oder Laufvariablen ist es notwendig, Zeichen oder
Zeichenfolgen hoch- oder tiefzustellen, die in einem kleineren Schriftgrad gesetzt
werden. In der Mathematik spricht man hierbei von Exponenten und Indizes.
LATEX ermöglicht beliebige Exponent- und Indexkombinationen, die richtige Größe
wird automatisch gewählt. Auch mehrfache Exponenten oder Indizes können auftreten. Dazu existieren spezielle, nur im mathematischen Modus erlaubte, Hoch-
und Tiefstell-Zeichen.

  ^   Das Caret bzw. Dach setzt das unmittelbar folgende Zeichen als Exponent.

  _   Der Unterstrich gibt das unmittelbar folgende Zeichen als Index aus.

Bestehen Exponent oder Index aus mehr als einem Zeichen, müssen diese in (geschweifte) Gruppenklammern eingeschlossen werden. Dem Anfänger sei emp-
fohlen, Exponent und Index generell zu klammern, um Fehler wie $e^- xt$ statt e^{-xt}
zu vermeiden. Je nach Zeichenkombination kann es vorkommen, dass bei Mehr-
fachexponenten oder -indizes die untere Stufe nicht deutlich genug hervortritt.
Dann kann man sich dadurch helfen, dass man eine leere Stufe zwischenschaltet,
wie dies in der letzten Zeile des Beispiels 7.7 geschehen ist.

Beispiel 7.7: Exponenten und Indizes

$a_1 \quad x^2 \quad a_3j \quad a_i^3 \quad a_i^3 \quad e^-xt$ $a_{12} \quad x^{2n} \quad e^{-xt} \quad y^{x^2} \quad a_{ij}^2$ $G_{f_2} \qquad G_{f_2}$	```$ a_1 \quad x^2 \quad a_3j
\quad   a^3_i \quad   a_i^3
\quad   e^-xt $ \\
$ a_{12} \quad   x^{2n} \quad
e^{-xt} \quad   y^{x^2}
\quad   a_{ij}^2 $ \\
$ G_{f_2} \qquad G_{f_{_2}} $```

7.2.3　Wurzeln

Für die Wurzelfunktion wird in der Mathematik ein spezielles Zeichen verwendet. In LℝT∅X steht dafür der Befehl `\sqrt` zur Verfügung.

> `\sqrt[n]{Wurzel-Argument}` Es wird ein Wurzelzeichen erzeugt, dessen Größe und Länge automatisch in Abhängigkeit vom *Wurzel-Argument* gewählt wird. Fehlt der optionale Parameter *n*, der die Ordnung der Wurzel angibt, wird eine Quadratwurzel erzeugt.

Beispiel 7.8: Wurzeln

$\sqrt{x} \qquad \sqrt{\frac{a+b}{2}} \qquad \sqrt{x^2+\sqrt{y}} \qquad \sqrt[3]{2}$ $\sqrt[\beta]{k} \qquad \sqrt[\beta]{k} \qquad \sqrt[\frac{1}{2}]{x^2-9} \qquad \sqrt[\frac{1}{2}]{x^2-9}$ $\sqrt{\lambda_j}\,X_j^2 \qquad \sqrt{\lambda_j}\,X_j^2$	

```
$ \sqrt{x}        \qquad   \sqrt{\frac{a+b}{2}}   \qquad
  \sqrt{x^2+\sqrt{y}}  \qquad   \sqrt[3]{2}            $ \\
$ \sqrt[\beta]{k}                                  \qquad
  \sqrt[\leftroot{2}\uproot{3}\beta]{k}            \qquad\qquad
  \sqrt[\frac{1}{2}]{x^2-9}                         \qquad
  \sqrt[\leftroot{2}\uproot{4}\frac{1}{2}]{x^2-9}  $ \\
$ \sqrt{\lambda_j}\, X_j^2                          \qquad
  \sqrt{\smash[b]{\lambda_j}}\, X_j^2              $
```

Die Platzierung des Wurzelexponenten ist in LℝT∅X nicht immer zufriedenstellend. Mit den durch das Zusatzpaket *amsmath* zur Verfügung stehenden Befehlen `\leftroot` und `\uproot` kann die Position des Wurzelexponenten manuell ausgerichtet werden. Dabei bewirken positive Werte eine Verschiebung nach links bzw. oben, negative Argumente eine nach rechts bzw. unten. Die Abstufungen sind dabei sehr klein und müssen per Augenmaß gewählt werden. Beide Befehle lassen sich frei kombinieren. In der mittleren Zeile des Beispiels 7.8 werden Wurzeln mit und ohne Korrektur einander gegenübergestellt.

`\sqrt[\leftroot{`x`}`n`]{`*Wurzel-Argument*`}` Es wird ein Wurzelzeichen erzeugt, dessen Wurzelexponent n um x Einheiten nach links für $x > 0$, ansonsten nach rechts verschoben wird.

`\sqrt[\uproot{`y`}`n`]{`*Wurzel-Argument*`}` Dieser Befehl ermöglicht die Erstellung eines Wurzelzeichens, dessen Wurzelexponent n um y Einheiten nach oben für $y > 0$, ansonsten nach unten verschoben wird.

Die Tiefe eines Wurzelzeichens kann, wie die letzte Zeile im Beispiel 7.8 zeigt, mit Hilfe des Befehls `\smash` begrenzt werden, damit das Wurzelzeichen nicht dieselbe Unterlänge wie tiefgestellte Zeichen des Wurzelarguments besitzt. Die Höhe des Wurzelzeichens bleibt dabei erhalten.

`\sqrt{\smash[b]{`*Wurzel-Argument*`}}` Durch den Befehl `\smash` mit dem optionalen Parameter b wird die Unterlänge des verpflichtenden Arguments (künstlich) auf Null gesetzt. Er kann also hier dazu verwendet werden, diese Unterlänge vor dem Befehl `\sqrt` zu „verbergen".

Auch für die Nutzung dieses Befehls ist das Zusatzpaket *amsmath* notwendig. Er kann auch im Fließtext zur Begrenzung von gerahmten Boxen eingesetzt werden.

Mit dem bislang Gelernten können zwar schon einfache mathematische Formeln gesetzt werden, aber die meisten mathematischen Operatoren und Symbole fehlen noch. Diesen werden wir uns im Folgenden zuwenden.

7.2.4 Griechische Buchstaben

Kleine griechische Buchstaben können im mathematischen Modus durch Angabe ihres Namens mit kleinem Anfangsbuchstaben und vorangestelltem »\« erzeugt werden. Große griechische Buchstaben werden analog mit großem Anfangsbuchstaben geschrieben. Einige unterscheiden sich nicht von den lateinischen Großbuchstaben, sie sollten dennoch im mathematischen Modus unter Verwendung des Befehls `\mathrm` gesetzt werden.

Beispiel 7.9: Griechische Buchstaben

$\alpha \quad \beta \quad \gamma \quad \delta \quad \pi$	`$ \alpha \quad \beta \quad \gamma` `\quad \delta \quad \pi $ \\`
$\mathrm{A} \quad \Gamma \quad \Delta \quad \Pi \quad \Psi$	`$ \mathrm{A}   \quad   \Gamma \quad` `\Delta \quad \Pi    \quad \Psi $ \\`
$\sigma \quad \varsigma \quad \epsilon \quad \varepsilon$	`$ \sigma    \quad \varsigma    \qquad` `\epsilon \quad \varepsilon    $ \\`
$\kappa \quad \varkappa \quad \phi \quad \varphi$	`$ \kappa    \quad \varkappa    \qquad` `\phi    \quad \varphi    $`

Wie in Beispiel 7.9 zu sehen ist, existieren einige griechische Buchstaben in zwei unterschiedlichen Varianten. Für manche, wie etwa die Variante $\varkappa$, muss das Zusatzpaket *amssymb* geladen sein.

Im Formelanhang B.1 finden Sie eine Auflistung des griechischen Alphabets.

7.2.5   Operatoren

Es muss zwischen „kleinen" und „großen" Operatoren unterschieden werden. Zur ersten Kategorie gehören die binären Operatoren. Einge davon, wie Plus- und Minuszeichen, können im mathematischen Modus direkt über die Tastatur eingegeben werden, für viele andere gibt es eigene LATEX-Befehle. Die großen Operatoren existieren in verschiedenen Größen, bei Verwendung im Fließtext werden sie automatisch kleiner gesetzt als bei Formeln im hervorgehobenen Modus. Sie können generell nur mit eigenen Befehlen erzeugt werden, siehe dazu Beispiel 7.10.

Beispiel 7.10: Operatoren

$+ \quad - \quad \pm \quad \cdot \quad * \quad \times \quad \vee \quad \wedge$

$\sum \quad \prod \quad \int \quad \oint \quad \odot \quad \biguplus \quad \bigvee$

```
$ + \quad     -  \quad  \pm  \quad
  \cdot \quad \ast \quad \times
  \quad \vee  \quad \wedge $ \\
$ \sum        \quad \prod      \quad
  \int        \quad \oint      \quad
  \bigodot \quad \biguplus
  \quad     \bigvee        $
```

Der Formelanhang enthält Tabellen der verfügbaren binären Operatoren in B.2 und B.3, große Operatoren finden Sie in B.4.

7.2.6   Binäre Relationen und deren Negation

Binäre Relationen werden auch Vergleichsoperatoren genannt. Teilweise können diese, wie beispielsweise das Gleichheitszeichen, im mathematischen Modus direkt über die Tastatur eingegeben werden. Für viele andere gibt es eigene LATEX-Befehle oder sie werden über Zusatzpakete verfügbar.

Beispiel 7.11: Vergleichsoperatoren und deren Negation

$= \quad < \quad > \quad \le \quad \supseteq \quad \equiv \quad \parallel \quad \approx$

$\ne \quad \not< \quad \not> \quad \not\ge \quad \not\supseteq \quad \not\equiv \quad \not\parallel \quad \not\approx$

$\in \quad \notin \quad \not\in$

```
$ = \quad     <  \quad  > \quad \le \quad \supseteq \quad
     \equiv       \quad      \parallel \quad \approx   $ \\
$ \ne \quad \not<     \quad \not>       \quad      \not\ge
  \quad       \not\supseteq \quad \not\equiv
  \quad       \not\parallel \quad \not\approx $ \\
$ \in \quad \not\in        \quad      \notin $
```

Zur Negation werden binäre Relationen in der Mathematik durchgestrichen. LaTeX stellt dafür im mathematischen Modus den Befehl \not zur Verfügung, der dem zu negierenden Vergleichsoperator vorangestellt wird.

Für das Ungleichheitszeichen kann man den Befehl \ne als Kurzschreibweise zu \not= benutzen. Für die Negation des Elementzeichens »∈« sollte ausschließlich die Variante \notin gewählt werden, da hier der Durchstreich-Winkel korrekt ist. In Beispiel 7.11 sind beide Varianten einander gegenübergestellt.

Im Formelanhang B.5 und B.6 sind die Vergleichsoperatoren und ihre Negationen aufgelistet.

7.2.7   Klammern und Begrenzer

Für Klammern und Begrenzer gibt es in LaTeX viele verschiedene Symbole. Sie existieren in fester, aber auch in variabler Größe, so dass der gesamte mathematische Ausdruck umfasst wird. In der Regel werden die Abstände zwischen Begrenzer und mathematischem Ausdruck korrekt gesetzt.

Runde und eckige Klammern können direkt über die Tastatur eingegeben werden, geschweifte Klammern durch Voranstellen des Backslash. Alle anderen Begrenzer lassen sich nur im mathematischen Modus mit speziellen LaTeX-Befehlen erzeugen.

Beispiel 7.12: Klammern und Begrenzer

$$(\; [\; \{ \; \langle \; \rangle \;] \; \} \; \lceil \; \rfloor$$

$$1 + \left(\frac{1}{1-x^2} \right)^3 \Bigg|_{x=27}$$

$$F(x)\big|_a^b \qquad F(x)\Big|_a^b$$

$$((x+(x-1))^2 \qquad ((x+(x-1))^2$$

$$\left\{ \left[\left(\big| (x+1)(x-1) \big| \right) \right] \right\}^2$$

```
$ (  \quad   [  \quad   \{  \quad
   \langle \quad \rangle \quad
   \rbrack \quad \rbrace \quad
   \lceil  \quad \rfloor      $
\begin{displaymath}
\left. 1 + \left(
   \frac{1}{ 1-x^2 } \right) ^3
   \,\,\right|_{x=27}
\end{displaymath}
$ F(x)\, |_a^b              \qquad
   F(x)\,\Bigl|_a^b          $ \\
$ \left( (x+ (x-1) \right)^2
   \quad
   \bigl( (x+ (x-1) \bigr)^2 $\\
$ \Diggl\{ \biggl[ \Bigl(
   \bigl| (x+1) (x-1) \bigr|
   \Bigr) \biggr] \Biggr\}^2 $
```

Setzt man den Befehl \left vor öffnende Klammern und den Befehl \right vor schließende, so wird abhängig von der Höhe des Ausdrucks in den Klammern automatisch die richtige Größe gewählt. Diese Befehle müssen immer paarweise auftreten, jedoch kann ersatzweise eine unsichtbare Klammer mittels `\left.` oder `\right.` verwendet werden.

Manchmal ist die automatische Größenwahl der Begrenzer nicht zufriedenstellend. Dann hat man noch die Möglichkeit, aus verschiedenen festgelegten Größenstufen auszuwählen. Dazu stehen folgende LaTeX-Befehle, die dem jeweiligen Begrenzer voranzustellen sind, zur Verfügung:

| `\bigl` | `\Bigl` | `\biggl` | `\Biggl` | für öffnende Klammern und |
| `\bigr` | `\Bigr` | `\biggr` | `\Biggr` | für schließende Klammern. |

Im Formelanhang B.7 ist eine Liste der Klammern und Begrenzer aufgeführt.

7.2.8 Pfeil-Operatoren

Für die Erzeugung verschiedenster Pfeile stellt LaTeX eine Fülle von Befehlen zur Verfügung. Diese können in alle Richtungen der Windrose zeigen und die verschiedensten Pfeilspitzen aufweisen. Für manche Pfeile stehen Befehle in mehreren Varianten zur Verfügung, wobei zu beachten ist, dass teilweise unterschiedliche Abstände gesetzt werden. Insbesondere der mit dem Befehl `\iff` erzeugte „genau-dann-wenn"-Pfeil erhält mehr umgebenden Freiraum. Das Beispiel 7.13 verdeutlicht dies und zeigt weitere Anwendungen.

Beispiel 7.13: Pfeil-Operatoren

$\leftarrow \quad \longleftarrow \quad \Rightarrow \quad \mapsto \quad \rightleftharpoons \quad \Uparrow$

$a \rightarrow b \qquad a \Longleftrightarrow b$

$a \rightarrow b \qquad a \Longleftrightarrow b$

```
$ \leftarrow \quad       \longleftarrow
  \quad  \Rightarrow \quad  \mapsto
  \quad  \rightleftharpoons \quad
  \Uparrow                         $ \\
$ a \rightarrow  b            \qquad
  a \Longleftrightarrow b        $ \\
$ a \to b  \qquad  a \iff b  $
```

Die verfügbaren Pfeil-Operatoren sind im Formelanhang B.8 aufgelistet, B.9 enthält die möglichen synonymen Darstellungen.

7.2.9 Funktionsnamen

Um beispielsweise die trigonometrische Sinusfunktion zu erhalten, könnte man versuchen, einfach »`$ sin x $`« zu schreiben. Das Ergebnis $sinx$ wäre jedoch nicht zufriedenstellend.

Die Namen mathematischer Funktionen, die auch Logarithmus-ähnliche Operatoren genannt werden, werden üblicherweise nicht kursiv, wie die Namen von Variablen, sondern in aufrechter Schrift mit einem kleinen Abstand zum nachfolgenden Argument dargestellt. Damit LaTeX die Abstandsregeln für mathematische Operatoren anwenden kann, sollten die entsprechenden Befehle benutzt werden.

```
\arccos    \arcsin    \arctan    \arg     \cos     \cosh     \cot
\coth      \csc       \deg       \det     \dim     \exp      \gcd
\hom       \inf       \ker       \lg      \lim     \liminf   \limsup
\ln        \log       \max       \min     \Pr      \sec      \sin
\sinh      \sup       \tan       \tanh
```

Teilweise benötigen diese Logarithmus-ähnlichen Operatoren, wie der Limes in Beispiel 7.14, einen Laufindex. Dieser wird wie ein Index erzeugt und im Fließtext neben den Operator gesetzt. Im hervorgehobenen mathematischen Modus steht der Index unter dem Operator, außer man zwingt ihn mit dem Befehl \nolimits neben ihn.

Beispiel 7.14: Funktionen

Grenzwert $\lim_{x \to 0} \frac{\sin x}{x} = 1$

$$\lim_{x \to 0} \frac{\sin x}{x} = 1$$

$$\lim_{x \to 0} \frac{\sin x}{x} = 1$$

```
Grenzwert $ \lim_{x \to 0}
        \frac{\sin x}{x} = 1  $
\begin{displaymath}
    \lim_{x \to 0}
        \frac{\sin x}{x} = 1
\end{displaymath}
\[ \lim\nolimits_{x \to 0}
        \frac{\sin x}{x}= 1    \]
```

7.2.10　Texte im Formelsatz

Wie man gerade bei den Logarithmus-ähnlichen Operatoren gesehen hat, werden die Regeln des Setzens von Fließtexten im mathematischen Modus nicht beachtet. Jeder einzelne Buchstabe wird als Name einer Variablen betrachtet und entsprechend gesetzt – kursiv mit zusätzlichem Abstand und ohne Unterschneidung der Buchstaben. Da Leerzeichen keine Bedeutung haben, gilt dies auch für Buchstabenfolgen. Manchmal müssen jedoch textuelle Bestandteile in den Formelsatz integriert werden, wozu folgende Möglichkeiten existieren.

Beispiel 7.15: Text im Formelsatz

$x^2 \ge 0 falls x \le 0$

$x^2 \ge 0 \text{falls} x \le 0$

$x^2 \ge 0 \text{ falls } x \le 0$

$x^2 \ge 0 \text{ falls } x \le 0$

$y^{\text{Potenz}} = 27$

```
$ x^2 \ge 0 falls
        x \le 0 $ \\
$ x^2 \ge 0 \mathrm{ falls }
        x \le 0 $ \\
$ x^2 \ge 0 \mbox{ falls }
        x \le 0 $ \\
$ x^2 \ge 0 \text{ falls }
        x \le 0 $ \\
$ y^{\text{Potenz}}=27 $
```

`\mathrm{`*Text*`}`   Dieser Befehl setzt *Text* in aufrechter Schrift. Dabei werden die Abstände nach mathematischen Regeln gesetzt. Dieser Befehl eignet sich demzufolge nur für einzelne Buchstaben oder Operatoren wie den Differentialoperator in Beispiel 7.16.

`\mbox{`*Text*`}`   Der *Text* wird in aufrechter Schrift mit Abständen und Unterschneidungen wie im Fließtext gesetzt.

`\text{`*Text*`}`   Anders als `\mbox` passt der Befehl `\text` die Schriftgröße von *Text* dem Kontext entsprechend automatisch an, z. B. bei Verwendung in Exponenten oder Indizes. Es wird die Schriftart gewählt, die außerhalb der Formel verwendet wird. Hierfür ist das Zusatzpaket *amsmath* notwendig.

7.3   Anwendung großer Operatoren

Große Operatoren stehen im Formelsatz in der Regel nicht alleine, sondern bilden eine Einheit mit einem mathematischen Ausdruck. Auch muss es möglich sein, Zeichen neben, unter oder über diese Operatoren zu platzieren. Die in LaTeX verfügbaren großen Operatoren sind größenanpassend und beachten die mathematischen Abstandsregeln. Sie werden im Fließtext automatisch kleiner gesetzt als in hervorgehobenen Formeln.

7.3.1   Integrale

Mit dem Befehl `\int` wird das Integralzeichen erzeugt. Bei einem bestimmten Integral mit Unter- und Obergrenze werden diese von LaTeX als Index und Exponent behandelt. Es können die entsprechenden Befehle verwendet werden.

`\int_{`*unten*`}^{`*oben*`}` *Integrand* `\,\mathrm{d}`*x*   Es wird das bestimmte Integral von *unten* bis *oben* erzeugt. Der *Integrand* und der Differentialoperator d werden direkt danach angegeben. Es bietet sich jedoch das Einfügen eines kleinen zusätzlichen Zwischenraums zwischen Integrand und Differentialoperator an. Durch *x* wird die Variable festgelegt, nach der integriert wird. Index und Exponent können fehlen.

Beispiel 7.16: Integrale

$$\int_0^{\frac{\pi}{2}} \sin x \, \mathrm{d}x \qquad \int\limits_0^{\frac{\pi}{2}} \sin x \, \mathrm{d}x \qquad \int_{-\infty}^{+\infty} x^2 \, \mathrm{d}x \qquad \int\limits_{-\infty}^{+\infty} x^2 \, \mathrm{d}x$$

```
\[ \int_0^{\frac{\pi}{2}} \sin x\,\mathrm{d}x            \quad
   \int\limits_0^{\frac{\pi}{2}} \sin x\,\mathrm{d}x \quad
   \int_{-\infty}^{+\infty} x^2\,\mathrm{d}x              \quad
   \int\limits_{-\infty}^{+\infty}x^2\,\mathrm{d}x        \]
```

Der zusätzliche kleine Abstand zwischen dem Integranden und dem Differential-operator ist notwendig, da dieser nicht automatisch gesetzt werden kann. Auch sollte der Differentialoperator in aufrechter Schrift gesetzt werden.

Die Integralgrenzen werden per Voreinstellung immer, auch im hervorgehobenen Modus, neben das Integralzeichen gesetzt, um das Schriftbild nicht unnötig auf-zureißen. Durch Einfügen des Befehls \limits wird erreicht, dass die Grenzen unterhalb und oberhalb des Integralzeichens gesetzt werden. Dieses kann anhand von Beispiel 7.16 nachvollzogen werden.

Auch mehrdimensionale Integrale können dargestellt werden. Nicht immer sind dabei die von LATEX gewählten Abstände zufriedenstellend. Man kann sich durch Einfügen von negativen Abständen behelfen oder besser einen der entsprechen-den Befehle des Zusatzpakets *amsmath* nutzen. Beide Möglichkeiten werden in Beispiel 7.17 vorgestellt.

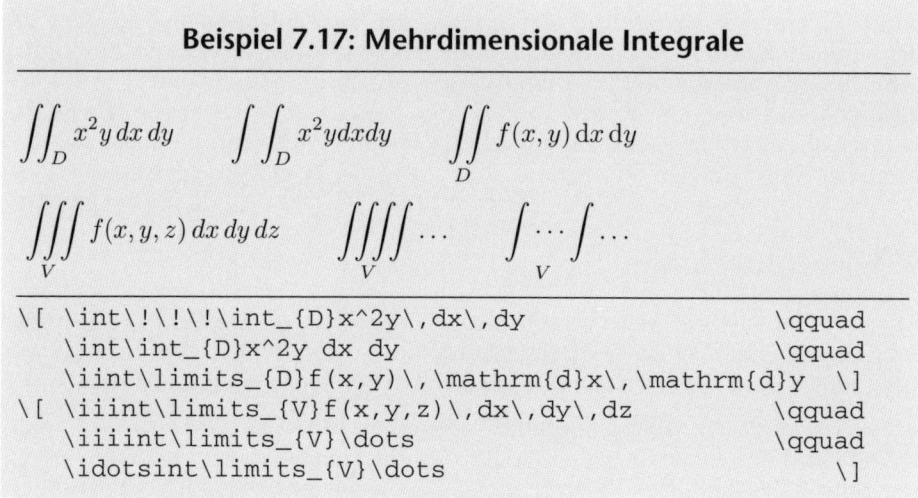

Beispiel 7.17: Mehrdimensionale Integrale

$$\iint_D x^2 y \, dx \, dy \qquad \int \int_D x^2 y \, dx \, dy \qquad \iint_D f(x,y) \, dx \, dy$$

$$\iiint_V f(x,y,z) \, dx \, dy \, dz \qquad \iiiint_V \dots \qquad \int \dots \int_V \dots$$

```
\[ \int\!\!\!\int_{D}x^2y\,dx\,dy              \qquad
   \int\int_{D}x^2y dx dy                      \qquad
   \iint\limits_{D}f(x,y)\,\mathrm{d}x\,\mathrm{d}y  \]
\[ \iiint\limits_{V}f(x,y,z)\,dx\,dy\,dz       \qquad
   \iiiint\limits_{V}\dots                     \qquad
   \idotsint\limits_{V}\dots                   \]
```

Die mit dem Zusatzpaket *amsmath* verfügbaren Befehle \iint und \iiint bzw. \iiiint erzeugen Mehrfachintegrale mit festlegtem Zwischenraum. Mit dem Befehl \idotsint können zwei durch Fortsetzungspunkte getrennte Integral-zeichen erzeugt werden.

7.3.2   Summen und Produkte

Summen- und Produktzeichen gehören zur Kategorie der großen Operatoren. Für ihre Darstellung stehen folgende LATEX-Befehle zur Verfügung.

\sum   Dieser Befehl erzeugt das Summenzeichen »$\sum$«.

\prod Hiermit wird das Produktzeichen »$\prod$« gesetzt.

Diese Zeichen existieren in variablen Größen und werden im Fließtext automatisch kleiner dargestellt. Darüber hinaus können sie gemäß den Regeln für Index und Exponent mit Grenzen, dem Laufindex, versehen werden. Dabei steht der Startwert im Index und der Endwert im Exponenten, was in Beispiel 7.18 veranschaulicht wird.

Auf Grund der Größe des Summen- bzw. Produktoperators bietet es sich an, Summen und Produkte im hervorgehobenen Modus darzustellen, so dass der Startwert unter dem Operator und der Endwert über ihm angeordnet werden. Sollten diese Operatoren dennoch einmal im Fließtext benötigt werden, so werden sie kleiner und die Grenzen unten und oben daneben gesetzt. Dies kann auch im hervorgehobenen Modus mit dem Befehl `\nolimits` erreicht werden.

Beispiel 7.18: Summen und Produkte

Die Darstellung einer Summe $\sum_{i=1}^{n} \frac{i}{i+1}$ benötigt viel Platz.

$$\sum_{j=n}^{n+m} j \cdot (j+1) \qquad \prod_{j=n}^{n+m} j \cdot (j+1) \qquad \prod_{i=1}^{n} \frac{i}{i+1} \qquad \sum_{\substack{i=n\\ n>0\\ n\ \text{gerade}}}^{m} (i^2+i)$$

```
Die Darstellung einer Summe
\( \sum_{i=1}^{n}\frac{i}{i+1} \) benötigt viel Platz.
\[ \sum_{j=n}^{n+m}j\cdot(j+1) \qquad
   \prod\nolimits_{j=n}^{n+m}j\cdot(j+1) \qquad
   \prod_{i=1}^{n}\frac{i}{i+1}          \qquad
   \sum_{\substack{i=n\\ n>0\\ n \text{ gerade}}}^m
(i^2+i) \]
```

Teilweise sind an den Laufindex noch Bedingungen geknüpft, die als Information mit unter oder über den Operator gesetzt werden müssen. Hier kann man sich des Befehls `\substack` bedienen. Die einzelnen Zeilen sind durch das Zeilenendzeichen »\\« zu trennen. Die Anwendung kann anhand der letzten Summe in Beispiel 7.18 nachvollzogen werden.

7.4   Formelumbruch

Alle Beispiele waren bislang so konzipiert, dass keine Formelumbrüche notwendig waren. Was macht man jedoch, wenn die Formel nicht in eine Zeile passt? Nur teilweise kann man hier von LATEX Unterstützung erwarten.

Der Umbruch zu langer Formeln erfolgt abhängig vom Kontext. Im Fließtext eingebettete Formeln werden an einem Operator getrennt. Hervorgehobene Formeln hingegen werden von LATEX nicht automatisch getrennt. Die bekannten Mechanismen zum Erzwingen eines Zeilenumbruchs wie »\\« oder »\linebreak« oder

»\newline« helfen hier auch nicht weiter. In Beispiel 7.19 können die Auswirkungen betrachtet werden.

Beispiel 7.19: Umbruch mathematischer Formeln

Lange Formeln im Fließtext $x^2 + y^2 + z^2 = 3xyz$ werden an Operatoren getrennt.
Lange hervorgehobene Formeln
$(x+y)^4 = (x^2+2xy+y^2)(x^2+2xy+y^2)$
werden nicht getrennt.
	```Lange Formeln im Fließtext```
	 ```\(x^2+y^2+z^2=3xyz \) werden```
	 ```an Operatoren getrennt.\\```
	 ```Lange hervorgehobene Formeln```
	 ```\[(x+y)^4=(x^2+2xy+y^2)```
	 ```(x^2+2xy+y^2) \]```
	 ```werden nicht getrennt.```

Für die Handhabung langer Formeln stehen in LaTeX spezielle Umgebungen zur Verfügung, die auch Unterstützung beim Formelumbruch bieten. Diese werden in Kapitel 12 vorgestellt.

7.5   Besondere Zeichen im Formelsatz

Ein Großteil der mathematischen Ausdrücke und Formeln kann mit dem bislang Gelernten nach den Regeln des Formelsatzes dargestellt werden, aber dennoch ist es nur ein Bruchteil dessen, was sonst noch so alles vorkommen kann.

7.5.1   Zahlenmengen-Zeichen

Vielleicht ist es ein Relikt aus der Zeit, wo in Mathematik-Vorlesungen ausschließlich die Tafel als Darstellungsmedium benutzt wurde. Hier brauchte man eine Unterscheidung zwischen dem Großbuchstaben »R« und dem Zahlenmengen-Zeichen für die reellen Zahlen »ℝ«. An der Tafel wurde dies meist durch einen doppelten Aufstrich verdeutlicht. Das erklärt auch den Namen **B**lackboard**b**old-Zeichen. Für LaTeX wurden im Laufe der Zeit viele verschiedene Möglichkeiten zur Darstellung von Zahlenmengen-Zeichen entwickelt. Zwei der häufig benutzten werden hier vorgestellt.

Mit dem Zusatzpaket *amssymb* kann zur Erzeugung der Zahlenmengen-Zeichen folgender Befehl im mathematischen Modus eingesetzt werden.

> \mathbb{*Buchstabe(n)*}

Das Zusatzpaket *amssymb* ist nicht Bestandteil des Zusatzpakets *amsmath* und muss zusätzlich in der Präambel vereinbart werden.

Eine weitere Möglichkeit zur Darstellung von Zahlenmengen-Zeichen stellt das Zusatzpaket *bbm* (für **B**lackboard**m**ath) zur Verfügung.

> \mathbbm{*Buchstabe(n)*}
>
> \mathbbmss{*Buchstabe(n)*}

Beispiel 7.20: Zahlenmengen-Zeichen

ABCDEFGHIJKLMNOPQRSTUVWXYZ

ABCDEFGHIJKLMNOPQRSTUVWXYZ

ABCDEFGHIJKLMNOPQRSTUVWXYZ

Es gilt $x \in \mathbb{R}$ oder $y \in \mathbb{R}$

```
\usepackage{amssymb}
\usepackage{bbm}
...
$ \mathbb{AB C D EFGHIJKLM N OP Q R STUV W XY Z}     $ \\
$ \mathbbm{AB C D EFGHIJKLM N OP Q R STUV W XY Z}    $ \\
$ \mathbbmss{AB C D EFGHIJKLM N OP Q R STUV W XY Z}  $ \\
{ \Large Es gilt $ x\in\mathbb{R} \text{ oder }
                 y\in\mathbbm{R} $ }
```

Dieses Paket müssen Sie in der Präambel mittels `\usepackage{bbm}` vereinbaren. Es können Zahlenmengen-Zeichen mit und ohne Serifen erzeugt werden. Wie auch das Beispiel 7.20 zeigt, sind diese größenskalierbar.

7.5.2   Fortsetzungspunkte

Fortsetzungspunkte treten in der Mathematik an vielerlei Stellen auf. Je nach mathematischem Kontext werden diese auf der Operatorebene – z. B. bei arithmetischen Reihen – gesetzt oder auf der Grundlinie platziert – etwa bei Aufzählungen. Man kann dafür folgende LaTeX-Befehle benutzen.

`\ldots`   Die Punkte werden auf die Grundlinie (*low*) gesetzt.

`\cdots`   Die Punkte werden in der Operatorebene (*centered*) platziert.

`\vdots`   Es werden drei Punkte in der Vertikalen erzeugt.

`\ddots`   Es werden drei Punkte diagonal angeordnet.

Eine Alternative für die ersten zwei Befehle beinhaltet das Zusatzpaket *amsmath*.

`\dots`   Die Punkte werden abhängig vom mathematischen Kontext auf die Grundlinie oder in die Operatorebene gesetzt.

Beispiel 7.21: Fortsetzungspunkte

$x_1,\ldots,x_n$	$x_1 + \cdots + x_n$	`$ x_1, \ldots, x_n     \qquad`
$x_1,\ldots,x_n$	$x_1 + \cdots + x_n$	`x_1 + \cdots + x_n $ \\`
		`$ x_1, \dots, x_n      \qquad`
		`x_1 + \dots + x_n  $`

Vertikale und diagonale Fortsetzungspunkte werden häufig bei der Darstellung von Matrizen oder ähnlichen mathematischen Strukturen benötigt, Beispiele dazu finden Sie dementsprechend in Kapitel 12.2.1.

7.5.3   Mathematische Akzente

Akzente, die normalerweise im Fließtext benutzt werden, können im mathematischen Modus nicht verwendet werden. Einzig Ableitungszeichen kann man mit dem Apostroph-Zeichen direkt über die Tastatur eingeben. Schon um die Ableitung einer Funktion $x(t)$ nach der Zeit, also $\dot{x}(t)$, darzustellen, ist ein eigener Befehl notwendig. Auch für die ansonsten im Formelsatz zulässigen Akzente gibt es eigene LaTeX-Befehle.

Diese Akzente werden meist auf eine ein-buchstabige Variable oder ein mathematisches Symbol angewendet. Um beispielsweise mathematische Symbole wie Dächer oder Schlangen auf Variablen zu setzen oder einen Vektor mit dem Pfeil zu charakterisieren, gibt es eigene Befehle.

> `\tilde{`*Variable*`}`   Eine Schlange »˜« wird über die *Variable* gesetzt.
>
> `\hat{`*Variable*`}`   Ein Dach »ˆ« wird über die *Variable* gesetzt.
>
> `\vec{`*Variable*`}`   Ein Vektorpfeil »˜« wird über die *Variable* gesetzt.

Für Variablen, die nur aus einem Zeichen bestehen, ist die Ausdehnung des Akzents meist ausreichend. Jedoch zeigt schon das Beispiel $\hat{=}$ die Beschränkungen. Für Variablen, die sich über mehrere – bis zu 5 – Zeichen erstrecken können, erzielt man bessere Ergebnisse mit den Varianten.

> `\widetilde{`*Variable*`}`   Die anpassbare Schlange wird über *Variable* gesetzt.
>
> `\widehat{`*Variable*`}`   Ein anpassbares Dach wird über *Variable* gesetzt.

Beispiel 7.22: Mathematische Akzente

$\hat{=}$ $\widehat{=}$ $\vec{x}$		
$\tilde{=}$ $\widetilde{=}$ $\vec{xy}$		
$\hat{\hat{A}}$ $\vec{\vec{x}}$ $\dot{\tilde{x}}$		
$y = x^2$ $y' = 2x$ $y'' = 2$		

```
$ \hat{=}      \quad   \widehat{=}
               \qquad  \vec{x}  $ \\
$ \tilde{=} \quad      \widetilde{=}
               \qquad  \vec{xy} $ \\
$ \hat{\hat{A}}        \qquad
  \vec{\vec{x}}        \qquad
  \dot{\tilde{x}}  $ \\
$ y=x^{2} \qquad y'=2x
          \qquad y''=2   $
```

Das Beispiel 7.22 verdeutlicht gut die unterschiedliche Ausdehnung der Akzente. Bei zu breiten Ausdrücken wird der Akzent mittenzentriert über diese gesetzt. Eine breitere Variante für den Vektorpfeil gibt es nicht, jedoch kann man längenanpassende Pfeile wählen, die Sie im weiteren Verlauf in Kapitel 7.5.6 noch kennen lernen. Auch Mehrfachakzente sind möglich.

Im Formelanhang B.10 sind die verfügbaren mathematischen Akzente aufgelistet.

7.5.4 Über- und Unterstreichungen

Heutzutage ist es nicht mehr üblich, Hervorhebungen im Fließtext durch Unterstreichen kenntlich zu machen. Aber im Formelsatz sind Über- und Unterstreichungen – nicht nur mit waagerechten Strichen – notwendig, etwa zur Darstellung einer Streckenangabe $\overline{AB}$ oder als Zusammenfassung einer arithmetischen Reihe. Dazu gibt es folgende Befehle, die im Beispiel 7.23 verdeutlicht werden.

`\overline{`*Ausdruck*`}`   setzt einen waagerechten Strich über *Ausdruck*.

`\underline{`*Ausdruck*`}`   setzt einen waagerechten Strich unter *Ausdruck*.

`\overbrace{`*Ausdruck*`}`   setzt eine geschweifte Klammer über *Ausdruck*.

`\underbrace{`*Ausdruck*`}`   setzt eine geschweifte Klammer unter *Ausdruck*.

Beispiel 7.23: Über- und Unterstreichungen

$$\overline{AB} \qquad \overline{m+n} \qquad \overbrace{a+b+\cdots+z}^{13} \qquad X_{\underline{1}},\ldots,X_{\underline{m}}$$

$$\underbrace{ \overbrace{x+x+\cdots+x}^{\frac{m-n}{2}}+\underbrace{y+y+\cdots+y}_{n}+\overbrace{z+z+\cdots+z}^{\frac{m-n}{2}} }_m$$

```
\[ \overline{AB} \qquad \overline{m+n} \qquad
   \overbrace{a+b+\cdots+z}^{13}          \qquad
   X_{\underline{1}}, \dots , X_{\underline{m}}     \]
\[ \underbrace{ \overbrace{x+x+\cdots+x}^{\frac{m-n}{2}}+
     \underbrace{y+y+\cdots+y}_{n}+
     \overbrace{z+z+\cdots+z}^{\frac{m-n}{2}} }_m  \]
```

Über- und Unterstreichungen expandieren immer so weit, dass sie den *Ausdruck* komplett umfassen. Dabei sind auch Schachtelungen wie in Beispiel 7.23 möglich.

7.5.5 Beliebige Stapelung von Zeichen

Manchmal ist es notwendig, ein beliebiges Zeichen über ein anderes zu setzen, beispielsweise eine Variable auf einen Pfeil, wobei das „hochgestellte" Zeichen in kleinerer Schrift gesetzt wird. Dafür gibt es in LaTeX den Befehl `\stackrel`.

`\stackrel{`*oben*`}{`*unten*`}`   setzt *oben* über *unten*.

Hin und wieder reichen dessen Möglichkeiten aber nicht aus. Dann kann man auf die vom Zusatzpaket *amsmath* zur Verfügung gestellten allgemeineren Befehle zurückgreifen.

\overset{*oben*}{*unten*}　　setzt *oben* über *unten*.

\underset{*unten*}{*oben*}　　setzt *unten* unter *oben*.

Deren Wirkungweise wird in Beispiel 7.24 erläutert. Kombinationen der beiden Befehle sind möglich.

Beispiel 7.24: Stapelung von Zeichen

$\overset{x}{\Rightarrow}$

$\overset{x}{\Rightarrow}$　　$\underset{a}{A}$　　$\overset{b}{\underset{a}{A}}$

```
\( \stackrel{x}{\Rightarrow} \) \\
\( \overset{x}{\Rightarrow} \qquad
   \underset{a}{A} \qquad
   \overset{b}{\underset{a}{A}} \)
```

7.5.6　Längenanpassende Pfeile

Es gibt Befehle für Pfeile, deren Länge sich automatisch an die Länge des mathematischen Ausdrucks anpasst, über oder unter dem sie platziert werden. Sollen diese längenanpassenden Pfeile in einem Index oder Exponenten auftreten, werden sie entsprechend skaliert.

\overrightarrow{*Argument*}　　Mit diesem Befehl wird ein längenanpassender Pfeil mit Spitze nach rechts über *Argument* erzeugt.

\underleftarrow{*Argument*}　　Ein längenanpassender Pfeil mit Spitze nach links wird unter *Argument* angeordnet.

\overleftrightarrow{*Argument*}　　Es wird ein längenanpassender Pfeil mit Spitzen in beide Richtungen über *Argument* platziert.

Pfeilspitzen in die jeweils andere Richtung sind möglich, ebenso der Pfeil mit zwei Spitzen unter dem *Argument*. Alle, außer den längenanpassenden Pfeilen über dem *Argument*, benötigen das Zusatzpaket *amsmath*.

Es ist auch möglich, längenanpassende Pfeile mit einem mathematischen Ausdruck oder Text zu beschriften. Dieser legt dann die Länge des Pfeils fest, der automatisch in der Operatorebene platziert wird. Dazu müssen folgende Befehle aus dem Zuatzpaket *amsmath* benutzt werden.

\xrightarrow{*Argument*}　　Hiermit wird ein beschriftbarer Pfeil mit Spitze nach rechts in der Operatorebene erzeugt.

\xleftarrow{*Argument*}　　Analog wird ein beschriftbarer Pfeil mit Spitze nach links in der Operatorebene erzeugt.

Die beschriftbaren Pfeile stehen nur in einer Größe zur Verfügung und eignen sich demzufolge nicht für Exponenten, Indizes oder Brüche.

Beispiel 7.25: Längenanpassende Pfeile

$\overrightarrow{\omega_\delta(t)E_t c}$ $\overleftarrow{\omega_\delta(t)E_t c}$ $\displaystyle\int_{\overrightarrow{uv}} vt\,\mathrm{d}t$ $\overleftrightarrow{\omega_\delta(t)E_t c}$ $A \xrightarrow{x-y-z} B \xleftarrow[\alpha\to\beta]{\text{folgt?}} C \xleftarrow{\gamma} D \to E$	```\[\overrightarrow{
\omega_\delta(t) E_t c}
\qquad \underleftarrow{
\omega_\delta(t) E_t c} \]
\[\int_{\overrightarrow{uv}}
vt\,\mathrm{d}t \qquad
\overleftrightarrow{
\omega_\delta(t) E_t c} \]
\\[2ex]
\[A \xrightarrow{x-y-z}
B \xleftarrow[\alpha
\to\beta]{\text{folgt?}}
C \xleftarrow[\gamma]{}
D \xrightarrow{} E \]```

7.5.7   Frakturzeichen

Teilweise werden auch heute noch in wissenschaftlichen Arbeiten kalligrafische Zeichen oder Frakturzeichen benötigt. Diese werden in LATEX als Teil des Formelsatzes bereitgestellt. Standardmäßig bietet der Befehl `\mathcal` nur kalligrafische Großbuchstaben. Vereinbart man jedoch das Zusatzpaket *amsfonts*, steht mit dem Befehl `\mathfrak` das Euler-Fraktur-Alphabet auch in allen Klein- und Großbuchstaben zur Verfügung.

Beispiel 7.26: Frakturzeichen

$\mathcal{A}\quad \mathcal{I}\quad \mathcal{R}\quad \mathcal{Z}$ $\mathfrak{i}\quad \mathfrak{r}\quad \mathfrak{z}$ $\mathfrak{I}\quad \mathfrak{R}\quad \mathfrak{Z}$ Komplexe Zahl $z = a + i \cdot b$ mit Realteil $\Re(z)$ ist a und Imaginärteil $\Im(z)$ ist b.	```\usepackage{amsfonts}
...
\(\mathcal{A}   \quad
\mathcal{I}   \quad
\mathcal{R}   \quad
\mathcal{Z}   \) \\[2ex]
\(\mathfrak{i} \quad
\mathfrak{r} \quad
\mathfrak{z} \) \\
\(\mathfrak{I} \quad
\mathfrak{R} \quad
\mathfrak{Z} \) \\[2ex]
Komplexe Zahl $z=a+i\cdot b$ \\
mit Realteil $\Re(z)$ ist a \\
und Imaginärteil $\Im(z)$ ist b.```

Die kalligrafischen und die Frakturbuchstaben unterscheiden sich deutlich. Die in
LaTeX verfügbaren speziellen Zeichen für Real- und Imaginärteil sind im Aussehen
noch einmal deutlich anders, wie Beispiel 7.26 zeigt.

7.5.8   Zusätzliche Symbole

Viele weitere Symbole, die im Formelsatz benötigt werden, stehen mit LaTeX oder
den diversen Zusatzpaketen zur Verfügung. Im Beispiel 7.27 sind einige davon,
wie das „für alle"-Zeichen, gezeigt. Im Formelanhang B.11 finden Sie eine Aufstellung der in LaTeX standardmäßig verfügbaren, zusätzlichen Symbole.

Beispiel 7.27: Zusätzliche Symbole

Abbildungsvorschrift:	Abbildungsvorschrift:\\
$\forall x \in \mathbb{R}\ \exists y \in \mathbb{R} : f(x) = y^2$	`\[ \forall x \in \mathbbm{R}\,\,` `\exists y \in \mathbbm{R}\,:` `f(x)=y^2 \]`

7.6   Übung

Setzen Sie das nachfolgende Textbeispiel mit den mathematischen Formeln in geeigneter Form in einem neuen LaTeX-Dokument. Beachten Sie, dass einige Formeln im hervorgehobenen Formelsatz gesetzt werden müssen.

Für das Beispiel wurden verschiedene Zusatzpakete eingesetzt. Untersuchen Sie, welche Zusatzpakete Sie für das Beispiel benötigen, und laden Sie diese in der Präambel Ihres Dokuments!

Einige Definitionen

Die gebrochenen Zahlen liegen dicht auf dem Zahlenstrahl. Sie sind wie folgt definiert

$$\mathbb{Q}_{\geq 0} = \left\{ \frac{p}{q} \,\middle|\, p,\, q \in \mathbb{N} \text{ und } q \neq 0 \right\} .$$

Dazu gehören beispielsweise die Zahlen $0;\, 7;\, \frac{5}{4};\, 1,41;\, 0,\overline{6}$. Weiter gilt $\mathbb{N} \subset \mathbb{Q}^{+}$.

Die komplexen Zahlen $\mathbb{C}$ werden in der Gauß'schen Zahlenebene dargestellt, für $z = a + b \cdot i$ gilt $|z| = \sqrt{a^2 + b^2}$. Daraus folgt

$$a = |z| \cdot \cos\alpha \text{ und } b = |z| \cdot \sin\alpha \text{ mit } 0° \leq \alpha \leq 360° .$$

Für $a \in \mathbb{R}$, $a > 0$, $a \neq 1$ und $b \in \mathbb{R}$, $b > 0$ gilt:

$$\log_a b = x \iff a^x = b .$$

Insbesondere gilt: $a^{\log_a b} = b$.

Eine spezielle Partialsumme ist die Summe der ersten n Glieder der Folge der Kubikzahlen

$$1^3 + 2^3 + 3^3 + \cdots + n^3 = \sum_{i=1}^{n} i^3 = \left[\frac{n(n+1)}{2} \right]^2 .$$

Einige wichtige Grenzwerte sind $\lim_{x \to \infty} \frac{1}{x} = 0$ und $\lim_{x \to 0} \frac{\sin x}{x} = 1$ und

$$\lim_{n \to \infty} \left(1 + \frac{1}{n} \right)^n = e \approx 2,7182818284\ldots$$

Für jede im Intervall $[a,\, b]$ stetige Funktion $f(x)$ gibt es wenigstens eine Zahl ξ mit $a \leq \xi \leq b$ für die gilt:

$$\int_a^b f(x)\,\mathrm{d}x = f(\xi) \cdot (b - a) .$$

7.7   Zusammenfassung

In diesem Kapitel lernten Sie die Grundelemente des Formelsatzes kennen. Damit haben Sie nun die Möglichkeit

✓ mathematische Besonderheiten layouttechnisch zu berücksichtigen,

✓ Unterschiede zwischen Text- und Formelsatz zu beachten,

✓ mathematische Ausdrücke und Formeln im Fließtext zu setzen,

✓ Texteinschübe in mathematische Formeln zu integrieren,

✓ automatisch expandierende mathematische Symbole anzuwenden,

✓ Summen, Produkte und Integrale in Formeln darzustellen sowie

✓ einzeilige hervorgehobene Formeln zu setzen.

Kapitel

8 Tabellen

Wissenschaftliche Texte enthalten häufig Auflistungen von Daten (z. B. Versuchsergebnisse und/oder berechnete Werte). Diese lassen sich am einfachsten in Form von Tabellen darstellen. Eine gute Gestaltung der Tabellen ist für den Leser wichtig, damit er die Zusammenhänge erkennen und nachvollziehen kann. Deshalb ist besonderer Augenmerk auf das Tabellendesign zu legen.

In diesem Kapitel erfahren Sie, wie Sie mit LATEX gut lesbare und auch ansprechend gestaltete Tabellen setzen. Insbesondere lernen Sie:

→ Tabellen mit der Umgebung *tabular* zu setzen, in der LATEX selbst die erforderlichen Dimensionen der Tabelle ermittelt.

→ Auch komplexe Spaltenüberschriften, die die Inhalte der Tabelle erklären, in der Umgebung *tabular* aufzubauen.

→ Tabellen mit horizontalen und/oder vertikalen Linien zu strukturieren.

→ Nützliche Zusatzpakete anzuwenden, die den Satz der Tabellen mit der Umgebung *tabular* effektiver machen bzw. die diese Standard-Umgebung erweitern oder verbessern.

→ Einfache tabellarische Textpassagen mit Hilfe von Tabulatoren in der Umgebung *tabbing* zu setzen.

Tabellen werden von LATEX an der Stelle im Dokument positioniert, an der die Eingaben für die Tabelle stehen. Wollen Sie davon abweichen, können Sie die Tabelle innerhalb einer so genannten Gleitumgebung (siehe Kapitel 10) angeben.

8.1 Die Umgebung *tabular*

Mit dieser Umgebung lassen sich recht komfortabel Tabellen setzen. Die Breite der Tabellenspalten und damit auch der gesamten Tabelle wird von LATEX automatisch berechnet. Für jede Spalte muss die Art der Ausrichtung (links- oder rechtsbündig, zentriert) der Einträge angegeben werden. Diese Angaben erfolgen global für die ganze Tabelle in der *tabular*-Deklaration.

Die Syntax für die Umgebung *tabular* lautet:

```
\begin{tabular}[Position]{Spaltendefinition}
    Spalten- und Zeilen-Einträge
\end{tabular}
```

> Die Umgebung *tabular* erzeugt **keinen** neuen Absatz, sondern setzt die Tabelle in die aktuelle Zeile ein.

Der optionale Parameter *Position* gibt an, wie die Tabelle zum umgebenden Text ausgerichtet werden soll. Dafür kann eine der folgenden Angaben gewählt werden.

- c Die Tabelle wird vertikal zentriert eingefügt (*center*, Voreinstellung).
- t Die oberste (*top*) Tabellenzeile wird an der Grundlinie ausgerichtet.
- b Die unterste (*bottom*) Tabellenzeile wird an der Grundlinie ausgerichtet.

Die folgende Zeile veranschaulicht dies: eine einspaltige, zweizeilige Tabelle zentriert $\left| \begin{matrix} c1 \\ c2 \end{matrix} \right|$, oben $\left| \begin{matrix} t1 \\ t2 \end{matrix} \right|$ bzw. unten $\left| \begin{matrix} b1 \\ b2 \end{matrix} \right|$ ausgerichtet.

> Wenn Sie eine horizontale Linie zu Beginn bzw. am Ende der Tabelle benutzen, wird die Linie und nicht die erste bzw. letzte Tabellenzeile ausgerichtet.

In der Regel sollten Tabellen vom umgebenden Text hervorgehoben dargestellt werden. Dazu muss vor und hinter der Tabelle eine Leerzeile oder der Befehl `\par` eingefügt werden. Dann kann die Option *Position* entfallen.

Neben der Umgebung *tabular* gibt es die Variante *tabular**, bei der die *Breite* der Tabelle angegeben werden muss. Es gilt die folgende Syntax.

```
\begin{tabular*}{Breite}[Position]{Spaltendefinition}
    Spalten- und Zeilen-Einträge
\end{tabular*}
```

Damit die Tabelle die vorgegebene *Breite* erreicht, muss für eine oder mehrere Spalten der Spaltenzwischenraum mit einer variablen Breite definiert werden.

8.1.1   Definition der Tabellenspalten

In der *tabular*- bzw. *tabular**-Deklaration muss für jede Spalte ein Eintrag im Argument *Spaltendefinition* angegeben werden, der die Ausrichtung bestimmt. Dabei sind folgende Angaben vorgesehen.

- c Der Eintrag in der Spalte wird zentriert gesetzt (*center*).
- l Der Eintrag wird linksbündig angeordnet (*left*).
- r Der Eintrag wird rechtsbündig ausgegeben (*right*).

  p{*Breite*} Eine mehrzeilige (Absatz-)Spalte wird benutzt, die oben ausgerichtet wird und eine Ausdehnung von *Breite* hat. Die Spalte wird im Blocksatz gesetzt.

Wenn Sie eine Tabelle mit drei zentrierten Spalten erzeugen wollen, müssen Sie also »ccc« für *Spaltendefinition* einsetzen.

Zur besseren Lesbarkeit der Tabelle wird von LATEX automatisch ein kleiner Leerraum zwischen den Spalten eingefügt.

> **Z** Mit dem Befehl `\setlength{\tabcolsep}{`*Abstand*`}` kann die Breite des Leerraums modifiziert werden. Für *Abstand* ist eine Zahl mit Maßeinheit einzusetzen. Zu beachten ist, dass dieser *Abstand* beiderseits jeder Tabellenspalte eingefügt wird.

Beispiel 8.1 zeigt eine von LATEX gesetzte 3-spaltige Tabelle (rechtsbündig, zentriert und linksbündig). Die linksbündig gesetzte Spalte mit Zahlenwerten ist schwer erfassbar, da auf den ersten Blick keine Aussagen über den Wert möglich sind. Insbesondere die Zahl mit Dezimalkomma lässt sich erst bei genauerem Lesen von der Größe her einordnen.

Beispiel 8.1: Einfache Tabelle

Winkel	Bogenmaß	cos
0	0	1
45	$\pi/4$	0,7071
90	$\pi/2$	0
180	π	-1

```
\begin{tabular}{rcl}
%
\textbf{Winkel} &
\textbf{Bogenmaß} &
\textbf{cos} \\
%
0   & 0        & 1\\
45  & $\pi/4$  & 0,7071\\
90  & $\pi/2$  & 0\\
180 & $\pi$    & $-1$\\
%
\end{tabular}
```

Neben der Ausrichtung der Spalten können bei *Spaltendefinition* auch vertikale Linien zwischen den Spalten und am Tabellenrand zur optischen Strukturierung der Tabelle eingefügt werden. Dazu gibt es die folgenden Angaben.

| Der einfache senkrechte Strich erzeugt eine vertikale Linie.

|| Ein doppelter senkrechter Strich erzeugt eine vertikale Doppellinie.

`@{`*Ersatz*`}` Statt des normalen Spaltenzwischenraums wird der *Ersatz*-Eintrag verwendet. Wird für *Ersatz* der Ausdruck »`\extracolsep\fill`« eingesetzt, so entsteht ein variabler Zwischenraum für die Umgebung *tabular*∗.

Der folgende Befehl kann für komplexe Tabellen mit sich häufig wiederholenden gleichartigen Spalten hilfreich sein.

`*{`*n*`}{`*Spaltendefinition*`}` Die angegebene *Spaltendefinition* wird *n*-mal hintereinander benutzt.
Beispiel: Statt der aufwändigen Einzelangabe »`r@{,}lr@{,}lr@{,}l`« kann die abgekürzte Schreibweise »`*{3}{r@{,}l}`« eingesetzt werden.

Oftmals müssen in einer Tabelle mehrere Spalten einer Zeile zu einer einzigen Spalte zusammengefasst werden, z. B. für Kopfzeilen. Dazu kann der folgende Befehl benutzt werden.

\multicolumn{*n*}{*Spaltendefinition*}{*Eintrag*}   Die folgenden *n* Spalten werden zu einer einzigen Tabellenspalte mit der neuen *Spaltendefinition* zusammengefasst.

> Der Befehl \multicolumn darf nur als Spalteneintrag verwendet werden! Der Spaltentext *Eintrag* für die zusammengefasste Spalte befindet sich als Parameter im Befehl!

8.1.2   Eingabe der Zeilen und Spalten

Jede Tabellenzeile muss mit einem Zeilenendzeichen (Zeilenumbruch) »\\« enden! Zeilenumbrüche innerhalb einer Absatzspalte können nur mit den Ersatzbefehlen \newline (ohne Randausgleich) bzw. \linebreak (mit Randausgleich) erzeugt werden. Das Beispiel 8.2 veranschaulicht die Nutzung einer Absatzspalte mit Zeilenumbrüchen in einer Tabelle.

Beispiel 8.2: Tabelle mit Absatzspalte

Name	Beispiel
Zahlen	Reelle, Komplexe
Funktionen	Sinus, Cosinus, Tangens
Konstanten	π, e

```
\begin{tabular}{lp{2.7cm}}
\textbf{Name} &
\textbf{Beispiel} \\
%
Zahlen &
    Reelle, Komplexe \\
Funktionen &
    Sinus, Cosinus, Tangens\\
Konstanten &
    $\pi$, \newline $e$ \\
\end{tabular}
```

> Mit der Änderungen der Absatzausrichtung (z. B. \raggedright) ändert sich die Wirkung des Befehls \\: Er dient dann dem Zeilenumbruch in der Absatzspalte. Für das Ende der Tabellenzeile müssen Sie in solchen Fällen den Befehl \tabularnewline verwenden.

Im CWS finden Sie unter dem Namen tab-abs ein zusätzliches Beispiel einer Tabelle mit Absatzspalten.

Der Zeilenabstand innerhalb der Tabelle wird von LATEX automatisch an Hand der Tabelleneinträge bestimmt. Er kann **nicht** über die bekannten Befehle (siehe Kapitel 3.4.3) eingestellt werden.

Zur globalen Änderung des Zeilenabstands einer Tabelle muss der folgende Befehl benutzt werden.

```
\renewcommand{\arraystretch}{Faktor}
```

Dadurch wird der Zeilenabstand der Tabelle mit *Faktor* multipliziert. Zu beachten ist, dass dieser Befehl **vor** der Umgebung *tabular* angegeben werden muss! Die Wirkung bleibt bis zu einer erneuten Änderung des Befehls erhalten!

In der Eingabe einer Tabellenzeile werden die Einträge für die einzelnen Spalten durch das »&«-Zeichen voneinander getrennt. Damit Tabellenformatierungen (z. B. senkrechte Linien) korrekt dargestellt werden, müssen in jeder Tabellenzeile genau so viele Spalteneinträge (gegebenenfalls mit leeren Einträgen) vorhanden sein wie im Argument *Spaltendefinition* vereinbart wurden, bevor die Tabellenzeile mit \\ beendet wird! Werden zu viele Spalteneinträge angegeben, gibt LATEX die folgende Fehlermeldung aus.

```
! Extra alignment tab has been changed to \cr.
```

Damit fügt LATEX von sich aus einen Zeilenumbruch in die Tabelle ein; in der Regel wird die Tabelle damit aber nicht im Sinne des Autors formatiert.

Wird ein »&«-Zeichen innerhalb der Tabelle benötigt, so muss es durch den vorangestellten Backslash (\&) maskiert werden.

Zur Ausgabe einer horizontalen Linie über die gesamte Tabellenbreite steht der Befehl \hline zur Verfügung. Eine durch einen kleinen Abstand getrennte doppelte horizontale Linie kann durch zwei aufeinander folgende Befehle \hline (ohne \\ dazwischen!) erzeugt werden. Soll die horizontale Linie nicht die gesamte Tabellenbreite, sondern nur einzelne Tabellenspalten überdecken, so muss dazu der Befehl \cline{Start-Ende} benutzt werden. Für *Start* ist die Nummer der Spalte, in der die Linie links beginnt, für *Ende* die Nummer der Spalte, bei der die Linie rechts endet, einzusetzen.

Der Abstand zwischen den Doppellinien kann mit dem folgenden Befehl modifiziert werden.

```
\setlength{\doublerulesep}{Abstand}
```

Für *Abstand* ist eine Zahl mit Maßeinheit einzusetzen.

Mit dem Zusatzpaket *hhline* lässt sich die Gestaltung horizontaler und vertikaler Linien verbessern. In der weiterführenden Literatur [4, 6, 13] und in der Paketdokumentation finden Sie eine Beschreibung des Pakets und Beispiele für die Anwendung.

Eine komplexere Tabelle mit Spaltenüberschriften, horizontalen und vertikalen Linien findet sich in Beispiel 8.3.

Beispiel 8.3: Komplexere Tabelle

Winkel	Bogen-	Funktion		
(°)	maß	cos	sin	
0	0	1	0,0	
45	$\frac{\pi}{4}$	0,7071	0,7071	
90	$\frac{\pi}{2}$	0	1,0	
270	$\frac{3}{2}\pi$	0	−1,0	

```
\renewcommand{\arraystretch}{1.2}
\begin{tabular}{|rc|lr@{,}l|} \hline
\textbf{Winkel} & \textbf{Bogen-}
  & \multicolumn{3}{c|}{\textbf{Funktion}} \\ \cline{3-5}
($^\circ$) & \textbf{maß}
  & \multicolumn{1}{c}{\textbf{cos}}
  & \multicolumn{2}{c|}{\textbf{sin}}\\ \hline
%
0   & 0                        & 1      &        0&0\\
45  & $\frac{\pi}{4}$          & 0,7071 &        0&7071\\
90  & $\frac{\pi}{2}$          & 0      &        1&0\\
270 & $\frac{3}{2}\pi$         & 0      & $-1$&0\\ \hline
\end{tabular}
```

Die Werte für die Sinus-Funktion sind am Dezimalkomma ausgerichtet. Dies wird dadurch erreicht, dass diese „Spalte" aus drei Teilen besteht: einer rechtsbündigen Spalte r (für den Vorkommateil), dem Spaltentrennzeichen ohne Leerraum @{,} (für das Dezimaltrennzeichen »,«) und einer linksbündigen Spalte l (für den Nachkommateil). Die Spaltenüberschriften für die Funktionen werden jeweils zentriert über die zusammen gehörenden Spalten gesetzt.

8.2   Hilfreiche Zusatzpakete

Für den Tabellensatz sind eine Reihe von Zusatzpaketen entwickelt worden. Hilfreich sind häufig: *array*, *tabularx*, *dcolumn* oder *longtable*. Die Pakete müssen in der Präambel des LaTeX-Dokuments mit dem Befehl \usepackage eingebunden werden (siehe Kapitel 2.3.3).

Die Funktionsweise dieser Pakete wird in den folgenden Abschnitten kurz beschrieben. Weitere Hinweise zu den Paketen finden Sie in der jeweils zugehörigen Dokumentation, in der die vom Zusatzpaket zur Verfügung gestellten Befehle und deren Wirkungsweise erklärt und mit Beispielen verdeutlicht wird. In der weiterführenden Literatur [4, 6, 9, 13] werden weitere hilfreiche Zusatzpakete für den Satz von Tabellen beschrieben.

8.2.1   Das Zusatzpaket *array*

Das Zusatzpaket *array* erweitert unter anderem den Tabellensatz um zusätzliche Spaltendefinitionen.

m{*Breite*}   Definiert eine mehrzeilige (Absatz-)Spalte, die vertikal zentriert wird. Das Argument *Breite* gibt die Ausdehnung der Spalte an.

b{*Breite*}   Eine mehrzeilige (Absatz-)Spalte wird benutzt, die unten ausgerichtet wird. Das Argument *Breite* spezifiziert die Ausdehnung der Spalte.

>{*Kommando*}   Das *Kommando* wird vor dem Tabelleneintrag eingefügt.

<{*Kommando*}   Nach dem Tabelleneintrag wird das *Kommando* eingefügt.

Die letzten beiden Befehle können zum Beispiel dazu dienen, für alle Spalteneinträge fette Schrift zu benutzen oder in den Formelsatz umzuschalten.

Weitere Einzelheiten zum Zusatzpaket *array* entnehmen Sie der Dokumentation, der weiterführenden Literatur oder dem Beispiel `tab-arr` im CWS.

8.2.2   Das Zusatzpaket *tabularx*

Da LATEX selbst die Breite der Spalten aus den Einträgen bestimmt, ist es schwierig, Spalten gleicher Breite zu erzeugen. Diese Aufgabe übernimmt das Zusatzpaket *tabularx*. In dem Paket wird die Spaltenausrichtung »X« definiert. Dabei handelt es sich um eine mehrzeilige, an der obersten Zeile ausgerichtete (Absatz-)Spalte (ähnlich der p-Definition in der Umgebung *tabular*, siehe Seite 120). Alle mit »X« gekennzeichneten Spalten in der Tabelle werden gleich breit gesetzt.

Das Zusatzpaket *tabularx* setzt auf dem Zusatzpaket *array* auf und bindet dieses automatisch mit ein.

Nähere Einzelheiten zum Zusatzpaket *tabularx* können der Dokumentation, der weiterführenden Literatur oder dem Beispiel `tab-tabx` im CWS entnommen werden.

8.2.3   Das Zusatzpaket *dcolumn*

Gerade bei Tabellen mit vielen Dezimalzahlen kann das Paket *dcolumn* hilfreich sein. Zum einen kann das Dezimalzeichen beim Satz der Tabelle ausgetauscht werden (z. B. ».« gegen »,«; sehr hilfreich bei importierten Daten), zum anderen definiert es eine Spaltenausrichtung, bei der die Einträge an dem angegebenen Zeichen ausgerichtet werden, was sonst nur sehr mühsam (siehe dritte und vierte Spalte im Beispiel 8.3) in LATEX zu bewerkstelligen ist.

Nähere Einzelheiten zum Zusatzpaket *dcolumn* können Sie der Dokumentation, der weiterführenden Literatur oder dem Beispiel `tab-dcol` im CWS entnehmen.

8.2.4   Das Zusatzpaket *longtable*

LATEX kann nur Tabellen korrekt formatieren, in denen **kein** Seitenumbruch statt-findet. Für lange Tabellen schafft das Zusatzpaket *longtable* Abhilfe, das den Sei-tenumbruch innerhalb einer Tabelle ermöglicht.

Das Zusatzpaket definiert die Umgebung *longtable* mit folgender Syntax (siehe auch Beispiel 8.4).

```
\begin{longtable}{Spaltendefinitionen}
    Definition der Kopf- und Fußzeilen
    Spalten- und Zeileneinträge
\end{longtable}
```

Innerhalb dieser Umgebung wird die gesamte Tabelle ohne Seitenumbruch ange-geben. Den erforderlichen Seitenumbruch nimmt LATEX dann nach Bedarf vor. Darüber hinaus werden die korrespondierenden Tabellenspalten auf allen Seiten der Tabelle gleich breit gewählt.

Um deutlich zu machen, dass sich die Tabelle über mehrere Seiten erstreckt, kön-nen unterschiedliche Tabellenkopfzeilen für die erste und die folgenden Seiten angegeben werden. Gleiches gilt auch für den Tabellenfuß für die ersten Seiten und den Tabellenabschluss.

Die verschiedenen Kopf- und Fußzeilen (diese können auch mehrzeilig sein) wer-den mit den folgenden Befehlen definiert.

Einträge \endfirsthead   Die vor dem Befehl stehenden *Einträge* werden für den ersten Tabellenkopf benutzt.

Einträge \endhead   Die *Einträge* vor diesem Befehl beschreiben die Tabel-lenköpfe der Folgeseiten.

Einträge \endfoot   Die vor diesem Befehl stehenden *Einträge* definieren die Fußzeilen für alle Seiten außer der letzten.

Einträge \endlastfoot   Diese *Einträge* werden für die Fußzeile auf der letzten Seite benutzt.

Für *Einträge* können die üblichen Spalten- und Zeileneinträge eingesetzt werden, die dann an den entsprechenden Stellen der langen Tabelle ausgegeben werden.

Damit die Tabelle korrekt formatiert wird, muss der LATEX-Lauf mehrfach (min-destens zweimal) erfolgen. LATEX gibt eine Warnmeldung aus, wenn sich die Spal-tenbreiten beim Übersetzen noch geändert haben.

```
Package longtable Warning: Column widths have changed
Package longtable Warning: Table widths have changed.
Rerun LaTeX.
```

Nach einem weiteren LATEX-Lauf sind die Tabellenbreiten dann angepasst und die Tabellenformatierungen korrekt.

Weitere Informationen finden sich in der Dokumentation des Pakets *longtable* sowie in der weiterführenden Literatur [4, 6, 13].

Beispiel 8.4: Tabelle über mehrere Seiten

$y = x^3$	
x	y
-5	-125
-4	-64
-3	-27
-2	-8
-1	-1
	$b.w.$

1

x	y
0	0
1	1
2	8
3	27
4	64
5	125
	$b.w.$

2

x	y
6	216
7	343
$\vdots$	$\vdots$
10	1000

3

```
\usepackage{longtable, array}
...
\setlongtables
\begin{longtable}{|>{$}r<{$}|>{$}r<{$}|}
\hline\multicolumn{2}{|c|}{$y=x^3$}\\ \hline
    x & y \\ \hline\hline \endfirsthead
\hline x & y \\ \hline\hline \endhead
\hline\multicolumn{2}{r}{\itshape b.w.} \endfoot
\hline \endlastfoot
%    ALLE Tabelleneintraege ohne Seitenumbruch
 -5 & -125 \\
...
\vdots & \vdots \\
10 & 1000 \\
\end{longtable}
```

Eine ähnliche Funktionalität weist die Umgebung *supertabular* aus dem gleichnamigen Paket auf. Im Zusatzpaket *ltxtable* werden die Vorteile der beiden Zusatzpakete *longtable* und *tabularx* vereinigt (erweiterte Spalten-definitionen für lange Tabellen).

8.3   Die Umgebung *tabbing*

Es ist schwierig, mit einer proportionalen Schrift Listen von Daten korrekt ausge-richtet wieder zu geben. Da die Zeichen unterschiedlich breit sind, geht bei der Ausgabe die vorhandene Struktur (Einrückung) verloren. Die Ausgabe der Listen mit Hilfe von Tabulatoren kann hierbei hilfreich sein.

Die Umgebung *tabbing* stellt für solche (und auch andere Fälle) Tabulatoren zur Verfügung. Zunächst muss eine Tabulatorposition definiert werden, bevor sie benutzt werden kann.

Die wichtigsten Tabulatorbefehle innerhalb der Umgebung *tabbing* werden im Folgenden kurz beschrieben.

\=   Ein Tabulator wird an der aktuellen Stelle gesetzt.

\>   Es erfolgt ein Sprung zur nächsten Tabulatorposition.

\<   Ein Rücksprung um eine Tabulatorposition wird vorgenommen.

\+   Der linke Rand verschiebt sich um eine Tabulatorposition nach rechts.

\-   Der linke Rand verschiebt sich um eine Tabulatorposition nach links.

Die Befehle \+ und \- werden erst nach dem Zeilenende wirksam!

Alle Zeilen innerhalb der Umgebung *tabbing* müssen mit dem Befehl (\\) für das Zeilenende abgeschlossen werden!

Beispiel 8.5: Einsatz von Tabulatoren

Winkel	cos	sin
0	1,0	0,0
	0,7071	0,7071
90	0,0	1,0
	−0,7071	0,7071
180	−1,0	0,0

```
\begin{tabbing}
Winkel\quad\= $-$0,7071\quad\=\kill
Winkel \> cos           \> sin \\
0        \> 1,0         \> 0,0        \+ \\
          0,7071        \> 0,7071 \- \\
90       \> 0,0         \> 1,0        \+\\
          $-$0,7071 \> 0,7071 \- \\
180      \> $-$1,0      \> 0,0\\
\end{tabbing}
```

Beispiel 8.5 zeigt den Einsatz von Tabulatoren für eine Auflistung der Cosinus- und Sinus-Funktionswerte für ausgezeichnete Winkel. Auf die Winkelangaben 45 und 135 Grad wurde in dem Beispiel verzichtet, um die Wirkung der Befehle \+ und \- zu demonstrieren.

Tabulatorpositionen können im laufenden Text festgelegt werden. Meist ist es sinnvoll, die Positionen **vorher** zu definieren. Zu diesem Zweck erstellt man eine so genannte Musterzeile. Diese enthält die jeweils längsten Einträge für jede Spalte (mit dem Befehl \=). Beendet wird diese Musterzeile mit dem direkt folgenden Befehl \kill. Dieser bewirkt einerseits, dass die Tabulatorpositionen an den richtigen Stellen gesetzt werden und andererseits, dass die Musterzeile selbst aber **nicht** ausgegeben wird. Von diesem Sachverhalt wurde im Beispiel 8.5 auch Gebrauch gemacht.

Weitere Möglichkeiten in der Umgebung *tabbing* (z. B. andere Ausrichtungen) finden Sie in der weiterführenden Literatur [4, 6, 8, 12, 13].

Nachteilig ist, dass in der Umgebung *tabbing* keine Hilfslinien zur Strukturierung angegeben werden können.

8.4   Übung

Setzen Sie den folgenden Text und die integrierte Tabelle in der angegebenen
Form. Beachten Sie dabei, dass die Tabelle mit einem zusätzlichen Abstand zum
umgebenden Text auf der Seite zentriert werden soll. Zwischen den Zahlenwerten und der zugehörigen Maßeinheit (pt) befindet sich ein kleiner horizontaler
Abstand.

Der Tabellenkopf wurde in fetter Schrift gesetzt. Die Angaben im Tabellenkopf
sind alle in der jeweiligen Spalte zentriert. In der Tabelle selbst sind die Einträge
für die LaTeX-Befehle in einer „Typewriter"-Schrift gesetzt und linksbündig ausgerichtet. Die Einträge für die Schriftgrößen stehen in den Spalten rechtsbündig.

Strukturieren Sie die Tabelle mit horizontalen und vertikalen Linien in der angegebenen Form.

1   Ein Tabellenbeispiel

Die Tabelle stellt die von LaTeX verwendeten realen Schriftgrößen in Abhängig-
keit von der Basisschriftgröße dar.

LaTeX-Befehl	Basisschriftgröße		
	10 pt	**11 pt**	**12 pt**
`\tiny`	5 pt	6 pt	6 pt
`\scriptsize`	7 pt	8 pt	8 pt
`\footnotesize`	8 pt	9 pt	10 pt
`\small`	9 pt	10 pt	11 pt
`\normalsize`	10 pt	11 pt	12 pt
`\large`	12 pt	12 pt	14 pt
`\Large`	14 pt	14 pt	17 pt
`\LARGE`	17 pt	17 pt	20 pt
`\huge`	20 pt	20 pt	25 pt
`\Huge`	25 pt	25 pt	25 pt

Die kleinste darstellbare Schrift ist 5 pt, die größte 25 pt hoch. Die Schriften
werden in der Regel in diskreten, gut miteinander harmonierenden Größen benutzt.

8.5   Zusammenfassung

In diesem Kapitel haben Sie gelernt:

✓ Die Umgebung *tabular* für den Tabellensatz zu nutzen, wobei LaTeX automatisch die erforderliche Breite bestimmt.

✓ Tabelleneinträge in der Umgebung *tabular* verschieden auszurichten.

✓ Tabellen mit Spaltenüberschriften zu versehen.

✓ Tabellen durch Linien zu strukturieren.

✓ Verschiedene Zusatzpakete – insbesondere für lange Tabellen – einzusetzen.

✓ Tabellarische Aufstellungen mit der Umgebung *tabbing* zu erstellen.

Kapitel

9 Abbildungen und Grafiken

Grafiken sind neben Tabellen ein wichtiges Hilfsmittel zur Veranschaulichung und Visualisierung von Daten. Daher ist die Integration von Grafiken Voraussetzung für ein gutes Satzsystem. Diesem Anspruch wird LaTeX auch gerecht.

Zwei unterschiedliche Wege kommen dabei in Betracht: Die Grafik (Zeichnung) kann direkt mit LaTeX-Befehlen erstellt werden und ist somit Bestandteil des Dokuments oder die Grafik (Zeichnung oder Bild) wird mit einem separaten Programm erstellt und in einem Grafikformat exportiert, das von LaTeX in das Dokument eingebunden werden kann.

In diesem Kapitel lernen Sie

→ einfache Grafiken mit der Umgebung *picture* zu erstellen,

→ komplexe Grafiken mit Hilfe des Zusatzpakets *pstricks* aufzubauen,

→ extern erzeugte Grafiken mit Hilfe des Zusatzpakets *graphicx* in Ihr LaTeX-Dokument zu integrieren,

→ Unterschiede bei der Integration externer Grafiken für PostScript- und PDF-Dokumente zu beachten und

→ Dokumentteile farbig zu gestalten und Texte zu drehen.

9.1 Grafiken mit der Umgebung *picture*

LaTeX ist in der Lage, einfache Grafiken innerhalb der Umgebung *picture* zu erstellen. Allerdings stehen nur wenige grafische Grundelemente zur Verfügung und auch nur mit einer eingeschränkten Funktionalität. Darüber hinaus muss die Grafik von Hand mit LaTeX-Befehlen „aufgebaut" werden, was bei komplexeren Grafiken einen nicht zu unterschätzenden Aufwand darstellt.

Für die Erstellung komplexerer Grafiken sind Zusatzpakete entwickelt worden, die Einschränkungen der Umgebung *picture* beseitigen bzw. den Aufbau vereinfachen. Andere Zusatzpakete erstellen mit Hilfe von LaTeX-Befehlen PostScript-Grafiken, die direkt bei der Formatierung des Dokuments erzeugt werden. Damit wird das System LaTeX zwar nicht verlassen, jedoch leidet die Portabilität darunter. PostScript-Grafiken lassen sich zum Beispiel nicht ohne Vorkehrungen in pdfLaTeX nutzen. Oftmals ist auch das Preview der PostScript-Grafik fehlerhaft.

9.1.1   Grundlagen

Mit Hilfe der Umgebung *picture* lassen sich nur einfache Grafiken in LaTeX erstellen, die großen Einschränkungen unterliegen. Vorteilhaft ist, dass sich darin fast alle LaTeX-Befehle verwenden lassen (auch der Mathematik-Satz!) und die gleichen Schriften benutzt werden können wie im eigentlichen Dokument.

> Jedoch führt die vom üblichen Standard abweichende Syntax recht häufig zu Eingabefehlern! Die Argumente, die sich auf Koordinaten oder Richtungsangaben beziehen, stehen in den Befehlen der Umgebung *picture* in runden Klammern »(...)«.

Koordinaten und Längenangaben innerhalb der Umgebung *picture* werden auf Basis einer internen Einheitslänge angegeben und tragen daher **keine** Maßeinheiten. Diese Einheitslänge muss **vorher** festgelegt werden.

```
\setlength{\unitlength}{Maß}
```

Die Angabe *Maß* (Zahl mit Maßeinheit) legt die Länge der Einheit fest. Fehlt dieser Befehl, so wird die Voreinstellung (1 pt; ca. 0,35 mm) benutzt.

Die Syntax für die Umgebung *picture* lautet:

```
\setlength{\unitlength}{Maß}
...
\begin{picture}(Breite,Höhe)(x-Offset,y-Offset)
    Zeichen-Befehle
\end{picture}
```

Die *Breite* und *Höhe* der Grafik müssen angegeben werden. Damit legen Sie den entsprechenden Platz fest, der von LaTeX im Text für die Grafik reserviert wird.

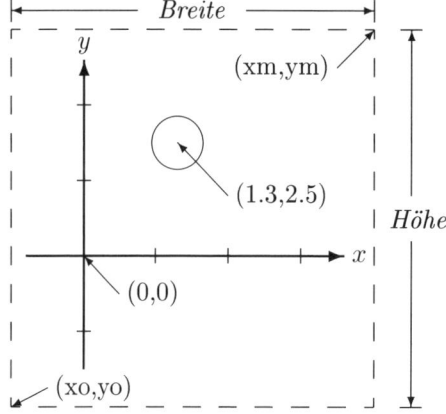

Für die nebenstehende Zeichnung wurden folgende Werte benutzt:

Argument	Wert
Maß:	1 cm
Breite:	5
Höhe:	5
x-Offset (xo):	−1
y-Offset (yo):	−2

Damit ergibt sich: xm=4 und ym=3. Die gestrichelten Linien umrahmen die damit definierte Zeichenfläche.

Abbildung 9.1: Deklarationen für die Umgebung *picture*

Optional kann der Ursprung der Grafik verschoben werden, indem mit *x-Offset* und *y-Offset* die Koordinaten der linken unteren Ecke spezifiziert werden.

Diese Angaben tragen **keine** Maßeinheiten, da sie sich auf die vorher definierte Einheit (siehe \unitlength) beziehen! Durch diese Angaben wird von LATEX ein entsprechender Platz im Text für die Grafik reserviert.

> Elemente der Grafik können über die definierte rechteckige Fläche hinaus-ragen; sie werden von LATEX **nicht** abgeschnitten oder weggelassen (kein *Clipping*)! Solche Elemente ragen gegebenenfalls in die Umgebung hinein.

9.1.2   Positionierung grafischer Elemente

Für jedes Grafikelement muss ein Koordinatenpaar (*x,y*) angegeben werden, an dem das Objekt gezeichnet wird. Folgende Befehle können Sie dazu benutzen.

\put(*x*,*y*){*Zeichenbefehl*}   Das durch den *Zeichenbefehl* definierte grafische Objekt wird an der Stelle (*x,y*) ausgegeben. Bei den Koordinaten *x* und *y* handelt es sich um Zahlen ohne Maßeinheit, da sich diese auf die Einheitslänge beziehen. Der Punkt ».« wird als Dezimaltrennzeichen benutzt.

\multiput(*x*,*y*)(*x-Delta*,*y-Delta*){*Anzahl*}{*Zeichenbefehl*}
Das durch den *Zeichenbefehl* definierte grafische Objekt wird an der angegebenen Position (*x,y*) ausgegeben. Danach wird die Startposition um *x-Delta*, *y-Delta* verschoben und das Objekt erneut ausgegeben; dies geschieht so oft, bis insgesamt *Anzahl* Objekte gezeichnet wurden. Auch alle hier angegebenen Koordinaten (*x*, *y*, *x-Delta* und *y-Delta*) beziehen sich auf die Einheitslänge und werden daher ohne Maßeinheit angegeben.

9.1.3   Häufig benutzte grafische Elemente

In der Umgebung *picture* stehen die folgenden Grafikelemente zur Verfügung.

Gerade	Vektor	Rechteck	Kreis	gefüllter Kreis	Oval	Text
╱	╱▸	▭	◯	●	◯	LATEX

Geraden und Vektorpfeile

Geneigte Geraden können nur bestimmte Steigungen aufweisen und lassen sich erst ab einer Mindestlänge von 10 pt (ca. 3,5 mm) zeichnen. Der Zeichenbefehl für eine Gerade lautet wie folgt.

\line(*x-Steig*,*y-Steig*){*Länge*}   Für die beiden Steigungsparameter *Steig* (*x-Steig* bzw. *y-Steig*) dürfen nur ganzzahlige Werte eingesetzt werden (Wertebereich: $-6 \leq Steig \leq +6$), die keinen gemeinsamen Teiler besitzen.

Die Gerade beginnt an dem Punkt, der durch den Befehl \put bzw. \multiput bestimmt wird.

> *Länge* gibt **nicht** die Gesamtlänge der Geraden, sondern die Länge der Projektion auf die x-Achse an (bzw. für vertikale Linien die Projektion auf die y-Achse)!

Die horizontale Länge berechnet sich aus der Angabe *Länge* (multipliziert mit -1 bei negativem Vorzeichen des Parameters *x-Steig*). Die vertikale Länge berechnet sich aus dem Steigungsverhältnis *y-Steig/x-Steig* multipliziert mit *Länge*; z. B. zeichnet der Befehl \put(1,2){\line(3,2){12}} eine Gerade vom Punkt (1,2) zum Punkt (13,10); x: $1 + 12 = 13$, y: $2 + \frac{2}{3} \cdot 12 = 10$.

Für Vektorpfeile (Gerade mit Pfeilspitze am Ende) ist die Syntax analog.

> \vector(*x-Steig*,*y-Steig*){*Länge*}   Hier sind noch restriktivere Bedingungen für die beiden Steigungsparameter *Steig* (*x-Steig* bzw. *y-Steig*) zu erfüllen (Wertebereich: $-4 \leq Steig \leq +4$).

Mit diesen Einschränkungen lassen sich nur die in der Tabelle 9.1 angegebenen Winkel (Angabe in Grad, gerundet auf eine Nachkommastelle) für Geraden bzw. Vektorpfeile (nur die fett gedruckten Winkel) realisieren.

Winkel	*Steigung*	Winkel	*Steigung*	Winkel	*Steigung*
0,0	(1,0)	**36,9**	(4,3)	**63,4**	(1,2)
9,5	(6,1)	38,7	(5,4)	68,2	(2,5)
11,3	(5,1)	39,8	(6,5)	**71,6**	(1,3)
14,0	(4,1)	**45,0**	(1,1)	**76,0**	(1,4)
18,4	(3,1)	50,2	(5,6)	78,7	(1,5)
21,8	(5,2)	51,3	(4,5)	80,5	(1,6)
26,6	(2,1)	**53,1**	(3,4)	**90,0**	(0,1)
31,0	(5,3)	**56,3**	(2,3)		
33,7	(3,2)	59,0	(3,5)		

Tabelle 9.1: Nutzbare Winkel [°] für Geraden und Vektoren (fett gedruckt) im ersten Quadranten

Kreise

Kreise können mit dem folgenden Befehl gezeichnet werden.

> \circle{*Durchmesser*}   Der *Durchmesser* ist auf maximal 40 pt (ca. 14 mm) beschränkt.

Der aktuelle Punkt, der durch die Angaben im Befehl \put bzw. \multiput bestimmt wird, gibt die Lage des Kreismittelpunkts an.

Ausgefüllte Kreise lassen sich mit der Variante zeichnen.

> \circle*{*Durchmesser*}   Hierbei ist der *Durchmesser* auf 15 pt (ca. 5,25 mm) beschränkt.

Auch in diesem Fall gibt der aktuelle Punkt die Lage des Mittelpunkts an.

Texte

Texte können direkt als Argument eines Befehls \put angegeben werden. Wenn eine genaue Positionierung erforderlich ist, ist es besser, den Text in ein definiertes Rechteck einzusetzen. Die Syntax des dazu verwendeten Befehls \makebox weicht von der bisher bekannten Syntax (siehe Kapitel 3.6) ab: runde statt eckige Klammern, Angabe der *Höhe*.

> \makebox(*Breite*, *Höhe*)[*Position*]{*Text*} Die Argumente *Breite* und *Höhe* müssen in einem runden (!) Klammernpaar stehen und beschreiben die Dimension des Rechtecks. Der optionale Parameter *Position* gibt an, wie der *Text* in diesem Rechteck angeordnet wird.

Für *Position* muss eine Buchstabenkombination für die horizontale und vertikale Ausrichtung des Textes eingesetzt werden. Folgende Angaben sind gültig.
horizontal: c – zentriert (*center*), l – linksbündig (*left*), r – rechtsbündig (*right*).
vertikal: c – zentriert (*center*), t – oben (*top*), b – unten (*bottom*).

Die Kombination aus horizontaler und vertikaler Ausrichtung ergibt die Anordnung des Textes im Rechteck: z. B. steht br für eine Anordnung des Textes unten rechts und cc für eine mittenzentrierte Anordnung (*Voreinstellung*).

Rechtecke bzw. gerahmte Texte

Alternativ dazu kann der Text auch mit einem Rahmen versehen werden. Der Befehl \framebox erzeugt ein mit durchgezogenen Linien gerahmtes Rechteck, der Befehl \dashbox ein Rechteck, das mit gestrichelten Linien gerahmt wird. Die besondere Syntax der Befehle innerhalb der Umgebung *picture* ist zu beachten.

> \framebox(*Breite*, *Höhe*)[*Position*]{*Text*} Die Dimension des gerahmten Rechtecks wird durch die Parameter *Breite* und *Höhe* beschrieben.

> \dashbox{*Länge*}(*Breite*, *Höhe*)[*Position*]{*Text*} Die Argumente *Breite* und *Höhe* beschreiben die Dimension des gerahmten Rechtecks, der Parameter *Länge* gibt die Länge der Striche und der Lücken an.

Das optionale Argument *Position* bestimmt, wie der *Text* in dem Rahmen angeordnet wird. Dafür können die gleichen Angaben eingesetzt werden wie im Falle des Befehls \makebox.

Bleibt in diesen Befehlen der Parameter *Text* leer oder wird dafür ein Leerzeichen eingesetzt, so wird nur das gerahmte Rechteck dargestellt.

Ovale

Rechtecke mit abgerundeten Ecken (Ovale) können mit dem folgenden Befehl gezeichnet werden.

> \oval(*Breite*, *Höhe*)[*Teil*] Der Durchmesser für die Rundung ist dabei auf maximal 40 pt (ca. 14 mm) beschränkt. Der Einfügepunkt (in der folgenden Darstellung mit einem Punkt markiert) liegt in der Mitte des Ovals.

Für *Teil* können folgende Angaben eingesetzt werden.

t	b	l	r	lt	lb	rt	rb	
⌢	⌣	⊂	⊃	⌐	⌐	⌐	⌣	⊂

Fehlt der optionale Parameter *Teil*, so wird ein vollständiges, geschlossenes Oval gezeichnet.

9.1.4 Anwendung der Umgebung *picture*

Das Beispiel 9.1 zeigt die Nutzung der Zeichenbefehle für Geraden, Vektoren, Ovale und Texte. Die Grafikelemente werden meist direkt positioniert (\put). Die gestrichelte Linie des rechten Pfeils wird über eine Mehrfach-Positionierung (\multiput) erreicht. Darüber hinaus wurde im Beispiel auch von verschiedenen Linienbreiten (siehe Kapitel 9.1.5) Gebrauch gemacht.

Beispiel 9.1: Nutzung der Umgebung *picture*

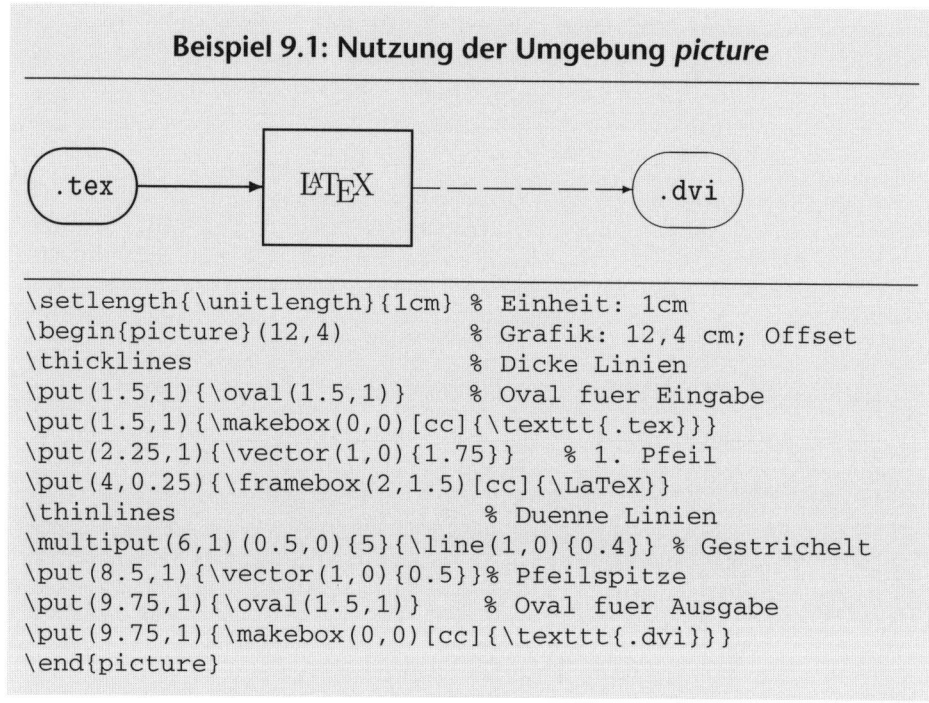

```
\setlength{\unitlength}{1cm}  % Einheit: 1cm
\begin{picture}(12,4)         % Grafik: 12,4 cm; Offset
\thicklines                   % Dicke Linien
\put(1.5,1){\oval(1.5,1)}     % Oval fuer Eingabe
\put(1.5,1){\makebox(0,0)[cc]{\texttt{.tex}}}
\put(2.25,1){\vector(1,0){1.75}}   % 1. Pfeil
\put(4,0.25){\framebox(2,1.5)[cc]{\LaTeX}}
\thinlines                    % Duenne Linien
\multiput(6,1)(0.5,0){5}{\line(1,0){0.4}} % Gestrichelt
\put(8.5,1){\vector(1,0){0.5}}% Pfeilspitze
\put(9.75,1){\oval(1.5,1)}    % Oval fuer Ausgabe
\put(9.75,1){\makebox(0,0)[cc]{\texttt{.dvi}}}
\end{picture}
```

Die schematischen Abbildungen in diesem Buch wurden mit Hilfe der Umgebung *picture* gesetzt. Wie Sie sehen, lassen sich mit dieser Umgebung viele Aufgaben lösen – trotz der Einschränkungen.

9.1.5 Weitere Befehle in der Umgebung *picture*

Neben den bisher vorgestellten Befehlen gibt es noch weitere Befehle, die in der Umgebung *picture* eingesetzt werden können.

Linienbreiten

Alle Grafikelemente werden standardmäßig mit dünnen Linien gezeichnet. Mit dem Befehl `\thicklines` werden dickere Linien für die Objekte benutzt. Sollen nach der Umschaltung auf dickere Linien wieder die dünnen Linien benutzt werden, muss dafür der Befehl `\thinlines` verwendet werden.

Für horizontale und vertikale Linien sowie für Rahmen können Sie die Linienbreite mit dem folgenden Befehl beeinflussen.

> `\linethickness{`*Breite*`}`

Im Argument *Breite* (eine Zahl mit Maßeinheit) geben Sie die Linienbreite an. Dieser Befehl hat keine Auswirkung auf die Linienstärke von geneigten Linien, Kreisen und Ovalen.

Spezielle Befehle

Für besondere Anwendungen können auch noch die beiden folgenden Befehle hilfreich sein.

> `\qbezier` Mit diesem Befehl lassen sich gebogene Linien über so genannte Bézier-Kurven zeichnen.

> `\shortstack` Textuelle Einträge werden mit diesem Befehl senkrecht übereinander angeordnet.

Diese Befehle sind relativ komplex, so dass im Rahmen dieses Buches nicht auf sie eingegangen werden kann. Die weiterführende Literatur [8, 13] kann für weitere Informationen herangezogen werden.

9.1.6   Hilfreiche Zusatzpakete

Die Umgebung *picture* hat im Wesentlichen zwei Nachteile: Zum einen stehen nur rudimentäre und dazu noch stark eingeschränkte Grafikelemente zur Verfügung und zum anderen entsteht für komplexe Grafiken ein hoher Programmier- bzw. Entwicklungsaufwand.

Durch den Einsatz geeigneter Zusatzpakete können die Nachteile beseitigt werden. So lassen sich beliebig geneigte Geraden mit den Zusatzpaketen *pict2e*, *epic* und *eepic* zeichnen. Darüber hinaus stellen die beiden letztgenannten Pakete auch weitere Befehle für die Konstruktion der Zeichnungen zur Verfügung.

Eine Vielzahl fachspezifischer Zusatzpakete sind auf Basis der Umgebung *picture* entstanden: z. B. Chemie (*chemtex, xymtex, ochem*); Physik (*feynmann*); Statistik (*bar*). In der weiterführenden Literatur [6, 9, 13] finden Sie Beispiele dazu.

9.2   PostScript-Grafiken mit LATEX-Befehlen

Um die Einschränkungen der Umgebung *picture* zu umgehen, wurden Zusatzpakete entwickelt, die erheblich mehr Funktionalität besitzen. Insbesondere das

Paketsystem *pstricks* ist hier zu nennen. Dieses Paket basiert auf einer hochwertigen PostScript-Grafik, die mittels LATEX-Befehlen in Ihrem Dokument erstellt und integriert wird.

Das Paket besteht aus mehreren Teilpaketen, die je nach Anwendung in der Präambel mit geladen werden müssen.

Das Beispiel 9.2 zeigt die grafische Darstellung der Sinus- und Cosinus-Funktion. Neben dem Zusatzpaket *pstricks* muss für die Funktionsdarstellung auch das Teilpaket *pst-plot* geladen werden.

Beispiel 9.2: Mit dem Zusatzpaket *pstricks* erstellte Grafik

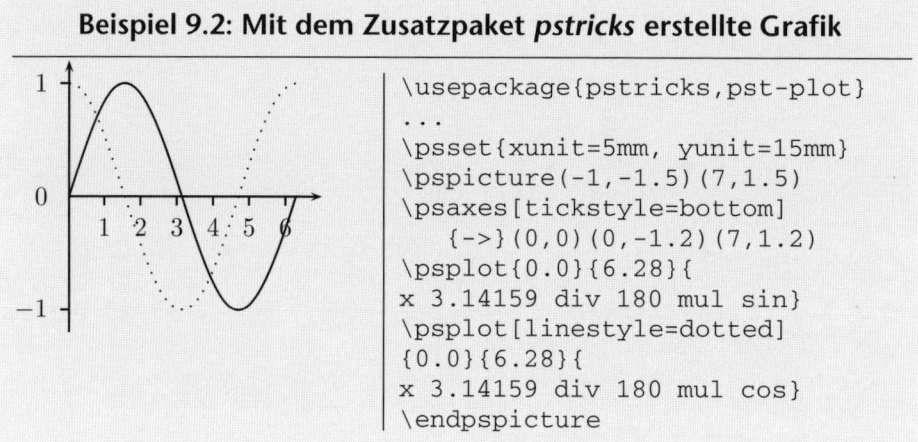

```
\usepackage{pstricks,pst-plot}
...
\psset{xunit=5mm, yunit=15mm}
\pspicture(-1,-1.5)(7,1.5)
\psaxes[tickstyle=bottom]
    {->}(0,0)(0,-1.2)(7,1.2)
\psplot{0.0}{6.28}{
x 3.14159 div 180 mul sin}
\psplot[linestyle=dotted]
{0.0}{6.28}{
x 3.14159 div 180 mul cos}
\endpspicture
```

In der weiterführenden Literatur [2, 6, 13, 14] sind dazu weitere Beispiele zu finden. Darüber hinaus ist die dem Paket beiliegende Dokumentation sehr hilfreich.

> Das Zusatzpaket *pstricks* kann nicht mit pdfLATEX benutzt werden, da dieses PostScript-Befehle nicht interpretiert. Im Kapitel 16.1.1 wird beschriebenen, wie das Paket über einen Umweg genutzt werden kann.

Andere Ansätze zur Nutzung von PostScript-Grafiken in LATEX-Dokumenten wurden ebenfalls verfolgt. Sie setzen aber den Umgang mit zusätzlichen Programmen (METAFONT bzw. METAPOST) voraus und sind für den Anfänger relativ kompliziert anzuwenden, daher wird in diesem Buch nicht auf diese Verfahren eingegangen. In der weiterführenden Literatur [2, 6, 13] finden Sie dazu Beschreibungen und weitere Hinweise.

9.3   Einbindung externer Grafiken

Auf Grund obiger Ausführungen eignet sich LATEX nur bedingt für die Erstellung fachspezifischer Grafiken. Dafür sind – je nach Anwendung – meist separate Spezialprogramme erforderlich. Die Einbindung dieser Grafiken muss dann über

einen Zwischenschritt (Export der Grafik in ein von LATEX integrierbares Grafikformat und Einbindung dieser Datei in den Text) erfolgen. Je nach Rechnerplattform, LATEX-Portierung und benötigtem Ausgabeformat (PostScript, PDF) kommen unterschiedliche Grafikformate für die Integration der Grafik in Betracht.

Für die Grafikeinbindung ist ein Zusatzpaket erforderlich, das die notwendigen
LATEX-Befehle bereitstellt. Am häufigsten wird das Zusatzpaket *graphicx* für die
Grafikintegration eingesetzt. Dieses Paket stellt recht komfortable Möglichkeiten
(z. B. Skalierung, Drehung) für die Grafikeinbindung zur Verfügung.

> Die Integration extern erzeugter Grafiken ist relativ komplex. Daher sollten
> Sie sich bereits weit im Vorfeld Ihrer Abschlussarbeit mit diesem Prozess
> beschäftigen und die erforderlichen Vorgehensweisen ausgiebig testen.

9.3.1 Das Zusatzpaket *graphicx*

Dieses Zusatzpaket stellt die für die Grafikeinbindung notwendigen Befehle zur
Verfügung. Die integrierbaren Grafikformate sind abhängig von der Art und
Weise wie Sie Ihr Dokument verarbeiten (LATEX oder pdfLATEX). Die *Paketoption(en)*
dienen dazu, diese Spezifika anzugeben.

Das Zusatzpaket *graphicx* muss in der Präambel geladen werden.

```
\usepackage[Paketoption(en)]{graphicx}
```

Häufig wird eine der folgenden *Paketoption(en)* eingesetzt.

dvips   Es muss LATEX und der Druckertreiber dvips benutzt werden.
Nur Grafiken im Format Encapsulated PostScript (.eps) können plattform-
übergreifend eingebunden werden. Einige LATEX-Implementationen für
Windows erlauben auch die Einbindung von Grafiken im Format Microsoft
Windows Bitmap (.bmp). Näheres finden Sie in der Originaldokumentation
der LATEX-Implementation.

pdftex   Das pdfLATEX-System wird benutzt und die Ausgabe erfolgt direkt
im PDF-Ausgabeformat. Damit können Sie in Ihr Dokument nur Grafiken
in den folgenden Formaten einbinden: Portable Document Format (.pdf),
Portable Network Graphics (.png) oder Joint Photographic Experts Group
(.jpg).

Weitere *Paketoption(en)* können der dem Paket beiliegenden Dokumentation oder
der weiterführenden Literatur [2, 4, 6, 13] entnommen werden.

Definiert wird in dem Zusatzpaket *graphicx* der zur Integration der Grafik erforderliche Befehl.

```
\includegraphics[Option(en)]{Dateiname}
```

Das Argument *Dateiname* muss in dem Befehl immer angegeben werden und verweist auf die einzubindende Grafik. Es enthält die eventuell notwendige Pfadan-
gabe und den Dateinamen (mit Erweiterung).

Die *Option(en)* geben Ihnen die Möglichkeit, die Grafikeinbindung zu beeinflussen, sie bestehen meist aus einer Angabe *Schlüssel=Wert*. Folgende Funktionen werden oft benötigt.

`width`=*Breite* Die Grafik wird auf die angegebene *Breite* (Zahl mit Maßeinheit) skaliert.

`height`=*Höhe* Es erfolgt eine Skalierung der Grafik auf die angegebene
Höhe (Zahl mit Maßeinheit).

`angle`=*Winkel* Die Grafik wird um den angegebenen *Winkel* im mathematisch positiven Sinn gedreht (Angabe in Grad).

`scale`=*Faktor* Eine Vergrößerung/Verkleinerung der Grafik erfolgt mit
dem angegebenen *Faktor*.

`bb`=*Lux Luy Rox Roy* Nur der durch die Koordinaten *Lux Luy Rox Roy*
angegebene Bereich (*Bounding Box*) der Grafik wird ausgegeben. Für die linke
untere Ecke (*Lux Luy*) und die rechte obere Ecke (*Rox Roy*) müssen Sie Zahlen
mit Maßeinheiten einsetzen. Wenn Sie keine Maßeinheit angeben, so werden
PostScript-Einheiten (1/72 Zoll ≈ 0,35 mm) benutzt.

Diese Option ist immer dann zu verwenden, wenn die Grafik intern keine
Größenangabe enthält. Dies ist häufig bei Bildern der Fall.

Einige *Option(en)* können Sie miteinander kombinieren. Ein Komma trennt dann
die jeweiligen Angaben. Die Reihenfolge der Angaben ist dabei von Bedeutung
(z. B. erst die Grafik drehen, dann auf die angegebene Breite skalieren).

Der Befehl `\includegraphics` integriert die Grafik an der Stelle in Ihrem Dokument, an der er im Quelltext auftritt. Dabei können bei größeren Grafiken oft Probleme auftreten, wenn der auf der Seite noch vorhandene Platz nicht mehr für
die Ausgabe der Grafik ausreicht. Das Kapitel 10.2 beschreibt die Gleitumgebung
figure, mit der Sie LATEX eine gewisse Flexibilität bei der Positionierung der Grafik
geben.

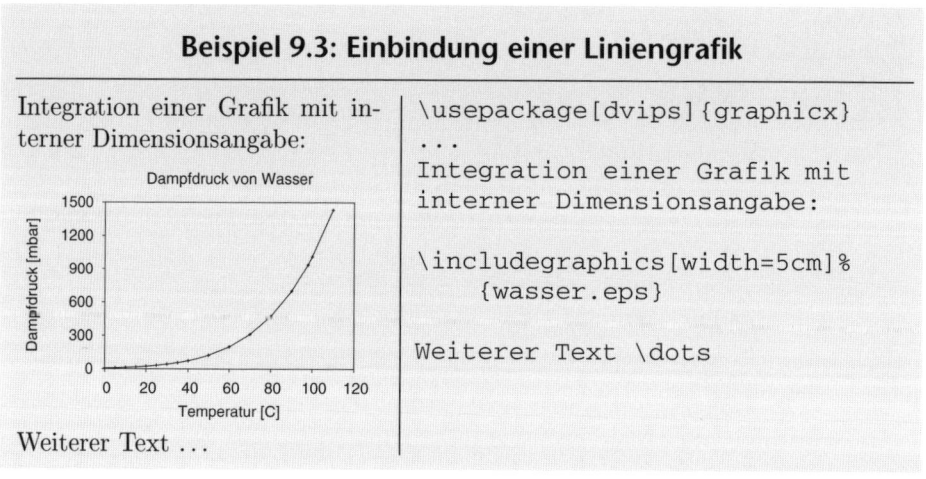

Beispiel 9.3: Einbindung einer Liniengrafik

Integration einer Grafik mit in-
terner Dimensionsangabe:

Weiterer Text ...

```
\usepackage[dvips]{graphicx}
...
Integration einer Grafik mit
interner Dimensionsangabe:

\includegraphics[width=5cm]%
       {wasser.eps}

Weiterer Text \dots
```

Die Abbildung 9.3 zeigt eine Liniengrafik, die im Format Encapsulated PostScript
exportiert wurde (`wasser.eps`). In dieser Datei befindet sich eine Angabe über

die Größe der darin enthaltenen Grafik (%%BoundingBox: 50 50 410 302), die so genannte *Bounding Box*. An Hand dieser Angabe ermittelt LATEX den benötigten Platz oder kann die Grafik gegebenenfalls anpassen. Die Grafik im obigen Beispiel wurde bei der Einbindung auf eine Breite von 5 cm skaliert. Neben der absoluten Größenangabe kommen auch häufig Angaben zum Einsatz, die sich auf die aktuelle Textbreite bzw. -höhe beziehen. So skaliert zum Beispiel die Angabe width=0.5\textwidth die Breite einer Grafik auf 50 % der aktuellen Zeilenbreite oder die Angabe height=0.3\textheight die Höhe einer Grafik auf 30 % der aktuellen Satzspiegelhöhe.

Für die Erstellung der externen Grafik können Sie unterschiedliche Softwareprodukte einsetzen. Wichtig ist nur, dass das Exportformat Encapsulated PostScript unterstützt wird und dieses korrekt von LATEX eingebunden werden kann. Für das Beispiel 9.3 wurde das kostenfreie Programm gnuplot benutzt.

Bei der Einbindung von Bildern und Fotos (so genannte Bildpunktgrafiken) fehlen meist die Angaben zur Breite und Höhe der Grafik. Daher kann LATEX nicht ermitteln wie viel Platz für die Grafik reserviert werden muss. Für solche Grafiken müssen Sie von der letztgenannten *Option* des Befehls \includegraphics Gebrauch machen und LATEX mit den notwendigen Informationen versorgen.

Beispiel 9.4: Einbindung eines Bildes

| Integration eines Bildes ohne interne Dimensionsangaben:

Weiterer Text … | `\usepackage[dvips]{graphicx}`
`...`
`Integration eines Bildes`
`ohne interne`
`Dimensionsangaben:`

`\includegraphics%`
`  [bb=0 0 141 106]{marga.eps}`

`Weiterer Text \dots` |

Das Beispiel 9.4 zeigt eine eingebundene Bildpunktgrafik. Angezeigt werden nur die durch die Koordinaten angegebenen Teile des Bildes (0,0 für unten links und 141,106 für oben rechts – jeweils in PostScript-Einheiten).

9.4   Hilfreiche Zusatzpakete

Neben dem komfortablen Zusatzpaket *graphicx* existiert noch das Zusatzpaket *graphics* mit nur rudimentären Möglichkeiten, die Einbindung der Grafik zu beeinflussen. Es sollte daher nur in Ausnahmefällen benutzt werden. Andere Zusatzpakete (z. B. *epsfig*) zur Integration externer Grafiken sind mittlerweile veraltet und sollten daher nicht mehr eingesetzt werden.

Da die meisten externen Grafikprogramme die LATEX-Zeichensätze nicht verwenden können, wurde das Zusatzpaket *psfrag* entwickelt, mit dem es möglich ist, Texte in PostScript-Grafiken gegen solche zu ersetzen, die von LATEX gesetzt werden. So wird ein einheitliches Schriftbild im Text und in den Grafiken möglich. Weitere Informationen zu diesem Zusatzpaket finden Sie in der weiterführenden Literatur [2, 6] und in der Dokumentation des Zusatzpakets.

Häufig müssen Dokumentteile gedreht oder in Farbe ausgegeben werden oder es ist gewünscht, dass die eingebundene Grafik vom Text umflossen wird. Dazu existieren ebenfalls Zusatzpakete, die im Folgenden kurz beschrieben werden.

9.4.1   Das Zusatzpaket *rotating*

Dieses Paket arbeitet nur bei der Ausgabe im PostScript- und PDF-Format korrekt. Es muss in der Präambel geladen werden und stellt die im Folgenden beschriebenen Umgebungen zur Verfügung.

Die Umgebungen *turn* und *sideways*

Beide Umgebungen berücksichtigen den Platz, den die gedrehten Objekte im Dokument benötigen. In der Umgebung *turn* wird das *Objekt* um den angegebenen *Winkel* (Angabe in Grad) im mathematisch positiven Sinn gedreht. Für die Umgebung *turn* gilt die folgende Syntax.

```
\begin{turn}{Winkel}
  Objekt
\end{turn}
```

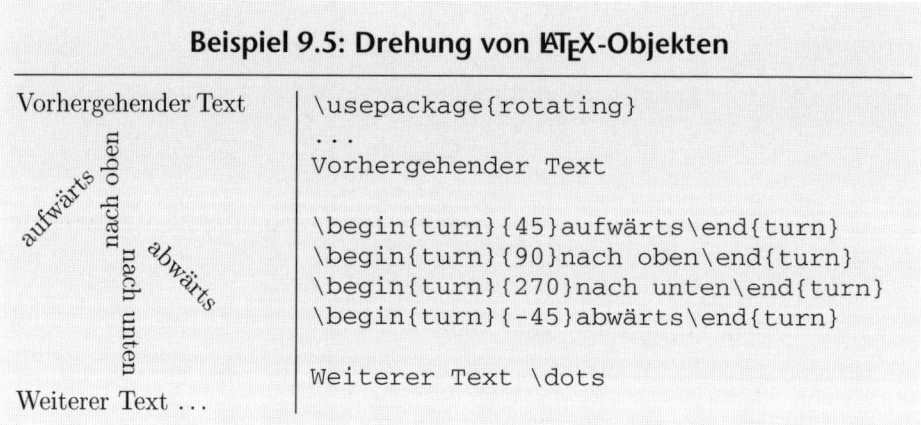

Beispiel 9.5: Drehung von LATEX-Objekten

```
\usepackage{rotating}
...
Vorhergehender Text

\begin{turn}{45}aufwärts\end{turn}
\begin{turn}{90}nach oben\end{turn}
\begin{turn}{270}nach unten\end{turn}
\begin{turn}{-45}abwärts\end{turn}

Weiterer Text \dots
```

Das Beispiel 9.5 zeigt die Nutzung der Umgebung *turn*.

In der Umgebung *sideways* wird das *Objekt* um den festen Winkel von 90 Grad im mathematisch positiven Sinn gedreht. Daher gilt hier die vereinfachte Syntax.

```
\begin{sideways}
   Objekt
\end{sideways}
```

Die Umgebung *rotate*

Anders verhält sich die Umgebung *rotate*. In dieser Umgebung berücksichtigt LATEX **nicht** den Platz für das gedrehte Objekt!

```
\begin{rotate}{Winkel}
   Objekt
\end{rotate}
```

Das *Objekt* in der Umgebung wird um den *Winkel* (Angabe in Grad) im mathematisch positiven Sinn gedreht.

Beispiel 9.6: Drehung von Tabellenüberschriften

... Vorhergehender Text	`\usepackage{rotating}`
	`...`
Winkel Bogenmaß tangens	`\dots~Vorhergehender Text`
	`\par\vspace*{1.7cm}`
	`\begin{tabular}{rcl}`
	`\begin{rotate}{75.}`
0 0 0	`   \textbf{Winkel}\end{rotate} &`
45 $\pi/4$ 1	`\begin{rotate}{75.}`
90 $\pi/2$ ∞	`   \textbf{Bogenmaß}\end{rotate} &`
180 π 0	`\begin{rotate}{75.}\textbf{tangens}`
	`\end{rotate} \\ \hline`
Nachfolgender Text ...	`...`
	`\end{tabular}`
	`\par Nachfolgender Text \dots`

Da die gedrehten Objekte im Beispiel 9.6 **keine** Breite und Höhe haben, muss vor der Tabelle ein Absatz mit dem erforderlichen vertikalen Abstand (hier: 1,7 cm) eingefügt werden, um Platz für die gedrehten Objekte zu schaffen.

Im Preview werden die gedrehten Objekte oftmals nicht korrekt dargestellt.

9.4.2   Das Zusatzpaket *color*

Farben können und sollen die Aufmerksamkeit des Lesers wecken. Die Lesbarkeit des Textes wird dabei meist nicht erhöht! Auch in LATEX-Dokumenten können Farben eingesetzt werden. Im Folgenden wird das dafür am häufigsten eingesetzte Zusatzpaket *color* vorgestellt. Es muss in der Präambel des Dokuments geladen werden.

```
\usepackage[Paketoption]{color}
```

Als *Paketoption* haben nur die beiden folgenden Angaben größere Bedeutung.

    `dvips` LaTeX und der Druckertreiber `dvips` werden genutzt.

    `pdftex` pdfLaTeX kommt zur direkten PDF-Erstellung zum Einsatz.

Definiert werden in dem Paket unter anderem folgende Befehle.

`\textcolor{`*Farbname*`}{`*Objekt*`}` Das *Objekt* wird in der durch *Farbname* spezifizierten, vordefinierten bzw. selbst definierten Farbe gedruckt.

`\colorbox{`*Farbname*`}{`*Objekt*`}` In diesem Fall bezeichnet *Farbname* die Hintergrundfarbe der Box um das *Objekt*.

`\definecolor{`*Farbname*`}{`*Farbmodell*`}{`*Farbanteil(e)*`}` Mit diesem Befehl wird ein *Farbname* mit der durch *Farbmodell* (`rgb`, `cmyk` oder `gray`) und *Farbanteil(e)* (Wert von 0.0 bis 1.0) spezifizierten Farbe verknüpft. Dabei kann es sich um einen neuen, selbstgewählten *Farbname* handeln. Es ist hiermit auch möglich, bestehende Definitionen zu ändern.

Das Farbmodell `gray` benötigt einen Parameter (Helligkeit), das Modell `rgb` drei (Rot, Grün und Blau), das Modell `cmyk` vier (Cyan, Magenta, Yellow, Black). Mehrere Angaben für *Farbanteil(e)* müssen durch Komma voneinander getrennt werden.

Beispiel 9.7: Farben in einem Dokument

1 Grau	

... Normale Textzeilen davor
Dies ist Hell auf Dunkel
und dies Dunkel auf Hell
Normale Textzeilen danach ...
	`\usepackage[dvips]{color}`
	`...`
	`\definecolor{hg}{gray}{0.9}`
	`\definecolor{mg}{gray}{0.5}`
	`\definecolor{dg}{gray}{0.2}`
	`\textcolor{mg}{\section{Grau}}`
	`\dots~Normale Textzeilen davor`
	`\par\vspace{1mm}`
	`\colorbox{dg}{\textcolor{hg}`
	    `{Dies ist Hell auf Dunkel}}`
	`\par\vspace{1mm}`
	`\colorbox{hg}{\textcolor{dg}`
	    `{und dies Dunkel auf Hell}}`
	`\par\vspace{1mm}`
	`Normale Textzeilen danach \dots~`

Das Beispiel 9.7 zeigt das Zusammenspiel der verschiedenen Befehle.

In diesem Beispiel sind zwei LaTeX-Objekte mit verschiedenen Hintergrundfarben (hg: helles Grau bzw. dg: dunkles Grau) versehen. Der Vordergrundtext erscheint in der anderen Farbe. Die Überschrift wurde in einem mittleren Grau gesetzt.

> Das Preview unterstützt oftmals die Farbfunktionen nur unzureichend oder gar nicht!

Weitere Hinweise zum Paket können der weiterführenden Literatur [4, 6, 13] oder der Paketdokumentation entnommen werden.

9.4.3   Textumflossene Grafiken

In einigen Fällen kann es vorteilhaft sein, Grafiken von Text umfließen zu lassen. Auch für diese Anwendung sind Zusatzpakete entwickelt worden.

Beim Zusatzpaket *picinpar* wird angegeben, wie viele Zeilen Text noch in der vollen Zeilenbreite gesetzt werden sollen, bevor die Grafik positioniert (am linken oder rechten Rand, mittenzentriert) und vom folgenden Text umflossen wird.

Dagegen positioniert das Zusatzpaket *wrapfig* die Grafik an der Stelle im Text, wo die Umgebung steht. Die Breite der Grafik muss explizit angegeben werden.

Beide Umgebungen lassen Untertitel für die Grafik zu (analog zu Kapitel 10.4).

**Beispiel 9.8: Vom Text umflossene Grafik
mit dem Zusatzpaket *wrapfig***

Die folgende Grafik wird ab hier in den Textfluss integriert. Dabei bedeutet 1, dass die Grafik am linken Rand angeordnet wird. Für die Grafik wird eine Breite von 2.2cm reserviert. Nach der Grafik wird der Text wieder über die volle Zeilenbreite gesetzt.

```
\usepackage{wrapfig}
...
Die folgende Grafik wird ab hier
in den Textfluss integriert.
\begin{wrapfigure}{l}{2.2cm}
\unitlength=1cm
\begin{picture}(2,2)(-0.3,-0.3)
...
\end{picture}
\end{wrapfigure}
Dabei bedeutet \texttt{l}, dass
...
```

Das Beispiel 9.8 zeigt eine Grafik (hier in der Umgebung *picture*), die vom Text umflossen wird. Eine extern erzeugte Grafik könnte hier auch eingebunden werden. Zu beachten ist, dass je nach Größe der Grafik die nutzbare Textbreite relativ klein werden kann, so dass große Abstände zwischen den Wörtern in Kauf genommen werden müssen. Die letzte Textzeile vor der Umgebung *wrapfig* wird automatisch im Blocksatz beendet (oftmals entstehen dabei große Wortabstände).

> Vom nachfolgenden Text werden **keine** Wörter zum automatischen Auffüllen der Abstände benutzt!

Ein Beispiel zur Anwendung des Zusatzpakets *picinpar* findet sich unter dem Namen `picin.tex` im CWS.

9.5   Übung

Setzen Sie den nachfolgenden Text und integrieren Sie die zwei Abbildungen. Die erste Grafik versehen Sie bitte bei der Einbindung mit einem Rahmen.

1   Grafiken

In dieser Übung erstellen Sie eine Grafik mit LATEX-Befehlen selbst und integrieren auch eine extern erstellte Grafik in Ihr Dokument.

1.1   LATEX-Grafik

In diesem Buch wird im Kapitel *Formelsatz* häufig der Satz des Pythagoras erwähnt. Hier folgt nun die Abbildung eines rechtwinkligen Dreiecks mit $\alpha = \beta = 45°$. Gleichschenklige Dreiecke lassen sich mit LATEX einfach konstruieren. Deshalb wurde hier auf diesen Dreieckstyp zurückgegriffen.

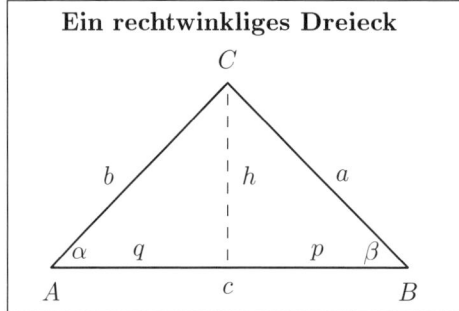

1.2   Externe Grafik

Komplexere Grafiken werden meist mit einem separaten Programm erstellt und müssen dort in einem von LATEX integrierbaren Grafikformat abgespeichert werden. Hier wurde der Druckertreiber `dvips` dazu benutzt, ein einseitiges LATEX-Dokument entsprechend aufzubereiten.

In jedem rechtwinkligen Dreieck ist das Quadrat über der Höhe h

$$h^2 = p \cdot q$$

flächengleich dem Rechteck aus den beiden Hypotenusenabschnitten p und q.

Die Abbildung zeigt mathematische Zeichen in der Palatino Schrift. Vergleichen Sie diese Abbildung mit dem entsprechenden Beispiel im Buch.

Die erste Abbildung sollen Sie als LATEX-interne Grafik in der Umgebung *picture* erstellen. Die Länge der Hypotenuse des Dreiecks beträgt 5 cm, die Winkel α und β betragen jeweils 45°. Zeichnen Sie die Seiten des Dreiecks mit dickeren Linien. Bezeichnen Sie die Eckpunkte und die Seiten des Dreiecks in der angegebenen Weise. Zeichnen Sie mit einer dünnen, gestrichelten Linie die Höhe über der Seite c ein und beschriften Sie diese und die Abschnitte p und q. Tragen Sie auch die Winkel α und β ein. Als Überschrift verwenden Sie den genannten Text in fetter Schrift.

Die zweite Grafik wurde extern erstellt (dazu wurde `dvips` mit den Optionen `-E -o kap9i.eps` benutzt) und steht im CWS unter dem Namen `kap9i.eps` im Dateiformat Encapsulated PostScript zur Verfügung. Skalieren Sie diese Grafik bei der Einbindung auf die Textbreite Ihres Dokuments. Beachten Sie, dass Sie dazu auch ein geeignetes Zusatzpaket in der Präambel des Dokuments laden müssen.

Beachten Sie, dass Sie diese Übung nur mit LaTeX und dem Druckertreiber `dvips` bearbeiten können, da pdfLaTeX die Einbindung von PostScript-Grafiken nicht unterstützt!

9.6   Zusammenfassung

In diesem Kapitel haben Sie gelernt, wie Sie

✓ mit Hilfe der Umgebung *picture* Grafiken in LaTeX erstellen,

✓ Zusatzpakete für die Erstellung LaTeX-interner Grafiken einsetzen,

✓ externe Grafiken so aufbereiten, dass sie in LaTeX eingebunden werden können,

✓ das Zusatzpaket *graphicx* für die Einbindung externer Grafiken nutzen,

✓ LaTeX-Dokumente farbig gestalten können,

✓ das Zusatzpaket *rotating* zum Drehen von Objekten verwenden und

✓ Grafiken von Text umfließen lassen können.

Kapitel

10 Gleitumgebungen

Tabellen und Grafiken benötigen häufig relativ viel Platz in einem Dokument. Für Sie als Autor ist es hilfreich, die Tabelle bzw. Grafik in der Eingabedatei dort zu platzieren, wo sie logisch anzusiedeln ist. Da diese Objekte vom Leser ihres Dokuments in der Regel aber separat gelesen bzw. betrachtet werden, ist ihre Position auf der Seite nicht so entscheidend, sie sollten sich nur in der Nähe des Verweises auf dieses Objekt befinden.

Die Gleitumgebungen *table* (für Tabellen) und *figure* (für Abbildungen) ermöglichen LaTeX die Positionierung der darin enthaltenen Dokumentteile nach den von Ihnen vorgegebenen Regeln. Darüber hinaus gestatten die Umgebungen auch die automatische Nummerierung und die Angabe einer Überschrift bzw. eines Untertitels, die in die entsprechenden Verzeichnisse eingetragen werden.

In diesem Kapitel lernen Sie

→ LaTeX-Gleitumgebungen für Tabellen und Abbildungen zu verwenden,

→ die Positionierung der Gleitobjekte zu beeinflussen,

→ Tabellen und Abbildungen mit einem Titel und einer von LaTeX automatisch vergebenen Nummerierung zu versehen,

→ die Voreinstellungen für die Positionierung der Gleitobjekte zu modifizieren,

→ das Tabellen- und Abbildungsverzeichnis auszugeben.

10.1   Gleitende Tabellen

Tabellenobjekte werden durch Integration in die Umgebung *table* zu Gleitobjekten. Die Syntax für diese Umgebung lautet wie folgt.

```
\begin{table}[Position]
\caption{Überschrift}
    Tabelle
\end{table}
```

Dabei ist es unerheblich, mit welchen Befehlen oder Umgebungen (z. B. *tabular* oder *tabbing*) Sie den Inhalt der *Tabelle* setzen. Der optionale Befehl \caption bewirkt, dass die Tabelle mit einer automatisch nummerierten *Überschrift* versehen wird, die automatisch in das Tabellenverzeichnis aufgenommen wird. Weitere Informationen dazu finden Sie im Kapitel 10.4.

Die Anordnung der Tabelle auf den Seiten Ihres Dokuments wird von LaTeX nach den Einträgen bestimmt, die Sie im optionalen Argument *Position* angegeben haben. Folgende Angaben können Sie dafür verwenden.

t   Die Tabelle kann oben (*top*) auf der Seite ausgegeben werden.

b   Eine Platzierung der Tabelle unten (*bottom*) auf der Seite ist möglich.

h   Die Tabelle soll an der aktuelle Stelle (*here*) platziert werden.

p   Gemeinsam mit anderen Gleitobjekten kann die Tabelle auf einer separaten Seite (*page*) ausgegeben werden.

Die Angaben sollten Sie kombinieren, um LaTeX eine Flexibilität bei der Ausgabe zu geben: hb bewirkt zum Beispiel die Ausgabe der Tabelle an der aktuellen Position oder am Seitenende. Geben Sie z. B. nur h an, so ersetzt LaTeX diese Angabe automatisch durch ht. Die Reihenfolge der Angaben hat keine Auswirkung auf die Positionierung des Gleitobjekts. Kann LaTeX den Inhalt der Umgebung *table* nicht auf der aktuellen Seite unterbringen, so wird das Objekt auf eine der folgenden Seiten verschoben. Dabei bleibt die Reihenfolge solcher Objekte erhalten.

Mit einem vorangestellten »!« lässt sich die Wirkung der angegebenen Positionsparameter verstärken, indem LaTeX angewiesen wird, die in Tabelle 10.1 genannten Parameter für dieses Gleitobjekt zu ignorieren.

Fehlt die optionale Angabe *Position*, so benutzt LaTeX die Voreinstellung tbp für die mögliche Position am Seitenkopf, am Seitenfuß bzw. auf einer separaten Seite. Beispiel 10.1 zeigt die Anwendung der Gleitumgebung *table*.

Beispiel 10.1: Gleitende Tabelle

Dieser Text ...... steht vor,	`Dieser Text \dotfill{} steht vor,`

Tabelle 1: Koordinaten
Punkt   x   y
A   1,00   2,000
B   3,00   2,000
C   2,47   2,882
 	
und nach der Gleitumgebung.
	`\begin{table}[htb]`
	`\caption{Koordinaten}`
	`\centering`
	`\begin{tabular}{@{}ccc}\hline`
	`\textbf{Punkt} & \textbf{x}`
	`    & \textbf{y}}\\ \hline`
	`A & 1,00 & 2,000\\`
	`B & 3,00 & 2,000\\`
	`C & 2,47 & 2,882\\ \hline`
	`\end{tabular}`
	`\end{table}`
	
	`und nach der Gleitumgebung.`

Die Umgebung *table* im Beispiel wurde mit den Parametern »htb« benutzt. Dies bedeutet, dass die Tabelle an der aktuellen Stelle (h), am Seitenkopf (t) bzw. am Seitenende (b) positioniert werden kann.

Da kurze Überschriften (maximal eine Zeile) standardmäßig von LATEX zentriert werden, sollte die Tabelle innerhalb der Umgebung auch zentriert (z. B. mit dem Befehl \centering) ausgegeben werden.

Die Tabellenüberschrift „Koordinaten" wird mit der Seitenzahl automatisch in das Tabellenverzeichnis (siehe dazu auch Kapitel 10.5) übernommen.

10.2   Gleitende Abbildungen

Abbildungen können Sie durch Integration in die Umgebung *figure* ebenso zu gleitfähigen Objekten machen. Dafür wird die folgende Umgebung benutzt.

```
\begin{figure}[Position]
   Grafik
\caption{Untertitel}
\end{figure}
```

Dabei ist es unerheblich, welche LATEX-Befehle die Ausgabe der Grafik oder des Bilds bewirken (z. B. Zeichenbefehle einer LATEX-Grafik oder Einbindung einer extern erstellten Grafik).

Für das optionale Argument *Position* gelten die gleichen Angaben und Anmerkungen wie sie in Kapitel 10.1 für die Gleitumgebung *table* dargestellt wurden.

Beispiel 10.2: Gleitende Abbildung

Dies ist Text, der vor der Gleitumgebung steht, 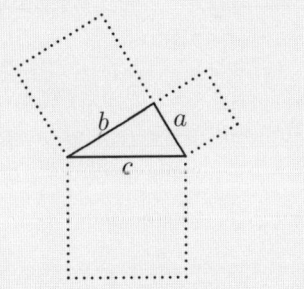 Abbildung 1: Darstellung zum Satz des Pythagoras
 	
 dieser nach der Gleitumgebung.
	```Dies ist Text, der vor der Gleitumgebung steht,```
	
	 ```\begin{figure}[htb]```
	 ```\centering```
	 ```\unitlength=0.8cm```
	 ```\begin{picture}(4,4.5)```
	 ```...```
	 ```\end{picture}```
	 ```\caption{Darstellung zum Satz```
	 ```des Pythagoras}```
	 ```\end{figure}```
	
	 ```dieser nach der Gleitumgebung.```

Das Beispiel 10.2 zeigt die Anwendung der Umgebung *figure*.

Der Untertitel der Grafik „Darstellung zum Satz des Pythagoras" wird mit der automatisch vergebenen Nummerierung und der Seitenzahl in das Abbildungsverzeichnis (siehe Kapitel 10.5) übernommen.

10.3   Voreinstellungen für Gleitobjekte

Gleitobjekte eines Typs werden immer in der Reihenfolge ausgegeben, in der sie im Eingabetext stehen! Dabei wird die automatische Anordnung der Gleitobjekte durch die in Tabelle 10.1 angegebenen Parameter beeinflusst.

Parameter	Wert	Wirkung
`topnumber`	2	Maximale Anzahl Gleitobjekte im Seitenkopf
`bottomnumber`	1	Maximale Anzahl Gleitobjekte am Seitenende
`totalnumber`	3	Maximale Anzahl Gleitobjekte je Seite
Änderungen mit dem Befehl: `\setcounter{`*Parameter*`}{`*Neuer Wert*`}`		
`\topfraction`	0.7	Maximaler Seitenanteil für Gleitobjekte oben
`\bottomfraction`	0.3	Maximaler Seitenanteil für Gleitobjekte unten
`\textfraction`	0.2	Minimaler Textanteil auf einer Seite
Änderungen mit dem Befehl: `\renewcommand{`*Parameter*`}{`*Neuer Wert*`}`		

Tabelle 10.1: Voreinstellungen für wichtige Parameter der Gleitumgebungen

Diese Voreinstellungen sind für Dokumente mit vielen bzw. großformatigen Gleitobjekten nicht immer günstig! Änderungen der Werte müssen aber auf jeden Fall sehr behutsam vorgenommen werden! Der Weg bis zur optimalen Anordnung der Gleitobjekte ist oft recht mühsam.

Kann ein Gleitobjekt nicht an Hand Ihrer Vorgaben positioniert werden, so erfolgt die Ausgabe dieses und aller nachfolgenden Gleitobjekte dieses Typs erst am Ende des Kapitels oder des Dokuments. Das kann zum Beispiel dann der Fall sein, wenn Sie ein größeres Gleitobjekt (35 % der Seitenhöhe) am Seitenfuß positionieren wollen; am Steitenende (`\bottomfraction`) stehen standardmäßig aber nur 30 % der Seitenhöhe für Gleitobjekte zur Verfügung.

Mit dem Befehl `\suppressfloats` kann die Ausgabe von Gleitobjekten an bestimmten Positionen oder ganz verhindert werden. Weitere Informationen dazu finden Sie in der weiterführenden Literatur [4, 6, 13].

Falls die automatische Positionierung der Gleitobjekte versagt, können Sie die noch nicht positionierten Gleitobjekte mit den folgenden Befehlen ausgeben.

`\clearpage` Hiermit wird die Ausgabe des davor stehenden Textes und aller bisher noch nicht positionierten Gleitobjekte bewirkt. Anschließend erfolgt ein Seitenumbruch.

`\cleardoublepage` Dieser Befehl erzwingt die Ausgabe des davor stehenden Textes und aller bisher noch nicht platzierten Gleitobjekte. Anschließend erfolgt ein Seitenumbruch zu einer rechten Seite.

> ! Beide Befehle sollten Sie erst in der Endfassung des Dokuments einfügen, um LaTeX bei Textänderungen noch die automatische Anordnung der Gleitobjekte zu ermöglichen.

10.4 Überschriften und Untertitel

Gleitobjekte können Sie mit einer Überschrift bzw. einem Untertitel versehen. Diesen wird von LaTeX automatisch ein beschreibender Zusatztext und eine automatisch erzeugte Nummerierung vorangestellt (z. B. Tabelle 3:, Abbildung 1:).

Für diesen Zweck stellt LaTeX den Befehl `\caption` in den Gleitumgebungen *table* und *figure* zur Verfügung.

`\caption[`*Kurzform*`]{`*Titel*`}` Der *Titel* für die Überschrift bzw. den Untertitel muss immer angegeben werden. Die Nummerierung, Titelangabe und Seitenzahl werden von LaTeX in das Tabellen- bzw. Abbildungsverzeichnis übernommen. Soll im entsprechenden Verzeichnis statt des ausführlichen Titels eine *Kurzform* erscheinen, so kann diese im optionalen Parameter angebeben werden.

Befindet sich der Befehl `\caption` **vor** dem eigentlichen Objekt in der Gleitumgebung, so wird eine Überschrift erzeugt, folgt er **nach** dem Objekt, so wird ein Untertitel erstellt.

Die Anwendung dieses Befehls haben Sie bereits in den Beispielen 10.1 (Umgebung *table*) und 10.2 (Umgebung *figure*) gesehen.

Die Art der Nummerierung entspricht dem üblichen LaTeX-Schema: In der Dokumentklasse `article` erfolgt die Nummerierung fortlaufend im ganzen Dokument, in den Dokumentklassen `report` und `book` wird kapitelweise gezählt und dementsprechend die Kapitelnummer vorangestellt. Auf die Nummerierung des Gleitobjekts können Sie mit den im Kapitel 4.3 beschriebenen Befehlen zurückgreifen.

Den vorangestellten Zusatztext der Titel (`\tablename` bzw. `\figurename`) können Sie mit dem im Kapitel 15.4 beschriebenen Befehl beeinflussen.

Kurze Überschriften bzw. Untertitel (maximal eine Zeile) werden standardmäßig von LaTeX über die Zeilenbreite zentriert, längere Überschriften im Blocksatz ausgegeben (siehe Beispiel 10.2). Deshalb sollten auch die Objekte in den Gleitumgebungen zentriert ausgegeben werden. Dazu sollten Sie den Befehl `\centering` verwenden. Die Umgebung *center* eignet sich nicht so gut dafür, da diese zusätzlichen vertikalen Leerraum einfügt. Alternativ dazu kann der Befehl `\caption` in einer Umgebung *minipage* verwendet werden, mit der die Zeilenbreite entsprechend der Tabellenbreite reduziert wird.

> **Z** Den zwischen Überschrift bzw. Untertitel und Gleitobjekt eingefügten vertikalen Zwischenraum können Sie beeinflussen. Der folgende Befehl fügt den angegebenen *Abstand* unterhalb der letzten Zeile des Titels ein (voreingestellt sind 0 pt).
>
> ```
> \setlength{\belowcaptionskip}{Abstand}
> ```
>
> Der nachfolgende Befehl fügt den angegebenen *Abstand* oberhalb des Titels ein (voreingestellt sind 10 pt).
>
> ```
> \setlength{\abovecaptionskip}{Abstand}
> ```

10.5   Verzeichnisse für Gleitobjekte

Alle Tabellen und Abbildungen, die in der Umgebung *table* bzw. *figure* mit dem Befehl `\caption` mit einem Titel versehen werden, erhalten damit automatisch einen Eintrag ins Tabellen- bzw. Abbildungsverzeichnis (mit Nummerierung, Titel bzw. Kurzform und Seitenzahl).

Beispiel 10.3: Tabellen- und Abbildungsverzeichnis

Tabellenverzeichnis

Abbildungsverzeichnis

```
\listoftables
\listoffigures
```

Die Verzeichnisse werden mit den folgenden Befehlen an der aktuellen Position im Text ausgegeben.

`\listoftables`   Hiermit wird das Tabellenverzeichnis (*Name*.lol, *Name* steht für den Namen der LATEX-Eingabedatei) an der aktuellen Position im Dokument ausgegeben.

`\listoffigures`   Das Abbildungsverzeichnis (*Name*.lof; *Name* steht für den Namen der LATEX-Eingabedatei) wird an der aktuellen Position im Dokument eingefügt.

Die Verzeichnisse erhalten eine nicht nummerierte Überschrift auf der höchsten Dokumentenstruktur (\section bei article bzw. \chapter für report oder book). Je nach Dokumentklasse wird auch ein entsprechender Seitenumbruch vorgenommen. Mit dem im Kapitel 15.4 beschriebenen Befehl können Sie die Überschriften (\listtablename bzw. \listfigurename) verändern.

Zusätzliche Eintragungen in diese Verzeichnisse können Sie mit den gleichen Befehlen vornehmen, die Sie bereits im Kapitel 4.4 für zusätzliche Eintragungen in das Inhaltsverzeichnis kennen gelernt haben.

10.6 Hilfreiche Zusatzpakete

Auch für Gleitumgebungen sind eine Reihe von Zusatzpaketen entwickelt worden. Zu nennen sind insbesondere die Zusatzpakete *here* und *nonfloat* für weitere Möglichkeiten der Positionierung, *caption* für verbesserte Titelgestaltung in den Gleitumgebungen, *float* für die Definition eigener Gleitumgebungen und *subfigure* für referenzierbare Teilobjekte eines zusammengesetzten Gleitobjekts.

Die den Zusatzpaketen beiliegende Dokumentation enthält Hinweise zur Nutzung der darin definierten Befehle und Umgebungen. In der einschlägigen weiterführenden Literatur [2, 4, 6, 9, 13] werden die Zusatzpakete ausführlich mit Beispielen behandelt.

10.7 Übung

Benutzen Sie Teile der Eingabedateien aus den letzten beiden Übungen dazu, eine Tabelle und eine LATEX-interne Grafik für LATEX frei positionierbar zu machen (ähnlich dem folgenden Text). Benutzen Sie als Positionsparameter [htb] für die Gleitumgebungen. Fügen Sie entsprechende Titelzeilen und auch die Querverweise ein. Geben Sie sowohl das Tabellen- als auch das Abbildungsverzeichnis am Anfang des Dokuments aus.

Zum Schluss verändern Sie die Positionsparameter und beobachten die Auswirkungen auf die Positionierung der Gleitumgebungen.

1   Gleitumgebungen

Tabellen (siehe Tabelle 1) und Abbildungen (siehe Abbildung 1) können mit Hilfe entsprechender Gleitumgebungen von LaTeX frei positioniert werden. Eine

Tabelle 1: Eine gleitende Tabelle

LaTeX-Befehl	Basisschriftgröße		
	10pt	11pt	12pt
\footnotesize	8 pt	9 pt	10 pt

Tabellenüberschrift oder Abbildungsunterschrift kann angegeben werden, die automatisch in das Tabellen- bzw. Abbildungsverzeichnis übernommen wird.

Ein Dreieck

Abbildung 1: Eine gleitende Abbildung

10.8   Zusammenfassung

Dieses Kapitel zeigte Ihnen die Befehle und Möglichkeiten für die freie Positionierung von Tabellen und Grafiken im Fließtext.

In diesem Kapitel haben Sie gelernt

✓ die verschiedenen Gleitumgebungen anzuwenden,

✓ Tabellen mit Überschriften und Abbildungen mit Untertiteln zu versehen,

✓ das automatisch geführte Tabellen- bzw. Abbildungsverzeichnis auszugeben,

✓ die Ausgabe der Gleitumgebungen durch Parameter zu beeinflussen und

✓ nützliche Zusatzpakete für Gleitumgebungen einzuschätzen.

Kapitel
11 Anmerkungen

Ergänzende Anmerkungen sind oft ein wesentlicher Bestandteil wissenschaftlicher Dokumente. Dabei kann es sich zum einen um erklärende Texte handeln, die erst beim vertiefenden Lesen relevant werden sollen. Zum anderen können es kurze Hinweise sein, die die Aufmerksamkeit des Lesers bewusst auf sich ziehen. Demzufolge erscheinen die Anmerkungen an unterschiedlichen Positionen auf der Textseite.

Im folgenden Kapitel lernen Sie

→ Erklärungen als Fußnote im Seitenfuß auszugeben,

→ Fußnoten auch in den Bereichen zu verwenden, wo sie in LATEX eigentlich nicht vorgesehen sind,

→ umfangreiche Erklärungen erst am Ende des Kapitels oder des gesamten Dokuments auszugeben und

→ kurze Hinweise als Randnote zu setzen.

11.1 Fußnoten

Längere zusätzliche Erklärungen werden meist nicht im Fließtext eingefügt, da auf diese Weise schnell der Sinnzusammenhang verloren gehen kann. Stattdessen wird durch eine Markierung – meist eine kleine hochgestellte Zahl – auf sie verwiesen. Im Seitenfuß wird diese Markierung wiederholt und der erklärende Text in einer kleineren Schriftgröße ausgegeben. Zur deutlichen Trennung zwischen dem Fließtext und den Fußnoten wird zwischen diesen Seitenbereichen eine kurze horizontale Linie mit entsprechendem Leerraum gesetzt.

Im Fließtext können Sie mit LATEX relativ einfach Fußnoten anbringen. Die Nummerierung wird dabei automatisch von LATEX verwaltet, so dass es auch im Nachhinein möglich ist, Fußnoten neu einzufügen oder zu löschen. Die Nummerierung wird mit jedem Kapitel (Dokumentklassen `report` und `book`) wieder zurückgesetzt, so dass die Nummerierung der Fußnoten wieder bei Eins beginnt.

Auf Grund der LATEX-internen Bearbeitung der Fußnoten gibt es einige Dokumentteile, in denen dieser Automatismus nicht korrekt funktioniert: z. B. in Tabellen, Gleitumgebungen, mathematischen Ausdrücken, LATEX-Boxen. In diesen Fällen bedarf es eines Umwegs, um dort Fußnoten anzubringen (siehe Kapitel 11.1.3).

11.1.1 Fußnoten im Fließtext

Für Fußnoten im Fließtext stellt LaTeX den folgenden Befehl zur Verfügung.

\footnote[*Nummer*]{*Fußnotentext*} Der *Fußnotentext* enthält die erklärende Textpassage. Wenn Sie von der automatischen Nummerierung abweichen wollen, können Sie dazu eine alternative Zahl im optionalen Parameter *Nummer* angeben.

> Der Befehl \footnote sollte **ohne** Leerzeichen direkt an den Bezug (Wort oder Satzzeichen) angefügt werden, damit die Fußnotenmarkierung dort direkt ohne Leerraum angehängt wird.

Der *Fußnotentext* wird in einer kleineren Schrift im Seitenfuß ausgegeben. Er erhält in der ersten Zeile die eingerückte Fußnotenmarkierung und den Erklärungstext, die Folgezeilen werden ohne Einzug ausgegeben.

Beispiel 11.1: Fußnoten im Fließtext

Ein rechtwinkliges Dreieck kann zum Beispiel mit dem Satz des Pythagoras[1] oder mit dem Höhensatz[2] beschrieben werden.

---
[1]Satz des Pythagoras: $c^2 = a^2 + b^2$
[2]Das Quadrat über der Höhe ist flächengleich dem Rechteck aus den beiden Hypotenusenabschnitten.

1

```
Ein rechtwinkliges Dreieck
kann zum Beispiel mit dem
Satz des Pythagoras%
\footnote{Satz des
Pythagoras: $c^2=a^2+b^2$}
oder mit dem Höhensatz%
\footnote{Das Quadrat über
der Höhe ist flächengleich
dem Rechteck aus den beiden
Hypotenusenabschnitten.}
beschrieben werden.
```

Beispiel 11.1 zeigt eine Textseite mit zwei Fußnoten. Die Fußnotenerklärung für die erste Fußnote enthält auch einen mathematischen Ausdruck. An Hand der zweiten Fußnotenerklärung ist der Einzug der ersten Zeile gut zu erkennen.

> Zur Veränderung der Darstellung des Fußnotenzählers (footnote) können Sie den folgenden Befehl verwenden:
>
> \renewcommand{\thefootnote}{*Darstellung*{footnote}}
>
> Für *Darstellung* lassen sich die folgenden Befehle einsetzen:
> \arabic für arabische Zahlen, \roman für kleine und \Roman für große römische Zahlzeichen, \alph für Klein- und \Alph für Großbuchstaben sowie \fnsymbol für Fußnotensymbole.
>
> In der Darstellungsart \fnsymbol stehen nur die folgenden neun Fußnotensymbole zur Verfügung: »∗«, »†«, »‡«, »§«, »¶«, »‖«, »∗∗«, »††« und »‡‡«. In diesem Fall erzeugt die Nummer »0« **keine** Fußnotenmarkierung!

Den Raum für die Ausgabe der Fußnotenerklärungen stellt LATEX selbst am Ende der Seite bereit; d. h., der für den Fließtext zur Verfügung stehende Platz wird gekürzt. Befindet sich eine Fußnote mit einer umfangreichen Erklärung am Ende einer Seite, wird der Fußnotentext eventuell auf der Folgeseite fortgesetzt.

11.1.2 Fußnoten in der Umgebung *minipage*

In der Umgebung *minipage* können Sie Fußnoten mit dem Befehl \footnote ausgeben. Für die Nummerierung dieser Fußnoten benutzt LATEX hier allerdings einen eigenen Zähler (mpfootnote), der jeweils zu Beginn der Umgebung zurückgesetzt wird. Die Darstellung dieses Zählers erfolgt voreingestellt in Kleinbuchstaben. Der Fußnotentext wird noch innerhalb der Umgebung *minipage* am Ende ausgegeben, nicht im Seitenfuß.

Beispiel 11.2: Fußnoten in der Umgebung *minipage*

Ein rechtwinkliges Dreieck kann beschrieben werden mit:

dem Satz des Pythagoras[a] oder mit dem Höhensatz[b]

[a]Satz des Pythagoras: $c^2 = a^2 + b^2$
[b]Höhensatz: $h^2 = p \cdot q$

Die Umrahmung zeigt die Dimension der Umgebung *minipage* an.

1

```
Ein rechtwinkliges Dreieck
kann beschrieben werden mit:
\par\vspace{1ex}\fbox{%
\begin{minipage}{4.85cm}
dem Satz des Pythagoras%
\footnote{Satz des
Pythagoras: $c^2=a^2+b^2$}
oder mit dem Höhensatz%
\footnote{Höhensatz:
$h^2=p\cdot q$}
\end{minipage}}
\par\vspace{1ex}
Die Umrahmung zeigt die
Dimension der Umgebung
\textsl{minipage} an.
```

Beispiel 11.2 zeigt die Nutzung und Darstellung von Fußnoten in einer Umgebung *minipage*, die hier zur Verdeutlichung umrahmt wurde. Zu erkennen ist, dass die Fußnoten am Ende der Umgebung *minipage* ausgegeben werden und nicht am Seitenende.

Werden mehrere Umgebungen *minipage* ineinander geschachtelt, werden die Fußnoten manchmal nicht korrekt zugeordnet und an der falschen Stelle ausgegeben.

11.1.3 Fußnoten in Tabellen und anderen verbotenen Bereichen

In Tabellen, mathematischen Ausdrücken und LATEX-Boxen dürfen Sie den Befehl \footnote zur Erzeugung von Fußnoten **nicht** verwenden. Falls innerhalb dieser Bereiche trotzdem Fußnoten erforderlich sind, können Sie diese über den folgenden Umweg einfügen: Im verbotenen Bereich wird nur die Fußnotenmarkierung angebracht. Die zugehörige Fußnotenerklärung wird dagegen erst außerhalb des verbotenen Bereichs angegeben. Dazu können Sie die folgenden Befehle verwenden.

`\footnotemark[`*Nummer*`]`   Dieser Befehl darf im verbotenen Bereich verwendet werden. Der Fußnotenzähler wird um Eins erhöht und der so aktualisierte Zählerstand wird für die Fußnotenmarkierung benutzt.

`\footnotetext[`*Nummer*`]{`*Fußnotentext*`}`   Dieser Befehl muss außerhalb eines verbotenen Bereichs angegeben werden und verändert den Fußnotenzähler nicht. Die Ausgabe der Textpassage *Fußnotentext* erfolgt im Fußnotenbereich. Für die Markierung im Fußnotenbereich wird der aktuelle Wert des Fußnotenzählers herangezogen. Der Befehl erzeugt keine Fußnotenmarkierung im Fließtext.

Soll von der automatischen Nummerierung abgewichen werden, kann dazu (wie beim Befehl `\footnote`) bei beiden Befehlen im optionalen Parameter *Nummer* die alternativ zu benutzende Zahl angegeben werden.

Beispiel 11.3: Eine Fußnote in einer Tabelle

Winkel	Bm[1]	cos
0	0	1
45	$\pi/4$	0,7071
90	$\pi/2$	0
180	π	-1

Werte der Cosinus-Funktion für ausgesuchte Winkel.

```
\begin{tabular}{@{}rcl}\hline
\textbf{Winkel} &
\textbf{Bm}\footnotemark &
\textbf{cos}\\\hline
...
\end{tabular}
\footnotetext{Bm: Winkel im
Bogenmaß}
\par\vspace{1ex}
Werte der Cosinus-Funktion
...
```

[1]Bm: Winkel im Bogenmaß

Das Beispiel 11.3 zeigt die Anwendung der obigen Befehle in einer Tabelle. In der Umgebung *tabular* darf mit dem Befehl `\footnotemark` nur die Fußnotenmarkierung angebracht werden. Erst außerhalb dieser Umgebung kann der Fußnotentext mit dem Befehl `\footnotetext` angegeben werden. In beiden Befehlen wird die Fußnotennummer »1« benutzt.

Alternativ kann die Tabelle in eine Umgebung *minipage* eingeschachtelt werden, damit der Befehl `\footnote` in der Tabelle verwendet werden kann. Die Fußnotenmarkierung erfolgt dann allerdings mit Kleinbuchstaben und die Fußnoten werden am Ende der Umgebung *minipage* ausgegeben (siehe Kapitel 11.1.2). Mit dieser Vorgehensweise lassen sich auch Fußnoten an Objekten in Gleitumgebungen realisieren.

Die Kombination aus den Befehlen \footnotemark und \footnotetext können Sie auch in anderen verbotenen Bereichen verwenden.

Die Angabe einer Fußnote in Befehlen, die Text für Verzeichnisse erzeugen (z. B.
Gliederungsbefehle), führt in der Regel zur fehlerhaften Bearbeitung durch LATEX.
Geben Sie in solchen Fällen den Titel im optionalen Argument (*Kurzform*) der Glie-
derungsbefehle ohne die Fußnote an.

11.1.4   Veränderung des Fußnotenzählers

Befinden sich in einem verbotenen Bereich mehrere Einträge für Fußnoten, so
muss der Befehl \footnotemark mehrfach angewendet werden. Da dieser Befehl den Fußnotenzähler jeweils um eins erhöht, hat der Fußnotenzähler am Ende
des verbotenen Bereichs den Stand der letzten Fußnote.

Außerhalb des verbotenen Bereichs muss zuerst der Fußnotentext für die erste
Fußnote (mit der korrekten Fußnotennummerierung) ausgegeben werden. Daher
muss vor dem Befehl \footnotetext der Fußnotenzähler auf den Stand gebracht werden, der für die erste Fußnote erforderlich ist.

Nach Ausgabe des Fußnotentextes wird der Fußnotenzähler nicht automatisch
um eins erhöht. Daher müssen Sie dafür sorgen, dass der Fußnotenzähler vor
Ausgabe des nächsten Fußnotentextes entsprechend angepasst wird. Dies müssen
Sie für jeden weiteren Fußnotentext für Fußnoten im verbotenen Bereich durch-
führen.

Mit den folgenden Befehlen können Sie den Fußnotenzähler beeinflussen.

> \addtocounter{footnote}{*Zahl*}   Auf den aktuellen Zählerstand des
> Fußnotenzählers wird der Wert *Zahl* hinzuaddiert; negative Angaben für
> *Zahl* bewirken eine Subtraktion.
>
> \stepcounter{footnote}   Hiermit wird auf den Zählerstand des Fuß-
> notenzählers der Wert Eins hinzuaddiert (abkürzende Schreibweise für den
> Befehl \addtocounter{footnote}{1}).
>
> \setcounter{footnote}{*Zahl*}   Dem Fußnotenzähler wird direkt der
> Wert *Zahl* zugewiesen.

Diese Befehle können Sie auch für andere LATEX-Zähler nutzen. Sie müssen nur
statt footnote den Namen des entsprechenden Zählers einsetzen.

Das Beispiel 11.4 zeigt das Zusammenspiel der beschriebenen Befehle bei mehreren Fußnoten im verbotenen Bereich einer Tabelle. Durch die drei Aufrufe des
Befehls \footnotemark hat der Fußnotenzähler am Ende der Umgebung
tabular den Wert »3«. Daher muss für die Ausgabe der ersten Fußnote der Zählerstand entsprechend korrigiert werden (\addtocounter{footnote}{-2}).
Anschließend muss vor der Ausgabe jedes weiteren Fußnotentextes der Zählerstand um »1« erhöht werden.

Die weiterführende Literatur [4, 6, 8, 12, 13] gibt weitere Hinweise zur Nutzung
und Anwendung von LATEX-Zählern.

Beispiel 11.4: Mehrere Fußnoten in einer Tabelle

W^1	Bm^2	$\cos^3$
0	0	1
45	$\pi/4$	0,7071
90	$\pi/2$	0
180	π	-1

Werte der Cosinus-Funktion
für ausgesuchte Winkel.

---
[1] W: Winkel in Grad
[2] Bm: Winkel im Bogenmaß
[3] cos: Cosinus-Funktion

```
\begin{tabular}{@{}rcl}\hline
\textbf{W}\footnotemark &
\textbf{Bm}\footnotemark &
\textbf{cos}\footnotemark
\\ \hline
...
\end{tabular}
\addtocounter{footnote}{-2}
\footnotetext{W: Winkel in Grad}
\addtocounter{footnote}{1}
\footnotetext{Bm: Winkel im
Bogenmaß}
\addtocounter{footnote}{1}
\footnotetext{cos:
Cosinus-Funktion}
\par\vspace{1ex}
Werte der Cosinus-Funktion
...
```

11.1.5   Hilfreiche Zusatzpakete

Wenn Sie nur wenige Fußnoten in Ihrem Text benötigen, reichen dazu die bisher kennen gelernten Befehle meist aus. Bei vielen oder umfangreichen Fußnoten in einem Dokument kann es zu Schwierigkeiten bei der Ausgabe der Fußnotentexte kommen. Daher sind einige Zusatzpakete für den Satz und die Gestaltung von Fußnoten entwickelt worden. Die weiterführende Literatur [4, 6, 13] gibt Hinweise zum Einsatz dieser Pakete. Ebenso finden sie dort Informationen und Beispiele zu wichtigen Zusatzpaketen (z. B. *footmisc*, *manyfoot*), mit deren Hilfe Sie die Funktionalität der Fußnotenbefehle erweitern können (z. B. Aufhebung der verbotenen Bereiche) und deren Wirkungweise (z. B. Nummerierung beginnt auf jeder Seite neu) beeinflussen können. Das Zusatzpaket *footmisc* vereinigt die Funktionalitäten vieler älterer Zusatzpakete.

11.2   Endnoten

Werden erklärende Textpassagen umfangreicher oder enthalten die Seiten sehr viele Fußnoten, besteht zunehmend die Gefahr, dass diese nicht mehr vollständig im Seitenfuß ausgegeben werden können und sich über mehrere Seiten erstrecken. Dann ist es besser, alle erklärenden Texte zu sammeln und diese erst am Ende des Textes (Abschnitt oder Kapitel) auszugeben.

Das Zusatzpaket *endnotes* bietet die dafür notwendige Funktionalität. Es wird wie üblich in der Präambel mit dem Befehl `\usepackage{endnotes}` geladen und stellt die folgenden Befehle zur Verfügung.

`\endnote{`*Endnotentext*`}`   Dieser Befehl erzeugt nur die Markierung im Text und stellt den *Endnotentext* in einer separaten Hilfsdatei (mit der Endung `.ent`) für die Ausgabe der gesammelten Endnoten bereit.

`\theendnotes`   Mit diesem Befehl werden die gesammelten Endnoten (aus der oben genannten Hilfsdatei) ausgegeben. Automatisch erzeugt der Befehl auch eine nicht nummerierte Überschrift auf höchster Gliederungsstufe.

Beispiel 11.5: Endnoten im Fließtext

Ein rechtwinkliges Dreieck kann mit dem Satz des Pythagoras[1] beschrieben werden.	Der Höhensatz[2] kann zur Beschreibung eines rechtwinkligen Dreiecks benutzt werden.	**Endnoten** [1]Das Quadrat über der Hypotenuse ist flächengleich der Summe der Quadrate über den Katheten. [2]Das Quadrat über der Höhe ist flächengleich dem Rechteck aus den beiden Hypotenusenabschnitten.
1	2	3

```
\usepackage{endnotes}
...
Ein rechtwinkliges ... Pythagoras\endnote{Das Quadrat
über der ... den Katheten.} beschrieben werden.
...
Der Höhensatz\endnote{Das Quadrat über ... den beiden
Hypotenusenabschnitten.} kann ... benutzt werden.
...
\renewcommand{\notesname}{Endnoten}
\theendnotes
```

Beispiel 11.5 zeigt die Anwendung der Befehle für Endnoten.

Nach Ausgabe der Endnoten wird die Hilfsdatei neu initialisiert, damit sie für die Endnoten des nächsten Kapitels vorbereitet ist. Der Endnotenzähler (`endnote`) wird dagegen nicht zurückgesetzt, so dass die Endnoten im ganzen Text fortlaufend nummeriert werden. Die Endnotentexte werden in einer kleineren Schriftgröße gesetzt – wie bei Fußnoten.

Die Ausgabe der Endnoten erfolgt in einem eigenen Textteil auf der obersten Gliederungshierarchie. Ihnen wird eine nicht nummerierte Überschrift vorangestellt, deren Titel durch den Befehl `\notesname` bestimmt wird. Voreingestellt ist der englische Titel »Notes«; für deutschsprachige Texte sollten Sie dies mit dem im

Kapitel 15.4 genannten Befehl ändern. Das muss vor dem Befehl `\theendnotes` für die Ausgabe der Endnoten angegeben werden.

In der dem Paket beiliegenden Dokumentation und in der weiterführenden Literatur [4, 6, 13] finden Sie zusätzliche Hinweise zur Anwendung von Endnoten.

11.3   Randnoten

Für sehr kurze, oft nur aus einem Wort oder nur einem Zeichen bestehende Hinweise bietet sich der Randbereich des Textes an. Diese Erklärungen werden daher auch als Randnoten oder Randnotizen bezeichnet. Sie werden bei einseitigen Dokumenten am rechten Rand und bei doppelseitig gedruckten Werken am jeweils äußeren Rand neben den Satzspiegel gesetzt. Beim zweispaltigen Satz (Dokumentklassen-Option `twocolumn` oder mit dem Befehl `\twocolumn`) werden die Randnoten im jeweils benachbarten Randbereich platziert.

Die Syntax für den Befehl zur Ausgabe von Randnoten lautet:

`\marginpar[`*Links*`]{`*Rechts*`}`   Das Argument *Rechts* enthält die erklärende Randnotiz. Der optionale Parameter *Links* enthält die alternative Randnotiz, wenn diese auf der anderen (bzw. linken) Seite gesetzt wird.

Die Angabe der alternativen Randnotiz *Links* ist insbesondere bei Markierungen mit Richtungscharakter (z. B. Pfeile) erforderlich.

Beispiel 11.6: Randnoten in einem doppelseitigen Dokument

2

Ein rechtwinkliges Dreieck kann mit dem Satz des Pythagoras:
$$c^2 = a^2 + b^2$$
beschrieben werden.
⇒   Der Höhensatz: $h^2 = p \cdot q$ beschreibt auch ein rechtwinkliges Dreieck.

!

3

Ein rechtwinkliges Dreieck kann mit dem Satz des Pythagoras:
$$c^2 = a^2 + b^2$$
beschrieben werden.
Der Höhensatz: $h^2 = p \cdot q$ ⇐ beschreibt auch ein rechtwinkliges Dreieck.

!

```
Pythagoras:\marginpar{\textbf{!}}\\
$c^2=a^2+b^2$ \\
...
Höhensatz:\marginpar[\hspace*{\fill}$\Rightarrow$]
{$\Leftarrow$}
$h^2=p\cdot{}q$ \\
```

Die Anwendung der Befehle für die Erstellung von Randnoten in der Dokumentklasse book wird im Beispiel 11.6 dargestellt. Gezeigt wird die Ausgabe der Randnote »!« auf einer linken und rechten Seite – ohne Angabe des optionalen Arguments. Auf der linken Seite erscheint diese Randnote sehr weit außen.

Die zweite Randnote (der Pfeil) wurde mit einem optionalen Argument (gegen-
läufige Pfeilrichtung, Ausrichtung am rechten Rand) ausgegeben. Hierbei befindet sich der Pfeil im richtigen Abstand zum Textkörper.

Wenn Sie Randnoten am gegenüber liegenden Rand platzieren möchten,
müssen Sie dafür den Randnotenbereich wechseln. Dazu dient der folgende
Befehl.

```
\reversemarginpar
```

Danach angegebene Randnotizen werden dann dort ausgegeben. Auf den
normalen Randnotenbereich gelangen Sie wieder mit folgendem Befehl.

```
\normalmarginpar
```

Nachfolgende Randnoten werden dann wieder im rechten bzw. äußeren
Rand ausgegeben (Voreinstellung).

11.4 Übung

Setzen Sie den nachfolgenden Text mit den Fußnoten und der Randnote. Rahmen
Sie bitte das Wort „Präambel" – einschließlich der Fußnotenmarkierung – und die
zentriert ausgegebene Minipage (9,5 cm breit) ein. Bitte verwenden Sie zunächst
nicht die im Text angegebene Änderung der Texthöhe.

1   Anmerkungen

Dieser Text enhält einige Fußnoten[1] und eine Randnotiz. Damit die Ausgabe des
Beispiels in das Buch passt, musste die Höhe des Satzspiegels verringert werden.
Dazu wurde der Befehl \setlength{\textheight}{6.5cm} in der Präambel[2]   !
benutzt.

Hier befindet sich eine Fußnote[a] innerhalb einer gerahmten
minipage-Umgebung, die im Text zentriert ausgegeben wird.

[a]Die hier mit Kleinbuchstaben gekennzeichnet werden

Nach der minipage-Umgebung tritt wieder die normale Fußnotenmarkierung in
Kraft[3].

[1]Die Fußnoten sind in diesem Text durch kleine Zahlen gekennzeichnet.
[2]Änderungen am Satzspiegel sind immer global und müssen in der Präambel erfolgen.
[3]Auch diese Fußnote wird mit Zahlen markiert.

1

11.5 Zusammenfassung

In diesem Kapitel haben Sie gelernt:

- ✓ erklärende Texte mit Hilfe des Befehls \footnote im Fließtext und innerhalb der Umgebung *minipage* zu setzen,
- ✓ mit Hilfe der Befehle \footnotemark und \footnotetext Fußnoten in verbotenen Bereichen zu generieren,
- ✓ umfangreichere Texterklärungen mit dem Zusatzpaket *endnotes* in Form von Endnoten auszugeben und
- ✓ Randnotizen für kurze Hinweise zu verwenden.

Kapitel

12 Fortgeschrittener Formelsatz

Die Grundelemente des Formelsatzes lernten Sie bereits in Kapitel 7 kennen. Wissenschaftliche Dokumente, gerade in den Natur- oder Ingenieurwissenschaften, benötigen jedoch häufig weitaus komplexere, teilweise aufeinander aufbauende Formeln. Oft ist es auch notwendig, Gleichungen zu referenzieren.

In diesem Kapitel lernen Sie, wie

→ Formeln mit einer Gleichungsnummer versehen werden,

→ Formeln referenziert werden,

→ Gleichungssysteme und mehrzeilige Formeln gesetzt werden,

→ verschiedene Umgebungen Sie beim Umbruch von Formeln unterstützen,

→ Matrizen und andere Feldstrukturen erzeugt werden,

→ kurze Texte in Formeln eingefügt werden,

→ von der rechtsbündigen Formelnummerierung abgewichen werden kann und

→ eine eigene Formelnummerierung durchgeführt wird.

Für viele der vorgestellten Funktionalitäten des Formelsatzes ist das Zusatzpaket *amsmath* notwendig. Es sollte grundsätzlich in der Präambel vereinbart sein.

12.1 Formeln und deren Referenzierung

Formeln und Gleichungen in wissenschaftlichen Arbeiten werden häufig im Verlauf des Dokuments, beispielsweise in einem mathematischen Beweis, weiterentwickelt. Es kommt auch vor, dass im Text auf bereits eingeführte Formeln hingewiesen wird, oder diese im Vorgriff angekündigt werden. Dazu bedarf es Mechanismen zur Referenzierung von Formeln und Gleichungen.

Am besten eignet sich dafür eine Gleichungsnummer, diese kann in LaTeX mit der Umgebung *equation* automatisch erzeugt werden. Weitere Umgebungen, die ebenfalls eine Gleichungsnummer generieren, stellt das Zusatzpaket *amsmath* zur Verfügung. Auf die so generierten Gleichungsnummern kann mit den aus Kapitel 4.3 bekannten Befehlen \ref und \pageref verwiesen werden, wenn die Formel vorab eine Referenzierungsmarke mit dem Befehl \label erhalten hat.

Die Syntax der Umgebung *equation* lautet:

```
\begin{equation}\label{Marke}
    nummerierte Formel
\end{equation}
```

Die Gleichungsnummer wird standardmäßig in der gleichen Zeile am rechten Rand neben die Formel gesetzt. In der Dokumentklasse `article` erfolgt die Formelnummerierung einstufig für das gesamte Dokument. Mit jeder neuen nummerierten Formel wird der interne Zähler um »1« hochgesetzt. Der Verweis auf eine Gleichung im Vor- und im Rückgriff wird in Beispiel 12.1 veranschaulicht.

Beispiel 12.1: Referenzierung von Gleichungen

In Gleichung (1) wird gezeigt, wie aus zwei Seiten eines rechtwinkligen Dreiecks $\triangle ABC$ die dritte berechnet werden kann. Es gilt,

$$c = \sqrt{a^2 + b^2} \qquad a = \sqrt{c^2 - b^2} \qquad b = \sqrt{c^2 - a^2} \tag{1}$$

falls a und b die Katheten und c die Hypotenuse bilden.
In Kenntnis von Gleichung (1) kann ...

```
In Gleichung (\ref{pythagoras}) wird gezeigt, wie aus
zwei Seiten eines rechtwinkligen Dreiecks $\triangle ABC$
die dritte berechnet werden kann. Es gilt,
\begin{equation}\label{pythagoras}
   c=\sqrt{a^2+b^2} \qquad a=\sqrt{c^2-b^2} \qquad
   b=\sqrt{c^2-a^2}
\end{equation}
falls $a$ und $b$ die Katheten und $c$ die Hypotenuse
bilden.\\
In Kenntnis von Gleichung (\ref{pythagoras}) kann \dots
```

Bei den Dokumentklassen `report` und `book` erfolgt die Nummerierung zweistufig. Dabei enthält die erste Stufe die Kapitelnummer, die zweite Stufe wird mit jeder weiteren nummerierten Formel hochgezählt, beide Zähler werden durch einen Punkt getrennt. Mit jedem neuen Kapitel wird der Zähler der zweiten Stufe wieder auf »1« zurückgesetzt. Der Zähler der ersten Stufe wird kapitelweise erhöht.

Auch für die Dokumentklasse `article` kann eine zweistufige Nummerierung erzeugt werden. Ebenso lässt sich die Position der Gleichungsnummer durch Änderung der Voreinstellung in den Klassenoptionen ändern. Näheres zu diesen Möglichkeiten erfahren Sie in den Kapiteln 12.4.2 und 12.4.4.

12.2   Matrizen, Determinanten und Felder

Allgemein versteht man unter einer Matrix eine Anordnung von Elementen in mehreren Richtungen oder ein n-dimensionales Feld. Mathematisch beschreibt eine Matrix eine zweidimensionale Anordnung von Zahlenwerten oder anderen mathematischen Objekten in Tabellenform. Demzufolge spricht man auch von den Spalten und Zeilen der Matrix und nennt die in ihr angeordneten Objekte die Komponenten oder Elemente der Matrix.

In LaTeX steht für die Erstellung von Matrizen und ähnlichen Feldstrukturen die Umgebung *array* zur Verfügung. Diese ähnelt sehr der aus dem Tabellensatz bekannten Umgebung *tabular*, insbesondere existieren die gleichen Möglichkeiten der Spaltenausrichtung und es gelten die gleichen Regeln. Die einzelnen Zellen werden jedoch im mathematischen Modus gesetzt. Eine Einschränkung für die Anzahl der möglichen Spalten und Zeilen existiert nicht.

Die Syntax für die Umgebung *array* lautet:

```
\begin{array}[Position]{Spaltendefinition}
    Spalten- und Zeilen-Einträge
\end{array}
```

Für den optionalen und den obligatorischen Parameter gelten die gleichen Regeln wie bei der Umgebung *tabular*. Diese können in Kapitel 8.1 nachgelesen werden.

Beispiel 12.2: Eine 3×3-Matrix

$$A = \begin{pmatrix} 1 & 3 & -1 \\ -2 & 4 & 0 \\ 0 & -5 & 2 \end{pmatrix}$$

```
\[ A =
    \left( \begin{array}{rrr}
    1 & 3 & -1 \\
    -2 & 4 & 0 \\
    0 & -5 & 2
    \end{array} \right) \]
```

Beispiel 12.2 demonstriert, wie in LaTeX eine 3×3-Matrix dargestellt wird. Dabei wird im Prinzip eine Tabelle erzeugt, deren Spalten alle – wie für numerische Werte mit Vorzeichen optimal – rechtsbündig »r« angeordnet sind. Natürlich könnten die Spalten auch linksbündig »l« oder zentriert »c« angeordnet werden. Als Separatorzeichen zwischen den einzelnen Spalteneinträgen dient das »&«, die einzelnen Zeilen werden durch »\\« voneinander getrennt.

Die eine Matrix umschließenden runden Klammern passen sich durch Voranstellen der Befehle \left und \right in der Größe automatisch an. Die Matrix wird automatisch vertikal zentriert zum Rest der Formel angeordnet, dieses ist im Beispiel 12.2 am Namen »A« und dem Operator »=« gut zu sehen. Durch Angabe des optionalen Parameters *Position* kann man jedoch auch die Ausrichtung der umgebenden Formel auf die oberste »t« oder unterste »b« Zeile der Matrix festlegen.

Soll keine Matrix, sondern eine andere Feldstruktur erzeugt werden, muss nur der Begrenzer ausgetauscht werden. Anstelle der umschließenden runden Klammern ist beispielsweise für eine Determinante jeweils ein senkrechter Strich zu wählen. Auch ungleiche linke und rechte Begrenzer sind möglich.

Die Umgebung *array* kann nur im mathematischen Modus verwendet werden. Es ist jedoch möglich, mit Hilfe der aus der Umgebung *tabular* bekannten Spaltendefinition p{*Länge*} Spalten einzufügen, in denen die Regeln des Textsatzes gelten.

Weitere, komfortable Umgebungen für die Erzeugung von Matrizen und anderen Feldstrukturen stehen mit dem Zusatzpaket *amsmath* zur Verfügung:

matrix   für Felder, die nicht von Klammern umschlossen werden,

pmatrix   für von runden Klammern umschlossene Matrizen,

bmatrix   für von eckigen Klammern umschlossene Matrizen,

vmatrix   für Determinanten, von senkrechten Strichen umschlossen, bzw.

Vmatrix   für von Doppelstrichen umschlossene rechteckige Anordnungen.

Diese sind im Aufbau der Umgebung *array* von LATEX sehr ähnlich. Sie besitzen jedoch kein Argument, in dem die Spaltenform festgelegt ist. Stattdessen wird ein Standardformat mit bis zu zehn zentrierten Spalten vorgegeben.

Beispiel 12.3: Matrizen und Feldstrukturen

$$\begin{matrix} 1 & 8 & -3 \\ 4 & -2 & 5 \end{matrix} \qquad \begin{pmatrix} 0 & -i \\ i & 0 \end{pmatrix}$$

$$\begin{bmatrix} 1 & 0 \\ 0 & -1 \end{bmatrix} \qquad \begin{vmatrix} \pi & 1 \\ 1 & \frac{1}{2}\pi \end{vmatrix}$$

$$\begin{Vmatrix} 1+3i & -5i \\ 4 & 3-i \end{Vmatrix}$$

```
$ \begin{matrix}
    1 & 8 & -3  \\ 4 & -2 & 5
  \end{matrix}  \qquad
  \begin{pmatrix}
    0 & -i \\ i & 0
  \end{pmatrix} \\[4ex]
  \begin{bmatrix}
    1 & 0 \\ 0 & -1
  \end{bmatrix} \qquad
  \begin{vmatrix}
    \pi & 1 \\ 1 & \frac{1}{2}\pi
  \end{vmatrix} \\[4ex]
  \begin{Vmatrix}
    1+3i & -5i \\ 4 & 3-i
  \end{Vmatrix} $
```

Das Beispiel 12.3 demonstriert die verschiedenen Umgebungen und zeigt auch deutlich die Nachteile der festgelegten Spaltenform. Da ausschließlich zentrierte Spalten vorgesehen sind, eignen sich diese Umgebungen nur bedingt für die Darstellung numerischer Werte. Insbesondere wenn stellenweise Vorzeichen verwendet werden, wird das Erscheinungsbild sehr unruhig. Dadurch kann die Lesbarkeit beeinträchtigt werden. Bei Matrizen mit symbolischen Werten oder mathematischen Symbolen, wie in Beispiel 12.4, reduzieren sie den Schreibaufwand.

12.2.1   Auslassungspunkte in Matrizen

Gerade bei der Darstellung von großen, allgemeingültigen Matrizen oder anderen Feldstrukturen möchte man – schon aus Platzgründen – nicht immer alle Einträge aufführen. Hier kann man die aus Kapitel 7.5.2 bekannten waagerechten »\dots«, vertikalen »\vdots« und diagonalen »\ddots« Auslassungspunkte einsetzen.

Beispiel 12.4: Auslassungspunkte in Matrizen

$$A = \begin{pmatrix} a_{11} & \dots & a_{1m} \\ a_{21} & \dots & a_{23} \\ \vdots & \ddots & \vdots \\ a_{n1} & \dots & a_{nm} \end{pmatrix}$$

```
\[  A = \begin{pmatrix}
    a_{11} & \dots & a_{1m} \\
    a_{21} & \dots & a_{23} \\
    \vdots & \ddots & \vdots \\
    a_{n1} & \dots & a_{nm}
        \end{pmatrix}  \]
```

12.3 Mehrzeilige Formeln

Wissenschaftliche Dokumente enthalten häufig Formeln, die nicht in eine Zeile passen. Dazu zählen Gleichungssysteme, also mehrere zusammengehörende Gleichungen, die eine gemeinsame Gleichungsnummer erhalten sollen. Darüber hinaus gibt es aber auch lange Formeln, die auf mehrere Zeilen aufgeteilt werden müssen. Andere Formeln werden über mehrere Zeilen entwickelt – beispielsweise in mathematischen Beweisen. In allen Fällen möchte man die einzelnen Zeilen der Formel an einem festgelegten Zeichen zueinander ausrichten. Somit liegt auch hier die Verwendung einer tabellenähnlichen Struktur nahe.

12.3.1 Gleichungssysteme

Für mehrzeilige Formeln oder Gleichungssysteme stellt LATEX eigene Umgebungen zur Verfügung. Bei Verwendung der Umgebung *eqnarray* erhält jede Zeile eine eigene Gleichungsnummer und wird somit referenzierbar. Die Syntax lautet:

```
\begin{eqnarray}
    Spalten- und Zeilen-Einträge
\end{eqnarray}
```

Im Prinzip handelt es sich um eine dreispaltige Umgebung *array* mit fest vorgegebener Anordnung. Es sind **genau drei** Spalteneinträge möglich, die erste Spalte wird rechtsbündig »r«, die mittlere Spalte zentriert »c« und die dritte Spalte linksbündig »l« angeordnet. Die mittlere Spalte enthält das Zeichen, an dem ausgerichtet werden soll – meist ein Vergleichsoperator. Die durch »\\« voneinander getrennten Folgezeilen gehorchen diesem Ausrichtungsschema.

Beispiel 12.5: Mehrere Gleichungen

$$
\begin{aligned}
f(x) &= \cos x & (1) \\
f'(x) &= -\sin x & (2) \\
\int_0^x f(y)\,\mathrm{d}y &= \sin x & (3)
\end{aligned}
$$

```
\begin{eqnarray}
f(x)  & = &  \cos x       \\
f'(x) & = & -\sin x       \\
\int_0^x f(y)\,\mathrm{d}y
      & = & \phantom{-}\sin x
\end{eqnarray}
```

Das Beispiel 12.5 verdeutlicht die so ermöglichte Ausrichtung an einem spezifischen Punkt, zeigt aber auch die sehr großen Abstände um das Vergleichszeichen.

Bei der Verwendung von Vorzeichen ist die spaltengerechte Ausrichtung nach dem Vergleichsoperator nicht optimal. Hier kann der Befehl \phantom weiterhelfen, der einen unsichtbaren Leerraum in der Breite seines Arguments erzeugt.

Soll eine Zeile **keine** eigene Gleichungsnummer erhalten, so kann diese mit dem Befehl \nonumber unterdrückt werden. Dieses Vorgehen kommt in Beispiel 12.7 zum Einsatz. Die analoge Umgebung *eqnarray∗* setzt generell keine Gleichungsnummern.

Für Gleichungssysteme, die **eine gemeinsame** Gleichungsnummer erhalten sollen, kann man eine Umgebung *array* innerhalb einer Umgebung *equation* verwenden. Dies wird in Beispiel 12.6 veranschaulicht.

Beispiel 12.6: System mit einer Gleichungsnummer

$$
\begin{array}{rcl}
(a+b)^2 & = & a^2 + 2ab + b^2 \\
(a-b)^2 & = & a^2 - 2ab + b^2 \\
a^2 - b^2 & = & (a+b)(a-b)
\end{array}
\qquad (1)
$$

```
\begin{equation}\label{gls}
  \begin{array}{rcl}
    (a+b)^2 & = & a^2+2ab+b^2 \\
    (a-b)^2 & = & a^2-2ab+b^2 \\
    a^2-b^2 & = & (a+b)(a-b)
  \end{array}
\end{equation}
```

Die Gleichungsnummer wird vertikal zentriert an das Gleichungssystem gesetzt, bei ungerader Zeilenzahl auf Höhe der mittleren Gleichung. Zur Referenzierung muss die Marke an die Umgebung *equation* gesetzt werden, die die Gleichungsnummer generiert.

Mit dem Zusatzpaket *amsmath* stehen weitere Möglichkeiten zur Erzeugung von Gleichungssystemen zur Verfügung. Diese werden in Kapitel 12.3.4 vorgestellt.

12.3.2   Formelumbruch

Mitunter sind Formeln zu lang, um in eine Zeile zu passen. LATEX führt automatisch **keinen** Formelumbruch durch. Rein mathematisch gesehen, ist dies vernünftig, da nur Sie eine sinnvolle, dem Kontext entsprechende Trennstelle bestimmen können. Auch hier kann man auf die Umgebung *eqnarray* zurückgreifen.

Insgesamt ist die Umgebung *eqnarray* ein wenig in Verruf geraten. Der Leerraum, der zwischen den Spalten eingefügt wird – also in den meisten Fällen vor und hinter dem Vergleichsoperator – ist größer als bei allen anderen vergleichbaren mathematischen Umgebungen. Somit kommt es zu Inkonsistenzen im Layout der hervorgehobenen Formeln, insbesondere wenn verschiedene Umgebungen auf einer Seite verwendet werden. Hier empfiehlt es sich, die entsprechenden Umgebungen aus dem Zusatzpaket *amsmath* zu verwenden, in Kapitel 12.3.4 dazu mehr.

Andererseits kann der größere Abstand die Lesbarkeit gerade bei längeren Formelentwicklungen erhöhen.

Zusätzlich können Sie bei der Umgebung *eqnarray* auch noch festlegen, wie weit die Folgezeilen eingerückt werden sollen. Dazu stehen zwei Möglichkeiten zur Auswahl, die in Beispiel 12.7 veranschaulicht werden.

Beispiel 12.7: Formelumbruch mit *eqnarray*

$$\sin x \;=\; x - \frac{x^3}{3!} + \frac{x^5}{5!} -$$

$$\frac{x^7}{7!} + \dots \qquad (1)$$

$$\cos x = 1 - \frac{x^2}{2!} +$$

$$\frac{x^4}{4!} - \frac{x^6}{6!} + \dots \qquad (2)$$

```
\begin{eqnarray}
\sin x & = & x -\frac{x^3}{3!}
              +\frac{x^5}{5!} -
                        \nonumber\\
    & & \frac{x^7}{7!} + \dots
\\[2ex]
\lefteqn{ \cos x = 1
              -\frac{x^2}{2!} +{} }
                        \nonumber\\
    & & \frac{x^4}{4!}
      -\frac{x^6}{6!} + \dots
\end{eqnarray}
```

Der Befehl `\nonumber` bewirkt, dass an dieser Stelle **keine** Gleichungsnummer erscheint. Hier darf **keine** Referenzierungsmarke gesetzt werden! Bei Missachten dieser Regel kann es zu fehlerhaften Formelreferenzierungen kommen.

Der Befehl `\lefteqn` ermöglicht innerhalb der Umgebung *eqnarray* Ausnahmen von der Spaltenaufteilung. Seine Wirkung lässt sich vergleichen mit der des Befehls `\multicolumn` der Umgebung *tabular*. Die drei Spalten werden zu einer zusammengefasst und mit einem festen Einzug am Anfang ausgegeben.

12.3.3   Fallunterscheidungen

In der Mathematik treten beispielsweise bei der Lösung quadratischer Gleichungen alternative Ergebnisse auf. Auch sind einige Funktionen, wie die Betragsfunktion in Beispiel 12.8, nur abschnittsweise definiert. Diese Fallunterscheidungen werden im Formelsatz entsprechend anders dargestellt, in LATEX kann man auch dafür die Umgebung *array* benutzen. Hierbei müssen jedoch die große öffnende geschweifte Klammer und die fehlende schließende Klammer selbst verwaltet werden.

Die mit dem Zusatzpaket *amsmath* verfügbare, alternative Umgebung *cases* ist hier weitaus komfortabler und sollte den Vorzug erhalten. Dahinter verbirgt sich eine zweispaltige Tabelle, deren erste Spalte rechtsbündig »r« und deren zweite Spalte linksbündig »l« gesetzt wird. Die öffnende geschweifte Klammer wird automatisch gesetzt, sie ist zur umgebenden Formel vertikal ausgerichtet. Als Separatorzeichen dient wieder das »&«, die einzelnen Zeilen werden durch »\\« voneinander getrennt.

Beispiel 12.8: Fallunterscheidung

$$|x| = \begin{cases} x & \text{falls } x \ge 0 \\ -x & \text{sonst} \end{cases}$$

```
\[ |x| =
   \begin{cases}
   \phantom{-}%
   x & \text{falls $x \ge 0$}\\
   -x & \text{sonst}
   \end{cases} \]
```

Im Beispiel 12.8 kommt der Befehl \text zum Einsatz, in diesem ist wiederum ein mathematischer Ausdruck enthalten. Der Befehl \phantom dient erneut der Erzeugung eines unsichtbaren Zeichens festgelegter Breite.

12.3.4 Ausgerichtete Formeln

Alle weiteren Umgebungen zur Festlegung der Ausrichtung von Gleichungssystemen und mehrzeiligen Formeln benötigen das Zusatzpaket *amsmath*. Bei diesen können Sie entweder selber den Ausrichtungspunkt festlegen oder die Umgebung bringt ihr eigenes Ausrichtungsschema mit.

Die gemeinsame Syntax für Umgebungen mit von Ihnen selbst definierbarer Ausrichtung lautet:

\begin{*Name*}
    linker Teil & *Ausrichtungszeichen und rechter Teil*
\end{*Name*}

Der Platzhalter *Name* steht für einen der folgenden Umgebungsnamen.

align Die Ausrichtung der Formeln erfolgt an der mit *Ausrichtungszeichen* festgelegten Position. Die einzelnen Zeilen werden durch »\\« voneinander getrennt. Jede Zeile erhält eine eigene Gleichungsnummer, zur Referenzierung können die Zeilen mit einer Marke versehen werden.

split Diese Umgebung dient zur Aufteilung langer Formeln, kann jedoch nur innerhalb anderer Formelumgebungen benutzt werden.

Im Gegensatz zur Umgebung *eqnarray* wird bei diesen der Ausrichtungspunkt durch Voranstellung eines »&« festgelegt. Alles, was links von ihm steht, wird rechtsbündig, alles rechts davon linksbündig an ihm ausgerichtet. Die Abstände zum Ausrichtungspunkt werden automatisch richtig gesetzt, sie sind kleiner dimensioniert als bei der Umgebung *eqnarray* und somit gefälliger. Daher muss der Ausrichtungspunkt nicht notwendig ein Operator sein.

Bei den Umgebungen mit vorgegebener Ausrichtung entfällt dagegen die Angabe eines Ausrichtungspunkts. Die gemeinsame Syntax hierfür lautet:

\begin{*Name*}
    Formeln durch \\ *getrennt*
\end{*Name*}

Der Platzhalter *Name* steht für einen der folgenden Umgebungsnamen.

`gather` Mehrere Formelzeilen werden gesammelt und unabhängig voneinander untereinander ausgegeben. Eine gemeinsame Ausrichtung gibt es nicht, jede Zeile wird zentriert gesetzt.

`multline` Die erste Formelzeile wird links, die letzte rechts und alle weiteren werden zentriert ausgerichtet. Die gemeinsame Gleichungsnummer steht neben der letzten Zeile. Hiervon kann nicht abgewichen werden.

Die Funktionsweise dieser Umgebungen wird in Beispiel 12.9 veranschaulicht.

Beispiel 12.9: Ausgerichtete Formeln

$$x^2 + y^2 = 1 \tag{1}$$
$$x = \sqrt{1 - y^2} \tag{2}$$

Löse Gleichung (1).

```
\begin{align}
    x^2+y^2 &= 1   \label{eins} \\
    x       &= \sqrt{1-y^2}
\end{align}
Löse Gleichung (\ref{eins}).
```

$$(a - b)^2 = (a - b) \cdot (a - b)$$
$$= a^2 - 2ab + b^2 \tag{3}$$

```
\begin{equation}
    \begin{split}
    (a-b)^2 &= (a-b)\cdot (a-b)\\
            &= a^2-2ab+b^2
    \end{split}
\end{equation}
```

$$(a + b)^2 = a^2 + 2ab + b^2 \tag{4}$$
$$(a + b) \cdot (a - b) = a^2 - b^2 \tag{5}$$
$$a + b \neq a - b$$

```
\begin{gather}
    (a+b)^2 = a^2+2ab+b^2        \\
    (a+b) \cdot(a-b) = a^2-b^2 \\
    a+b \neq a-b \notag
\end{gather}
```

$$(a + b)^3$$
$$= (a + b) \cdot (a + b)^2$$
$$= (a + b) \cdot (a^2 + 2ab + b^2)$$
$$= a^3 + 3a^2b + 3ab^2 + b^3 \tag{6}$$

```
\begin{multline}
(a+b)^3 \\
    = (a+b)\cdot (a+b)^2         \\
    = (a+b)\cdot (a^2+2ab+b^2) \\
    = a^3 + 3a^2b + 3ab^2 + b^3
\end{multline}
```

Automatisch werden bei all diesen Umgebungen Gleichungsnummern generiert. Um einzelne Gleichungsnummern zu unterdrücken, muss der Befehl `\notag` eingesetzt werden. Dieser wirkt analog zum Befehl `\nonumber`, umfasst jedoch einige zusätzliche Funktionalitäten, die im weiteren Verlauf vorgestellt werden. Weiterhin existiert zu jeder Umgebung eine ∗- Variante, bei der keine Gleichungsnummern vergeben werden. Eine Ausnahme bildet die Umgebung *split*, hier erzeugt die umschließende Formelumgebung eine vertikal ausgerichtete Gleichungsnummer.

Das Zusatzpaket *amsmath* stellt auch für die Umgebung *equation* eine $*$-Variante zur Verfügung. Diese existiert in LaTeX standardmäßig nicht.

Auch für den Formelumbruch leistet die Umgebung *align* gute Dienste, wie in Beispiel 12.10 veranschaulicht. Dabei wird das Ausrichtungszeichen auf der rechten Seite des Vergleichsoperators angebracht. Um die korrekten Abstände zu erzielen, muss jedoch eine leere Gruppenklammer »{ }« vor dem Ausrichtungszeichen »&« platziert werden.

Beispiel 12.10: Formelumbruch mit *align*

$$
\begin{aligned}
f(x) &= 3\sin x \\
&\quad -4\sin^3 x \quad (1)\\
&= \sin 3x \quad (2)
\end{aligned}
$$

$$
\begin{aligned}
f(x) &= 3\sin x \\
&\quad -4\sin^3 x \quad (3)\\
&= \sin 3x \quad (4)
\end{aligned}
$$

```
\begin{align}
f(x) = & 3 \sin x   \notag \\
       & -4 \sin^3 x          \\
     = & \sin 3x
\end{align}
\begin{align}
f(x) = {}& 3 \sin x   \notag \\
         & -4 \sin^3 x        \\
     = {}& \sin 3x
\end{align}
```

Manchmal ergibt sich die Notwendigkeit, mehr als einen Ausrichtungspunkt zu definieren. In der Umgebung *align* ist dies möglich. Beispielsweise kann man damit neben eine Formelzeile einen zusätzlichen Kommentar setzen. Insbesondere wenn sich die Kommentierung über mehrere Formelzeilen erstreckt, kann mit einer einheitlichen Einrückung größtmögliche Übersichtlichkeit erzielt werden. Erreicht wird dies durch zwei »&&«, die zwischen Formel und Kommentar gesetzt werden. Anstelle eines Kommentars könnte natürlich auch jedes andere mathematische Konstrukt folgen.

Beispiel 12.11: Kommentierte Formeln

$$
\begin{aligned}
x - 6 &= 4 \cdot (62 - x - 6) && |\text{ zusammenfassen}\\
x - 6 &= 224 - 4x \\
5x &= 230 && | : 5\\
x &= 46
\end{aligned}
$$

```
\begin{align*}
x - 6 &= 4 \cdot (62-x-6) && | \text{ zusammenfassen} \\
x - 6 &= 224 - 4x                                      \\
5x    &= 230             && | : 5                      \\
x     &= 46
\end{align*}
```

Weitere Formelumgebungen oder zusätzliche Funktionalitäten können der weiterführenden Literatur, z. B. [5, 13], entnommen werden.

12.3.5 Texte in ausgerichteten Formeln

Gerade bei Formelentwicklungen kann es erforderlich sein, einen kurzen Texteinschub zwischen mehrere ausgerichtete Formelzeilen zu setzen. Dabei sollte der Ausrichtungspunkt möglichst erhalten bleiben. Mit dem Zusatzpaket *amsmath* steht der Befehl \intertext zur Verfügung. Er zeichnet sich dadurch aus, dass die Gesamtausrichtung der Formel erhalten bleibt.

Beispiel 12.12: Text zwischen Formeln

Bewegungsgleichung:
 	
$$\frac{\partial^2 \xi}{\partial x^2} = \frac{1}{c^2}\frac{\partial^2 \xi}{\partial t^2}$$
 	
für Flüssigkeitssäulen gilt:
 	
$$c = \sqrt{\frac{1}{\varkappa\rho}}$$
	`Bewegungsgleichung:`
	`\begin{align*}`
	`\frac{\partial^2\xi}{\partial x^2}`
	`   &= \frac{1}{c^2}`
	`\frac{\partial^2\xi}{\partial t^2}`
	`\intertext{%`
	`   für Flüssigkeitssäulen gilt:}`
	`c &= \sqrt{\frac{1}{\varkappa\rho}}`
	`\end{align*}`

Im Beispiel 12.12 sieht man, dass die als Ausrichtungspunkt gewählten Gleichheitszeichen auf einer vertikalen Linie liegen. Um den griechischen Buchstaben »$\varkappa$« benutzen zu können, ist zusätzlich das Zusatzpaket *amssymb* notwendig.

12.4 Layoutänderungen im Formelsatz

12.4.1 Fette Symbole

Hervorhebungen im Fließtext werden meist durch eine kursive Schrift, manchmal durch Fettdruck erzielt. Auch im Formelsatz wünscht man sich manchmal diese Möglichkeit. Jedoch existiert nicht für alle mathematischen Symbole eine „fette" Variante. Ebenso werden in Überschriften verwendete mathematische Symbole nicht automatisch – wie der Rest der Überschrift – fett gedruckt.

Es gibt verschiedene Möglichkeiten, Elemente einer Formel fett zu drucken.

\mathbf{*Zeichen*} Die *Zeichen* – das können nur Buchstaben und Ziffern sein – werden in fetter Schrift gesetzt. Es wird automatisch eine aufrechte Schrift gewählt.

\boldsymbol{*Zeichen*} Die *Zeichen* – das können Buchstaben, Ziffern und Symbole sein – werden in fetter Schrift gesetzt, ansonsten bleibt die gewählte Schriftart erhalten. Hierfür muss das Zusatzpaket *amsmath* geladen sein.

Beispiel 12.13: Fette Symbole

Berechnung der $\bigcirc$-Fläche mit $\pi = 3.14$ und $r = 3\,\text{cm}$

Berechnung der $\bigcirc$-Fläche mit $\boldsymbol{\pi = 3.14}$ und $\mathbf{r = 3}\,\text{cm}$

Berechnung der $\bigcirc$-Fläche mit $\boldsymbol{\pi = 3.14}$ und $\boldsymbol{r = 3}\,\text{cm}$

Berechnung der $\bigcirc$-Fläche mit $\boldsymbol{\pi = 3.14}$ und $\boldsymbol{r = 3}\,\text{cm}$

```
\subsubsection*{Berechnung der $\bigcirc$-Fläche mit
   $\pi = 3.14$ und $r=3$\,cm}
\subsubsection*{Berechnung der $\mathbf\bigcirc$-Fläche
   mit $\mathbf{\pi = 3.14}$ und $\mathbf{r=3}$\,cm}
\subsubsection*{Berechnung der
   $\boldsymbol{\bigcirc}$-Fläche mit
   $\boldsymbol{\pi = 3.14}$ und $\boldsymbol{r=3}$\,cm}
\subsubsection*{Berechnung der $\pmb{\bigcirc}$-Fläche
   mit $\pmb{\pi = 3.14}$ und $\pmb{r=3}$\,cm}
```

\pmb{*Zeichen*} Die als Argument übergebenen *Zeichen* werden dreimal leicht versetzt zueinander gedruckt, um so den Fettdruck zu simulieren. Dies ist hilfreich bei Symbolen, für die ansonsten keine fette Variante existiert.

Alle Varianten in Beispiel 12.13 haben ihre Stärken und Schwächen. Insbesondere das Ergebnis bei der Verwendung des Befehls \pmb ist nicht immer befriedigend, der englische Name „poor man's bold" mag das entschuldigen. Bei der Verwendung von mathematischen Symbolen in hervorgehobenen Textteilen sollten Sie dennoch davon Gebrauch machen. Gerade bei großen Symbolen müssen Sie jedoch visuell entscheiden, welches eine akzeptable Möglichkeit ist.

Zu berücksichtigen ist ebenfalls, dass der Befehl \pmb die „Operator-Eigenschaft" der Symbole zerstört, insbesondere gehen bei großen Operatoren die Abstandsregeln verloren. Im Beispiel 12.14 sieht man, dass beim Summenzeichen die Laufindizes völlig falsch gesetzt werden. Abhilfe schafft hier der Befehl \mathop, auch seine Anwendung ist dem Beispiel zu entnehmen.

Beispiel 12.14: Poor man's bold

$$\boldsymbol{\sum}_{i=1}^n \frac{i}{i+1} \qquad \sum_{i=1}^n \frac{i}{i+1}$$

```
\[ \pmb{\sum}_{i=1}^n
   \frac{i}{i+1} \qquad
   \mathop{\pmb{\sum}}_{i=1}^n
            \frac{i}{i+1} \]
```

Um eine gesamte Formel oder längere Formelbereiche in Fettdruck zu setzen, sind diese Befehle eher unpraktisch. Dafür muss man außerhalb des mathematischen Modus mit dem Befehl \mathversion{bold} auf Formelausgabe in Fettdruck umschalten. Dieser Befehl bleibt so lange wirksam, bis er mit dem Befehl `\mathversion{normal}` wieder rückgängig gemacht wird.

Beispiel 12.15: Fette Formel

$$\sum_{i=1}^{n} j_i = \frac{n(n+1)}{2} \quad \text{für} \quad j_{n+1} = j_n + 1$$

$$\sum_{i=1}^{n} j_i = \frac{n(n+1)}{2} \quad \text{für} \quad j_{n+1} = j_n + 1$$

```
\mathversion{bold}
\[ \sum_{i=1}^n j_i = \frac{n(n+1)}{2} \quad \text{für}
               \quad j_{n+1}=j_n+1 \]
\mathversion{normal}
\[ \sum_{i=1}^n j_i = \frac{n(n+1)}{2} \quad \text{für}
               \quad j_{n+1}=j_n+1 \]
```

Wie das Beispiel 12.15 zeigt, wird nur der Formelsatz inklusive aller Operatoren und Symbole, jedoch nicht der eingefügte Text, fett gesetzt.

12.4.2 Ausrichtung von Formeln und Formelnummern

Standardmäßig werden abgesetzte Formeln zentriert und die Formelnummer am rechten Rand gesetzt. In wissenschaftlichen Arbeiten muss man sich jedoch nach den Vorgaben der Hochschule oder des Verlags richten. So kann es notwendig werden, von der Voreinstellung abzuweichen. Bei der Vereinbarung der Dokumentklasse kann im optionalen Parameter des Befehls `\documentclass` ein vom Standard abweichendes Formellayout eingerichtet werden, das dann global für das gesamte Dokument gilt. Zwei Optionen stehen zur Verfügung, von denen immer nur eine eingesetzt werden darf.

Beispiel 12.16: Formeln linksbündig angeordnet

$U = 2\pi r$ (1)

$A = \pi r^2$ (2)

```
\documentclass[a4paper,fleqn]%
    {article}
...
\begin{align}
U &= 2\pi r    \\
A &= \pi r^2
\end{align}
```

`fleqn` Mit dieser Dokumentklassenoption werden Formeln linksbündig mit kleinem Einzug angeordnet, die Formelnummer erscheint rechtsbündig.

`leqno` Mit dieser Dokumentklassenoption werden die Formelnummern links von der zentrierten Formel ausgegeben.

Beispiel 12.17: Gleichungsnummerierung links

(1)	$U = 4a$	
(2)	$A = \dfrac{1}{2} \cdot e \cdot f$	
(3)	$e^2 + f^2 = 4a^2$	

```
\documentclass[a4paper,leqno]%
    {article}
...
\begin{align}
U &= 4a \\
A &= \frac{1}{2} \cdot e
    \cdot f \\
e^2 + f^2 &= 4a^2
\end{align}
```

12.4.3   Eigene Formelnummerierung

Jede der vorgestellten Formelumgebungen besitzt auch eine ∗-Variante, die nicht automatisch nummeriert wird. Allerdings kann die Nummerierung auch explizit für einzelne Zeilen mit dem Befehl `\notag` unterdrückt werden. Als Pendant dazu existiert der Befehl `\tag`, der an selbiger Stelle positioniert werden kann. Dieser bietet jedoch eine nützliche, zusätzliche Funktionalität – man kann mit diesem Befehl eigene Referenzierungszeichen definieren.

`\tag`{*Refzeichen*}   Anstelle der voreingestellten Gleichungsnummer wird das als Argument übergebene *Refzeichen* in runden Klammern ausgegeben.

`\tag∗`{*Refzeichen*}   Bei dieser Variante handelt es sich um das Analogon ohne umschließende Klammern.

Beispiel 12.18: Eigene Nummerierung

$U = 4a$	(1)
$a = 10$	
$U = 40$	$(1')$
$A = a^2$	Areal
$d = a\sqrt{2}$	(2)
$A = 100$	(3)
$A - U = 60$	(2)

Nach Quatsch (2) und Hugo (3)

```
\begin{align}
U &= 4a   \label{umf}\\
a &= 10   \notag \\
U &= 40   \tag{\ref{umf}$'$}\\
A &= a^2 \tag*{Areal}\\
d &= a\sqrt{2}        \\
A &= 100     \label{hu} \\
A - U &= 60 \tag{2}\label{qu}
\end{align}
Nach Quatsch (\ref{qu})
und Hugo (\ref{hu})
```

Ebenso ist es möglich, auf Formelnummern zurückzugreifen und sie mit Zusätzen zu versehen. Dazu werden innerhalb des Befehls \tag die bekannten Referenzierungsbefehle gemäß Kapitel 4.3 benutzt.

Der automatische Gleichungszähler bleibt davon unberührt. Somit sind auch fehlerträchtige Nummerierungen, wie in Beispiel 12.18, möglich.

12.4.4 Änderung der Formelnummerierung

Standardmäßig werden Formeln in der Dokumentklasse `article` fortlaufend durchnummeriert. Manchmal sollen diese zweistufig gestaltet werden, wie es bei den Dokumentklassen `report` oder `book` üblich ist. Dazu muss die Formelnummerierung an die Abschnittsnummerierung gekoppelt werden. Mit dem Zusatzpaket *amsmath* wird der Befehl \numberwithin zur Verfügung gestellt, der eine zweistufige Formelnummerierung für die Dokumentklasse `article` bereitstellt.

Um die zweistufige Formelnummerierung zu erzeugen, muss der folgende Befehl in der Präambel angegeben werden.

```
\numberwithin{equation}{section}
```

Beispiel 12.19: Zweistufige Gleichungsnummerierung

1 Drachen

$$U = 2 \cdot (a+b) \qquad (1.1)$$

$$A = \frac{1}{2} \cdot e \cdot f \qquad (1.2)$$

2 Trapez

$$U = a + b + c + d \qquad (2.1)$$

$$m = \frac{1}{2}(a+c) \qquad (2.2)$$

$$A = m \cdot h \qquad (2.3)$$

3 Rechteck

$$d = \sqrt{a^2 + b^2} \qquad (3.1)$$

```
\documentclass[a4paper]%
    {article}
\usepackage{ngerman,amsmath}
...
\numberwithin{equation}%
    {section}
\section{Drachen}
\begin{align}
U &= 2 \cdot (a+b)\\
A &= \frac{1}{2} \cdot e
    \cdot f
\end{align}
\section{Trapez}
\begin{align}
U &= a + b + c + d \\
m &= \frac{1}{2}(a+c) \\
A &= m \cdot h
\end{align}
\section{Rechteck}
\begin{equation}
d = \sqrt{a^2+b^2}
\end{equation}
```

Der Befehl gilt für das gesamte Dokument und ist nur in der Dokumentklasse `article` zulässig. Die Formelnummerierung wird auf Abschnittsebene geführt

und in der zweiten Stufe automatisch mit Beginn eines neuen Abschnitts auf »1«
zurückgesetzt. Die erste Stufe wird mit dem Beginn eines jeden neuen Abschnitts
hochgezählt.

In den Dokumentklasse `report` und `book` wird automatisch zweistufig nummeriert. Hier könnte man den Befehl `\numberwithin` jedoch dazu verwenden, die
Formeln nicht kapitel- sondern abschnittsweise zu nummerieren.

12.5 Übung

Experimentieren Sie bei nachfolgendem Textbeispiel mit den verschiedenen mathematischen Umgebungen, die Sie in diesem Kapitel kennengelernt haben.

Ein Gleichungssystem $A \cdot \vec{x} = 0$ mit der $(m \times n)$-Matrix A ist genau dann nicht trivial lösbar, wenn der Rang der Matrix $\mathrm{rg}(A) < n$ ist.
Für das folgende Gleichungssystem

$$
\begin{aligned}
3x_1 + 2x_2 + x_3 &= 0 \\
x_1 + x_2 + x_3 &= 0 \\
2x_1 + x_2 + \alpha x_3 &= 0
\end{aligned}
\tag{1}
$$

gilt $m = n = 3$. Weiter gilt

$$
\mathrm{rg}(A) = \mathrm{rg}\begin{pmatrix} 3 & 2 & 1 \\ 1 & 1 & 1 \\ 1 & 2 & \alpha \end{pmatrix} = \mathrm{rg}\begin{pmatrix} 1 & 0 & 0 \\ 1 & -1 & -1 \\ 1 & -2 & \alpha - 2 \end{pmatrix} = \mathrm{rg}\begin{pmatrix} 1 & 0 & 0 \\ 1 & 1 & 0 \\ 1 & 2 & \alpha \end{pmatrix}
\tag{2}
$$

Setzt man nun

$$
\begin{aligned}
\alpha \neq 0 &\Rightarrow \mathrm{rg}(A) = 3 = n \\
\alpha = 0 &\Rightarrow \mathrm{rg}(A) = 2 < n
\end{aligned}
$$

ergibt sich für das Gleichungssystem (1) eine nicht triviale Lösung für $\alpha = 0$ und die Lösung enthält $n - \mathrm{rg}(A) = 3 - 2 = 1$ Parameter.
Umformungen nach dem Subtraktionsverfahren in der letzten Matrix von (2) führen zum äquivalenten Gleichungssystem

$$
\begin{aligned}
x_1 \phantom{{}+2x_2} - x_3 &= 0 \\
x_2 + 2x_3 &= 0
\end{aligned}
$$

allgemein mit dem Parameter λ lösbar durch

$$
\mathbb{L} = \left\{ \vec{x} \mid \vec{x} = \lambda \cdot \begin{pmatrix} 1 \\ -2 \\ 1 \end{pmatrix}, \quad \lambda \in \mathbb{R} \right\}
$$

12.6 Zusammenfassung

In diesem Kapitel lernten Sie viele weiterführende Elemente des Formelsatzes in LATEX kennen. Insbesondere sind Sie nun befähigt

✓ lange Formeln auf mehrere Zeilen aufzuteilen,

✓ mehrzeilige Formeln zu setzen,

✓ Formeln an einem Punkt auszurichten,

✓ Gleichungssysteme darzustellen,

✓ Gleichungen zu referenzieren,

✓ eine eigene Formelnummerierung vorzunehmen,

✓ auch in Überschriften fette mathematische Symbole zu verwenden und

✓ vom Standardlayout des Formelsatzes in LATEX abzuweichen.

Kapitel

13 Literaturverweise

Wissenschaftliche Arbeiten basieren häufig auf einer Vielzahl verschiedener Quellen, oft werden auch Bezüge zu anderer Literatur hergestellt. Mit Hilfe der bibliografischen Daten der Quellen muss es möglich sein, diese zu identifizieren. Daher sind diese Angaben häufig recht detailliert, so dass es sinnvoll ist, sie gesammelt am Ende des Dokuments in einem eigenen Kapitel, dem Literaturverzeichnis, aufzuführen.

Im Text muss dann auf diese Quellenangaben verwiesen werden können. Dazu dient eine eindeutige Markierung im Text und im Literaturverzeichnis. Meist wird dazu eine fortlaufende Nummerierung in eckigen Klammern benutzt. Verwaltet LATEX die Nummerierung selbst, kann das Literaturverzeichnis jederzeit ergänzt oder nach anderen Kriterien sortiert werden, ohne dass dabei die Verweise inkonsistent werden. Nach einem weiteren LATEX-Durchlauf sind diese Verweise im Text automatisch aktualisiert.

In diesem Kapitel lernen Sie

→ Literaturverweise im Text anzubringen,

→ ein Literaturverzeichnis zu erstellen,

→ Einträge ins Literaturverzeichnis aufzunehmen,

→ die Markierungen für einen Literaturverweis anzupassen sowie

→ bei Literatursammlungen das Dienstprogramm BIBTEX zu nutzen.

13.1 Bibliografische Daten im Dokument

Für Dokumente mit nur wenigen Literaturquellen ist es oft sinnvoll, die bibliografischen Daten für das Literaturverzeichnis im Dokument selbst zu verwalten. Wer jedoch häufig mit der Abfassung von Dokumenten zu ähnlichen Themen befasst ist, sollte die Vorteile einer Literatursammlung nutzen. Hinweise dazu finden Sie im Kapitel 13.2.

Im Folgenden erfahren Sie, wie Sie Literaturverweise im Text und die zugehörigen Einträge im Literaturverzeichnis mit Hilfe von LATEX-Befehlen vornehmen können.

13.1.1   Aufbau eines Literaturverzeichnisses

Das Literaturverzeichnis wird in der Umgebung *thebibliography* ausgegeben.

```
\begin{thebibliography}{Mustermarke}
   Literatur-Einträge
\end{thebibliography}
```

Die erzeugte Liste wird ähnlich formatiert, wie eine beschreibende Liste (Umgebung *description*). Die Markierung für einen Literaturverweis wird aus einer in eckigen Klammern eingeschlossenen Marke gebildet und stellt das Schlüsselwort des Listeneintrags dar. Die bibliografischen Daten entsprechen dem Listeneintrag. Damit die Formatierung der gesamten Liste korrekt vorgenommen werden kann, müssen Sie angeben, wie breit die längste Markierung werden kann, denn anhand dieser Angabe wird bestimmt, wie weit die Listeneinträge eingezogen werden. Dazu geben Sie für den obligatorischen Parameter *Mustermarke* die längste vorkommende Marke ein. Wird *Mustermarke* zu kurz gewählt, so verschiebt sich der Anfang der ersten Zeile eines Literatureintrags mit zu langer Marke nach rechts.

Für jede im Dokument zitierte Literaturquelle muss ein *Literatur-Eintrag* in der Umgebung *thebibliography* vorhanden sein. Dieser Eintrag beginnt immer mit dem Befehl \bibitem, gefolgt vom Text für die Quellenangabe. Folgende Syntax müssen Sie beachten.

\bibitem[*Marke*]{*Bezug*}   Das Pflichtargument *Bezug* stellt das eindeutige, interne Kennzeichen für einen Literaturverweis dar. Dabei handelt es sich um eine – möglichst sinnvolle – Kombination aus Buchstaben (A–Z, a–z), Ziffern (0–9) und Sonderzeichen (ausgenommen das Komma und andere Zeichen mit Spezialbedeutung). Dieses interne Kennzeichen wird von LATEX dazu verwendet, den Bezug zwischen dem Literaturverweis im Text (Befehl \cite, siehe Kapitel 13.1.2) und dem Eintrag im Literaturverzeichnis herzustellen.

Fehlt die optionale *Marke*, so wird eine Zahl in eckigen Klammern als Markierung des Literaturverweises im Text und im Literaturverzeichnis benutzt. Wird der optionale Parameter *Marke* angegeben, so wird diese zur alternativen Kennzeichnung des Literaturverweises im Text und im Literaturverzeichnis verwendet – ebenfalls in eckigen Klammern. Damit können zum Beispiel ein Autorenkürzel und das Erscheinungsjahr für die Markierung herangezogen werden.

Die Angaben zur Literaturquelle (z. B. Autoren, Titel, Verlag und Erscheinungsjahr) folgen nach dem Befehl \bibitem. Die Formatierung der Einträge müssen Sie selber vornehmen. Dazu können Sie die bekannten Befehle für Texthervorhebungen aus Kapitel 6 verwenden.

Die Reihenfolge der Literatur-Einträge in der Umgebung *thebibliography* wird für die LATEX-interne Nummerierung herangezogen.

Bei der Ausgabe erhält das Literaturverzeichnis eine nicht nummerierte Überschrift auf der höchsten Gliederungsebene (\section in der Dokumentklasse article bzw. \chapter in den Klassen book oder report). Ein Eintrag in das Inhaltsverzeichnis erfolgt daher nicht automatisch. Im Kapitel 4.4 ist beschrieben, wie Sie von Hand diesen Eintrag vornehmen können.

Wenn Sie das Zusatzpaket *ngerman* bzw. *babel* mit der Option `ngerman` benutzen, wird die Überschrift »Literatur« (\refname bei `article`) bzw. »Literaturverzeichnis« (\bibname bei `report` oder `book`) ausgegeben. Änderungen dieser Überschriften können Sie mit dem im Kapitel 15.4 beschriebenen Befehl vornehmen.

Wird im Literaturverzeichnis ein internes Kennzeichen *Bezug* mehrfach definiert, so liefert LaTeX die folgenden Fehlermeldungen auf dem Monitor und in der Protokolldatei (.log).

```
LaTeX Warning: Label '...' multiply defined.
LaTeX Warning: There were multiply-defined labels.
```

Entsprechende Angaben werden statt der Auslassungspunkte eingesetzt.

Beispiel 13.1: Literaturverzeichnis in der Dokumentklasse *article*

Literatur

[DEK] **Knuth, Don. E.**
The TEXBook, Computers and Typesetting Vol.A.;
Addison-Wesley; 1992

[1] **Kopka, Helmut**
LATEX, Band 1, Einführung;
Pearson Studium; 2002

[2] **Lamport, Leslie**
LATEX;
Addison-Wesley; 1999

```
\begin{thebibliography}{9}
\bibitem[DEK]{knuth}
  \textbf{Knuth, Don. E.}\\
  \textit{The \TeX\-Book,
  Computers and Typesetting
  Vol.A.};\\
  Addison-Wesley; 1992
\bibitem{kopka}
  \textbf{Kopka, Helmut}\\
  \textit{\LaTeX, Band 1,
  Einführung};\\
  Pearson Studium; 2002
\bibitem{lamport-e}
  \textbf{Lamport, Leslie}\\
  \textit{\LaTeX}; \\
  Addison-Wesley; 1999
\end{thebibliography}
```

Beispiel 13.1 zeigt ein Literaturverzeichnis mit einigen LATEX- und TEX-Büchern. Die Literaturverweise sind durchnummeriert, nur der Literaturverweis für das Buch von D.E. Knuth wird mit der Markierung »[DEK]« versehen. Dabei ist zu beachten, dass diese Markierung länger als die definierte Mustermarkierung ist. Daher ragt sie nach rechts in die erste Zeile der bibliografischen Daten hinein.

13.1.2 Verweise auf Einträge im Literaturverzeichnis

Ein Literaturverweis im Text wird mit dem folgenden LATEX-Befehl angebracht.

\cite[*Zusatz*]{*Bezug*} Der obligatorische Parameter *Bezug* stellt das interne Kennzeichen des entsprechende Eintrags im Literaturverzeichnis dar.

Wenn im Befehl \bibitem eine alternative Marke angegeben wurde, so wird diese auch für die Markierung im Text verwendet. Falls die Markierung im Text noch mit einer weiteren Information (z. B. Seitenzahl) versehen werden soll, so kann dazu der optionale Parameter *Zusatz* angegeben werden.

Sind mehrere Literaturzitate an gleicher Stelle erforderlich, können im obligatorischen Parameter *Bezug* mehrere, durch Kommata getrennte, interne Kennzeichen angegeben werden.

Beispiel 13.2: Angabe von Literaturverweisen im Text

LATEX wurde von Leslie Lamport entwickelt und in [2] beschrieben. Im deutschsprachigen Raum ist auch der erste Band der Buchreihe von Helmut Kopka [1] weit verbreitet. Das zu Grunde liegende Textsatzsystem TEX ist von Donald E. Knuth [DEK] entwickelt worden.	`\LaTeX{} wurde von Leslie Lamport entwickelt und in \cite{lamport-e} beschrieben. Im deutschsprachigen Raum ist auch der erste Band der Buchreihe von Helmut Kopka \cite{kopka} weit verbreitet. Das zu Grunde liegende Textsatzsystem \TeX{} ist von Donald E. Knuth \cite{knuth} entwickelt worden.`

Das Beispiel 13.2 zeigt einen Textausschnitt, der Literatur aus dem oben angegebenen Literaturverzeichnis (Beispiel 13.1) zitiert. Der Verweis auf das Buch von D.E. Knuth erfolgt mit der Markierung »[DEK]«, wie im Literaturverzeichnis vereinbart.

Die internen Kennzeichen der Literaturverweise werden in der LATEX-Hilfsdatei (.aux) abgelegt. Die Zuordnung der Markierungen zu den internen Kennzeichen erfolgt erst beim nächsten LATEX-Lauf. Die folgende Warnmeldung erscheint auf dem Monitor und in der Protokolldatei (.log), wenn die Zuordnung noch nicht korrekt erfolgt.

```
LaTeX Warning: Label(s) may have changed.
Rerun to get cross-references right.
```

Diese Meldung erscheint nicht mehr, sobald alle Referenzen korrekt aufgelöst werden.

Verwenden Sie ein internes Kennzeichen, ohne dieses im Literaturverzeichnis zu definieren, so wird dieses Literaturzitat durch »[?]« markiert und LATEX schreibt die folgende Fehlermeldung auf den Monitor und in die Protokolldatei.

```
LaTeX Warning: Citation '...' on page ... undefined
on input line ...
LaTeX Warning: There were undefined references.
```

Für die Auslassungspunkte werden entsprechende Angaben eingesetzt. Häufig sind Tippfehler in den Argumenten der Befehle für die Literaturverweise oder in den Literatur-Einträgen die Ursache.

13.2 Literatursammlungen nutzen

Zu einer vollständigen LATEX-Portierung gehört auch das Programm BIBTEX, mit dessen Hilfe aus Literatursammlungen zitiert werden kann. In einer Literatursammlung (mit der Erweiterung .bib) werden die internen Kennzeichen zusammen mit den zugehörigen bibliografischen Daten verwaltet. Die Literatursammlungen können themenbezogen aufgebaut werden, da das Programm BIBTEX in der Lage ist, auch mehrere Literatursammlungen zu verarbeiten.

13.2.1 Mit BIBTEX arbeiten

Das Zusammenwirken von LATEX und BIBTEX ist in Abbildung 13.1 dargestellt.

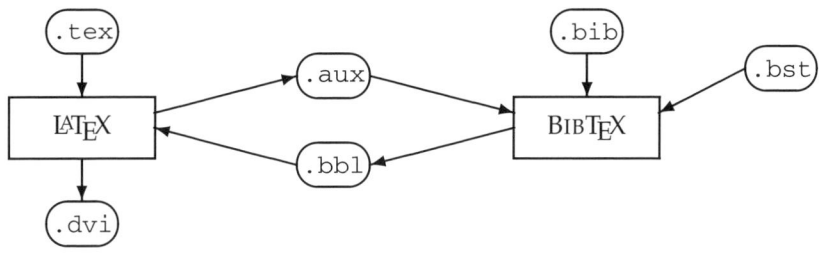

Abbildung 13.1: Vereinfachter Datenfluss bei BIBTEX-Literatursammlungen

Das Programm wird wie folgt aufgerufen.

    bibtex *Dateiname*

Für *Dateiname* müssen Sie den Namen Ihres LATEX Dokuments (ohne .tex) einsetzen. Die meisten LATEX-Benutzeroberflächen rufen das Programm BIBTEX automatisch auf, so dass damit die Nutzung von Literatursammlungen einfach ist.

Die Nutzung von Literatursammlungen erfolgt in einem mehrstufigen Prozess. Zuerst werden in einem ersten LATEX-Durchlauf die benutzten internen Kennzeichen in der LATEX-Hilfsdatei (.aux) bereit gestellt. Danach wird das Programm BIBTEX aufgerufen (siehe oben). In diesem Schritt werden die internen Kennzeichen aus der LATEX-Hilfsdatei extrahiert und die verschiedenen Literatursammlungen (.bib) daraufhin durchsucht. BIBTEX bereitet die gefundenen bibliografischen Daten auf und generiert daraus ein Literaturverzeichnis. Dieses wird für LATEX in einer separaten Datei (.bbl) zur Verfügung gestellt. Für die Aufbereitung des Literaturverzeichnisses werden die Vorgaben aus einer Stildatei (.bst) als Ausgaberichtlinie berücksichtigt.

Im zweiten LaTeX-Durchlauf wird das Literaturverzeichnis (aus der Datei .bbl) in das Dokument eingefügt. Im dritten LaTeX-Durchlauf können mit diesem Literaturverzeichnis die Markierungen für die Literaturverweise im Text angebracht werden.

Ein erneuter BIBTeX-Lauf ist danach erst wieder notwendig, wenn sich die Literaturliste oder ein Eintrag in einer Literatursammlung geändert hat.

Die Literaturverweise im Text werden auch bei der Nutzung von BIBTeX mit dem Befehl \cite vorgenommen, siehe dazu auch Kapitel 13.1.2.

13.2.2   Aufbau einer Literatursammlung

Eine Literatursammlung enthält Einträge für mehrere Literaturquellen. Für jede davon müssen der Literaturtyp und das interne Kennzeichen (*Bezug*) festgelegt werden sowie weitere Daten spezifiziert werden. Je nach Literaturtyp (z. B. Buch, Zeitschriftenartikel) sind Angaben zu verschiedenen bibliografischen Kategorien zwingend erforderlich, andere sind optional. Beispielhaft sei hier ein Minimal-Eintrag für den ersten LaTeX-Band von Helmut Kopka vorgestellt.

```
@book{kopka,
    AUTHOR={Kopka, Helmut},
    TITLE={\LaTeX, Band 1, Einführung},
    PUBLISHER={Pearson Studium},
    YEAR={2002}
}
```

Das voranstehende Zeichen »@« leitet einen BIBTeX-Datensatz ein. Für jede Literaturquelle muss entschieden werden, welchem Typ das Werk angehört: hier ein Buch, daher book. Die weiteren Angaben folgen innerhalb geschweifter Klammern. Als erstes muss das eindeutige interne Kennzeichen (*Bezug*) genannt werden, wie es später im Befehl \cite benutzt wird: hier kopka. Untereinander durch Komma abgetrennt schließen sich die Daten für die einzelnen bibliografischen Kategorien an. Diese bestehen jeweils aus einem Schlüsselwort, einem Gleichheitszeichen und dem zugehörigen Eintrag, der in geschweifte Klammern eingeschlossen werden sollte. Die Groß- oder Kleinschreibung des Schlüsselworts ist nicht von Bedeutung.

Weitere Hinweise zum Aufbau eigener Literatursammlungen finden Sie in der weiterführenden Literatur [1, 4, 6, 13]. In dieser finden Sie auch Beschreibungen für Programme zur effizienten Verwaltung Ihrer eigenen Literatursammlungen.

13.2.3   Ausgabe des Literaturverzeichnisses

Welche Literatursammlung(en) von BIBTeX durchsucht werden sollen und welche Ausgaberichtlinien für das Literaturverzeichnis angewendet werden, müssen Sie in Ihrem LaTeX-Dokument spezifizieren.

Die Ausgaberichtlinie (z. B. Reihenfolge bzw. Sortierung der Literaturquellen, Art der Markierung, Formatierung der bibliografischen Kategorien) legen Sie mit dem folgenden Befehl fest.

`\bibliographystyle{`*Stil*`}`

Für *Stil* stellt LATEX die folgenden Ausgaberichtlinien bereit.

`unsrt` Die Literaturquellen werden in der Reihenfolge ausgegeben, in der sie im Text benutzt werden. Zur Markierungen werden Zahlen in eckigen Klammern benutzt.

`plain` Die Autorennachnamen werden zur alphabetischen Sortierung der Literaturquellen herangezogen, die Markierung erfolgt mit Zahlen in eckigen Klammern.

`abbrv` Der Stil ist ähnlich dem Stil `plain`; nur wird für Einträge einiger bibliografischer Kategorien eine abgekürzte Schreibweise benutzt.

`alpha` Die Literaturquellen werden alphabetisch sortiert ausgegeben. Als Marke werden vom Nachnamen des Autors die ersten drei Buchstaben herangezogen und durch die zwei letzten Ziffern des Erscheinungsjahrs ergänzt. Die Marke wird für die Markierung im Text und im Literaturverzeichnis in eckigen Klammern eingeschlossen.

Neben den LATEX-Standardstilen existieren spezielle sprach- oder fachspezifische Anpassungen der Ausgaberichtlinien. Beispielhaft seien die Zusatzstile bzw. -pakete *babelbib* (deutsch- und mehrsprachige Dokumente, in Kombination mit dem Zusatzpaket *babel*), *natbib* (naturwissenschaftliche Texte), *jurabib* (juristische Dokumente) sowie *germbib* und *din1505* (Literaturangaben für deutsche Texte) genannt.

Der Befehl `\bibliographystyle` muss sich in Ihrem LATEX-Quelltext vor dem Befehl zur Ausgabe des Literaturverzeichnisses befinden. Dieses fügen Sie mit folgendem Befehl in Ihrem Text ein.

`\bibliography{`*Literatursammlung(en)*`}`

Hiermit legen Sie auch fest, welche *Literatursammlung(en)* von BIBTEX durchsucht werden, um die Literaturverweise aufzulösen. Im Befehl `\bibliography` kann die Endung `.bib` beim Dateinamen einer Literatursammlung entfallen. Wenn Sie mehr als einen Dateinamen angeben, müssen Sie diese durch Komma voneinander trennen.

Zwischen den Dateinamen dürfen Sie keine Leerzeichen verwenden oder Zeilenumbrüche einfügen. Ein Zeilenumbruch ist nur dann erlaubt, wenn Sie direkt nach dem letzten Zeichen ein Kommentarzeichen (»%«) anfügen.

Die Form der Ausgabe des Literaturverzeichnisses richtet sich nach der Ausgaberichtlinie, die Sie vorher mit Befehl `\bibliographystyle` angegeben haben.

Das Beispiel 13.3 zeigt exemplarisch die Befehle, die für die Nutzung von BIBTEX erforderlich sind. Der Befehl `\bibliographystyle` bewirkt, dass als Ausgaberichtlinie `unsrt.bst` benutzt wird. Dieser Stil markiert die Literaturangaben numerisch in der Reihenfolge, wie sie im Text zitiert werden. Mit dem Befehl `\bibliography` werden die Literatursammlungen `tex.bib` und anschließend `latex.bib` durchsucht, die Referenzen aufgelöst und das Literaturverzeichnis ausgegeben. Die Ausgaberichtlinie `unsrt.bst` bewirkt darüber hinaus, dass die oben angegebenen Einträge jeweils mit einem Punkt abgeschlossen werden und der Titel in einer kursiven Schrift gesetzt wird.

Beispiel 13.3: Literaturverzeichnis mit Hilfe des BIBTEX-Systems

Literatur

[1] Leslie Lamport. *LATEX*. Addison-Wesley, 1999.

[2] Helmut Kopka. *LATEX, Band 1, Einführung*. Pearson Studium, 2002.

[3] Don. E. Knuth. *The TEX-Book, Computers and Typesetting Vol.A*. Addison-Wesley, 1992.

```
\bibliographystyle{unsrt}
...
\bibliography{tex,latex}
...
```

Alle Möglichkeiten von BIBTEX aufzuzeigen, würde den Rahmen dieses Buches sprengen. Daher sei auf die weiterführende Literatur [1, 4, 6, 8, 13, 15] verwiesen, die verschiedene Anwendungsszenarien ausführlich beschreibt und diese auch an Beispielen demonstriert.

13.3   Hilfreiche Zusatzpakete

Die Markierung von Literaturverweisen kann mit Hilfe einiger Zusatzpakete verändert werden. Weit verbreitet ist das Zusatzpaket *cite*, mit dessen Hilfe automatisch Bereiche in der Nummerierung von LATEX zusammengefasst werden; zum Beispiel wird statt [1,4,5,6,7,8,10] im Text nun [1,4–8,10] als Literaturverweis eingefügt.

Das Zusatzpaket *overcite* stellt die Markierungen der Literaturverweise als hochgestellte Zahl dar. Dies kann bei gleichzeitiger Verwendung von Fußnoten zu Unklarheiten führen.

In der weiterführenden Literatur (z. B. [1, 6, 9, 13, 15]) finden Sie Beispiele und die Dokumentation zu diesen und weiteren nützlichen Zusatzpaketen in diesem Zusammenhang.

13.4   Übung

Setzen Sie den nachfolgenden Text mit den Literaturverweisen in der angegebenen Weise. Verwenden Sie dazu zunächst die Umgebung *thebibliography*. Experimentieren Sie mit unterschiedlichen Markierungen und vertauschen Sie die Einträge im Literaturverzeichnis. Beobachten Sie dabei die Auswirkungen auf die Literaturverweise im Text und im Literaturverzeichnis.

Erweitern Sie das Literaturverzeichnis um weitere Autoren und ergänzen Sie den Text um zusätzliche Literaturverweise. Verändern Sie die Formatierung der bibliografischen Daten im Literaturverzeichnis.

Anschließend können Sie mit diesen Daten eine eigene Literatursammlung aufbauen und BIBTEX dazu verwenden, das Literaturverzeichnis auf diesem alternativen Weg zusammenzustellen.

1   Literaturverweise

Donald E. Knuth [1] hat TEX vor vielen Jahren entwickelt. Leslie Lamport [2] hat darauf aufbauend die wesentlich komfortabler zu bedienende Schnittstelle LATEX zur Verfügung gestellt. Befehlsübersichten sind in [2, 1] zu finden.

Literatur

[1] Knuth, Donald E:
The TEX-Book; Computers and Typesetting Vol.A.
Amsterdam: Addison-Wesley Longman, 1992

[2] Lamport, Leslie:
Das LATEX-Handbuch.
München: Addison-Wesley, 1999

13.5   Zusammenfassung

In diesem Kapitel haben Sie gelernt, wie Sie

✓ ein Literaturverzeichnis mit der Umgebung *thebibliography* aufbauen,

✓ bibliografische Daten mit dem Befehl \bibitem angeben,

✓ im Text mit dem Befehl \cite auf Literatur verweisen,

✓ die Markierung für Literaturverweise in Ihrem Dokument und im Literaturverzeichnis ändern und

✓ das Programm BIBTEX für die Nutzung von Literatursammlungen einsetzen.

Kapitel

14 Indexerstellung

In umfangreichen Dokumenten ist es üblich, Stichwörter in einem eigenen Dokumentteil aufzuführen, dem Stichwortverzeichnis oder Index. Zusammen mit dem Stichwort wird dort auch die Seitenzahl angegeben, an der dieses Stichwort erwähnt wird. Über das Stichwortverzeichnis lassen sich die Stellen im Dokument finden, wo das gesuchte Stichwort erklärt oder verwendet wird.

Das Stichwortverzeichnis von Hand zu erstellen ist ein aufwändiger Prozess: Zuerst müssen Sie entscheiden, welche Stichwörter in den Index aufgenommen werden sollen, danach müssen Sie für diese Stichwörter die relevanten Stellen im Dokument suchen, die zugehörigen Seitenzahlen ermitteln und diese in den Index übertragen. Zum Schluss müssen die Indexeinträge sortiert werden. Nachträgliche Änderungen in Ihrem Dokument wirken sich natürlich auch auf den Index aus, daher wird ein Stichwortverzeichnis in der Regel erst für die Endfassung erstellt.

Bei der Indexerstellung kann Ihnen LaTeX viel Arbeit abnehmen. Dazu sind allerdings einige Dinge zu beachten, die im folgenden Kapitel beschrieben werden.

Insbesondere lernen Sie

→ Stichwörter im Text für die Aufnahme in den Index vorzubereiten,

→ alternative Einträge für Stichwörter anzugeben,

→ die Sortierung der Stichwörter im Index zu beeinflussen,

→ Schriftauszeichnungen für Indexeinträge zu verwenden,

→ Indexeinträge zu staffeln,

→ die Indexeinträge aufzubereiten und

→ den Index auszudrucken.

14.1 Grundlagen

Für die Erstellung eines Stichwortverzeichnisses ist das Zusatzpaket *makeidx* notwendig. Darüber hinaus müssen Sie LaTeX noch anweisen, die Einträge für den Index auch zu sammeln. Daher sind in der Präambel Ihres Dokuments die beiden folgenden Anweisungen erforderlich.

```
\usepackage{makeidx}
\makeindex
```

Damit erzeugt LATEX die Roheinträge für das Stichwortverzeichnis und legt diese in einer Datei mit der Erweiterung `.idx` ab. In dieser Datei sind die Indexeinträge in chronologischer Reihenfolge abgelegt. Vor Ausgabe des Stichwortverzeichnisses müssen die Einträge noch sortiert und aufbereitet werden. Diese Aufgabe übernimmt das Programm `MakeIndex`, das mit zum Umfang einer LATEX-Installation gehört. Es liest die Roheinträge ein und stellt die sortierten und aufbereiteten Einträge in einer Datei mit der Erweiterung `.ind` in der Umgebung *theindex* für LATEX zur Verfügung.

Nach der Indexaufbereitung müssen Sie Ihr Dokument noch einmal übersetzen, damit das so erstellte Stichwortverzeichnis auch durch den Befehl `\printindex` (siehe Kapitel 14.3) ausgegeben wird. Das Zusammenspiel der Programme und Dateien zeigt schematisch die Abbildung 14.1.

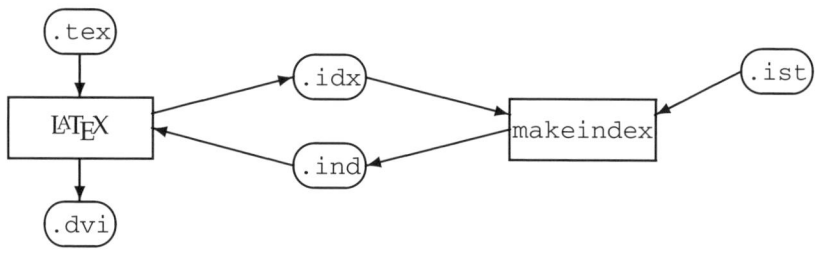

Abbildung 14.1: Vereinfachter Datenfluss bei der Erstellung eines Stichwortverzeichnisses

Das Programm `MakeIndex` wird wie folgt aufgerufen.

> `makeindex` *Option(en) Dateiname*

Für *Dateiname* geben Sie den Namen Ihres Dokuments (ohne die Endung `.tex`) an. Häufig genutzte *Option(en)* sind.

`-c` Dem Stichwort vorangehende und nachfolgende Leerzeichen werden ignoriert. Mehrfach-Leerzeichen in einem Stichwort werden auf ein Leerzeichen reduziert.

`-g` Die Sortierung der Stichwörter erfolgt auch für Wörter mit deutschen Sonderzeichen korrekt (nach DIN 5007). Für die Nutzung dieser Option sind tiefgehende Kenntnisse notwendig, so dass Anfänger diese Option besser nicht nutzen sollten.

`-s` *Stildatei* Die *Stildatei* wird bei der Aufbereitung des Stichwortverzeichnisses berücksichtigt. Sie enthält Vorgaben für die interne Verarbeitung und für die Formatierung der Einträge im Stichwortverzeichnis.

Die Optionen können Sie miteinander kombinieren, sie werden dann durch ein Leerzeichen voneinander getrennt. Die weiterführende Literatur [4, 13] gibt Hinweise zur Nutzung dieser und darüber hinaus existierender Optionen des Progamms `MakeIndex`.

Die vom Programm `MakeIndex` aufbereitete Datei (`.ind`) wird bei der Ausgabe des Stichwortverzeichnisses benutzt (siehe Kapitel 14.3).

Alternativ können Sie auch andere Programme (z. B. `xindy`) zur Aufbereitung der Roheinträge für den Index einsetzen. Die weiterführende Literatur [13] gibt Hinweise zum Einsatz des oben erwähnten Programms.

14.2   Der Befehl für Indexeinträge

Damit Stichwörter überhaupt in den Index aufgenommen werden, müssen Sie diese in Ihrem Dokument kennzeichnen. Dazu dient der folgende Befehl.

> `\index{`*Eintragstext*`}`   Das Argument *Eintragstext* wird nur für das Stichwortverzeichnis verwendet, es wird nicht im Dokumenttext ausgegeben. Der *Eintragstext* besteht in der Regel aus dem Stichwort, kann aber auch noch weitere Informationen (siehe unten) beinhalten. Leerzeichen im *Eintragstext* werden für die Sortierung der Stichwörter beachtet und stellen eine häufige Fehlerquelle dar (außer die Option `-c` des Programms `MakeIndex` wird benutzt).
>
> Die vier Zeichen »`!`«, »`@`«, »`"`« und »`|`« haben innerhalb des Arguments *Eintragstext* dieses Befehls eine Sonderbedeutung.

Den Befehl `\index` sollten Sie ohne Leerzeichen an das Stichwort anhängen, das Sie in den Index aufnehmen wollen. Nur so ist sichergestellt, dass die korrekte Seitenzahl für den Indexeintrag verwendet wird.

Für *Eintragstext* können Sie die folgenden Angaben einsetzen.

> *Eintrag*   Der *Eintrag* wird im Stichwortverzeichnis ausgewiesen. Dieser Eintrag bestimmt auch die Sortierreihenfolge im Index. Die Groß- bzw. Kleinschreibung hat Auswirkung auf die Sortierung, ebenso die Nutzung der deutschen Sonderzeichen.
>
> *Haupteintrag*`!`*Untereintrag*   Der hinter dem Rufzeichen (»`!`«) angegebene *Untereintrag* wird in der zweiten Ebene unter dem *Haupteintrag* in den Index eingefügt. Durch Anfügen eines weiteren Ausdrucks `!`*Unteruntereintrag* können Sie so maximal drei Ebenen in einem Index aufbauen.
>
> *Eintrag*`@`*Alternativeintrag*   Der hinter dem At-Zeichen (»`@`«) angegebene *Alternativeintrag* wird im Index ausgewiesen. Für die Sortierung wird *Eintrag* verwendet. Diese Angabe ist immer dann erforderlich, wenn der Indexeintrag Umlaute oder Akzentzeichen enthält, weil für diese Zeichen die Sortierung nicht korrekt erfolgt (Ersatzdarstellungen mit Sonderzeichen). Im *Alternativeintrag* können Sie auch LaTeX-Befehle zur Texthervorhebung angeben.
>
> *Eintrag*`|`*Sonderfunktion*   Mit der hinter dem senkrechten Strich (»`|`«) stehenden Angabe *Sonderfunktion* ist es möglich, die im Index ausgedruckte Seitenzahl zu formatieren, Seitenzahlbereiche für ein Stichwort zu definieren oder Querverweise im Index anzubringen. Die weiterführende Literatur [4, 6, 8, 13] stellt die dafür notwendigen Ausdrücke für *Sonderfunktion* vor.

Das Zeichen »`"`« im *Eintragstext* wird zur Maskierung der oben erwähnten Zeichen mit Sonderbedeutung benutzt, um diese als Eintrag verwenden zu können.

Bei deutschen Sonderzeichen treten oftmals Probleme bei der richtigen Darstellung und Sortierung im Index auf. In diesen Fällen ist es hilfreich, die Schreibweise *Eintrag@Alternativeintrag* für solche Stichwörter zu nutzen. Im *Eintrag* wird die Schreibweise für die Sortierung angegeben (z. B. ae für ä oder Oe für Ö bzw. ss für ß). Im *Alternativeintrag* wird die Schreibweise eingetragen, die LaTeX für die korrekte Ausgabe dieser Zeichen benötigt. Diese ist abhängig von den in der Präambel geladenen Paketen, im ungünstigsten Fall müssen Sie auf die Akzentschreibweise zurückgreifen (z. B. \"a).

Beispiel 14.1: Indexbefehle im Fließtext

Der Textsatz mit LaTeX erzeugt ein gut gestaltetes Dokument. Auch Sonderzeichen, z.B. δ, lassen sich in den Index aufnehmen. Hier folgen noch die deutschen Sonderzeichen: ä und ß.

1

In diesem Buch haben Sie viel über LaTeX- und TeX-Befehle erfahren. Hier folgt noch ein ä.

2

```
\usepackage{makeidx}
\makeindex
...
Der Textsatz mit \LaTeX{} erzeugt ein gut gestaltetes
Dokument\index{Dokument}. Auch Sonderzeichen, z.B.
$\delta$\index{delta@$\delta$}, lassen sich in den
Index aufnehmen. Hier folgen noch die deutschen
Sonderzeichen: ä\index{ae@ä} und ß\index{ss@ß}.
\newpage
In diesem Buch haben Sie viel über \LaTeX%
\index{Befehl!LaTeX@\LaTeX}- und \TeX-Befehle erfahren.
Hier folgt noch ein ä\index{ae@ä}.
```

Das Beispiel 14.1 zeigt die Anwendung verschiedener Indexbefehle im Fließtext. Am Bindestrich des Indexworts »LaTeX-« könnte ein Seitenumbruch erfolgen; Sie müssen Vorkehrungen treffen, dass der Index die richtige Seitenzahl referenziert (daher die unübersichtliche Schreibweise).

14.3   Ausgabe des Stichwortverzeichnisses

Das Programm MakeIndex sortiert die Indexeinträge alphabetisch und bereitet die Seitenangaben entsprechend auf. Das Stichwortverzeichnis wird in einer listenähnlichen Struktur (in der Umgebung *theindex*) mit unterschiedlich tiefen Einzügen für den Haupt- und die Untereinträge gesetzt. Sie können es bei einem weiteren LaTeX-Lauf mit dem folgenden Befehl (aus dem Zusatzpaket *makeidx*) ausgeben.

```
\printindex
```

Dieser druckt das Stichwortverzeichnis mit einer nicht nummerierten Überschrift auf der höchsten Gliederungsebene im Zweispaltensatz (`\twocolumn`) auf einer neuen Seite aus. Als Titel wird »Index« benutzt. Diese Überschrift (`\indexname`) können Sie mit dem im Kapitel 15.4 genannten Befehl modifizieren.

Die erste Seite des Stichwortverzeichnisses wird standardmäßig im Seitenlayout `plain` ausgegeben, für die Folgeseiten wird das von Ihnen für das ganze Dokument vorgesehene Seitenlayout benutzt.

Beispiel 14.2 zeigt das mit den Befehlen aus dem Beispiel 14.1 erzeugte Stichwortverzeichnis.

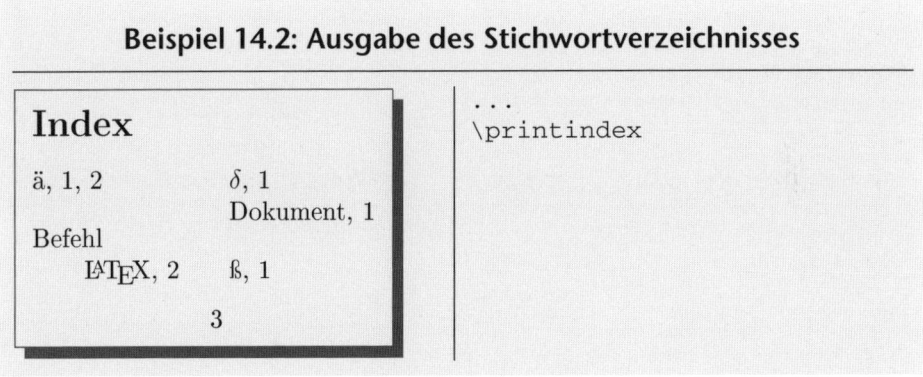

Beispiel 14.2: Ausgabe des Stichwortverzeichnisses

Das Dienstprogramm `MakeIndex` kann den Index nach verschiedenen Kriterien aufbereiten, dafür werden so genannte Stildateien (`.ist`) verwendet. Dokumentation dazu und zum Programm selbst können Sie der Literatur [4, 6, 13] entnehmen. Verschiedene Indexstile finden Sie dort an Beispielen demonstriert.

14.4 Hilfreiches Zusatzpaket

Für die Erstellung eines guten Stichwortverzeichnisses ist präzises und sorgfältiges Arbeiten notwendig, da der Befehl `\index` im eigentlichen Dokumententext nicht sichtbar ist. Eine visuelle Kontrolle, ob die Einträge konsistent und vollständig vorgenommen wurden, ist so nicht möglich. Abhilfe schafft hier das Zusatzpaket *showidx*, das den *Eintragstext* als Randnote auf der Seite im Dokument ausgibt, an der er sich im Quelltext befindet. Damit können Sie Ihre Indexeinträge visuell kontrollieren. In der weiterführenden Literatur [4, 6, 13] finden Sie weitere Informationen zur Nutzung dieses Zusatzpaketes.

14.5   Übung

Benutzen Sie die Eingabedaten der Übung aus Kapitel 3 und erstellen Sie daraus mit geeigneten Befehlen den nachfolgenden, strukturierten Index. Laden Sie das notwendige Zusatzpaket in der Präambel des Dokuments und bereiten Sie auch die Ausgabe der Indexdatei vor.

Wenden Sie das Programm `MakeIndex` auf diese Daten an und achten Sie auf eventuelle Fehlermeldungen. Wenn der Index korrekt aufbereitet wurde, müssen Sie Ihr Dokument noch einmal übersetzen, damit die Indexdaten verwendet werden können.

Vergessen Sie nicht, den Befehl für die Ausgabe des Index an der Stelle in Ihrem Dokument anzugeben, an der er ausgedruckt werden soll.

Index

Absätze, 2

Deutsche Spezifika
    Ä, 1
    ä, 1
    Ö, 1
    ö, 1
    ß, 1
    Ü, 1
    ü, 1

Zeichen, 1
    Akzent-, 1
    Fortsetzungspunkte-, 1
    Gedankenstriche-, 1
    Sonder-, 1
Zeile, 2
Zeilenumbruch, 2

3

14.6   Zusammenfassung

In diesem Kapitel haben Sie gelernt

✓ die Hilfsmittel zur Erstellung eines Stichwortverzeichnisses einzusetzen,

✓ die Befehle für die Indexerstellung anzuwenden,

✓ Indexeinträge im Dokument vorzunehmen,

✓ die Indexeinträge aufzubereiten und

✓ das Stichwortverzeichnis in Ihrem Dokument einzufügen.

Kapitel

15 Praxisnahe Dokumente

Bisher haben Sie viele einzelne Facetten von LATEX kennen gelernt. Wenn Sie ein umfangreiches Dokument verfassen, könnten die in diesem Kapitel aufgeführten Hinweise hilfreich sein.

Die Aufteilung umfangreicher Dokumente in kleinere Teildokumente kann viel Zeit bei der Formatierung einsparen. Erst bei der Endredaktion werden die Teildokumente dann zum Gesamtdokument zusammengefasst und als Ganzes übersetzt. LATEX bietet hierfür passende Hilfsmittel an.

Darüber hinaus können Sie selbst neue LATEX-Befehle aufbauen, die Ihnen die konsequente Formatierung spezieller Dokumentteile erlauben. Dies ist bei größeren Projekten, wie z. B. einer Abschlussarbeit, wichtig, da hierbei ein einheitliches Layout erforderlich ist.

Im folgenden Kapitel lernen Sie

→ Ihr Dokument aus kleineren Teildokumenten zusammenzusetzen,

→ selbst definierte Befehle aufzubauen und für Ihr Dokument zu nutzen,

→ den Satzspiegel des Dokuments Ihren eigenen Wünschen entsprechend anzupassen und

→ LATEX-Dokumente gemeinsam mit anderen Autoren zu bearbeiten.

Wenn Sie sich mit den im Folgenden beschriebenen Mitteln selbst einen „Werkzeugkasten" zusammenstellen, sollten Sie diesen frühzeitig auf seine Tauglichkeit hin überprüfen und auch weit im Vorfeld bereits nutzen. Damit Sie – wenn es darauf ankommt – diesen auch problemlos anwenden können.

15.1 Einbindung von Teildokumenten

Die Aufteilung eines umfangreichen Dokuments (z. B. Abschlussarbeit) in kleinere Teildokumente (z. B. auf Basis der Kapitel) kann Ihnen sehr viel Zeit sparen, da die Dateien übersichtlicher bleiben und nicht so groß werden. So müssen Sie immer nur kleine Dateien handhaben. Auch die Formatierung durch LATEX läuft mit kleineren Dokumenten wesentlich schneller ab. Die Teildokumente werden erst zum Schluss zum Gesamtdokument zusammengefasst. Dafür stellt LATEX zwei Vorgehensweisen zur Verfügung.

15.1.1   Import ohne Umbruch

Soll der Inhalt einer Datei ohne Zeilen-, Absatz- und Seitenumbruch integriert werden, so kommt dafür nur der folgende Befehl in Betracht.

> \input{*Dateiangabe*}   Die *Dateiangabe* (mit Dateiname und -erweiterung sowie erforderlichenfalls der Pfadangabe) benennt die Datei, die integriert werden soll.

> Die so importierten Dateien enthalten nur den textuellen Inhalt und die zur Formatierung notwendigen LaTeX-Anweisungen. Sie haben **keine** Präambel, da sie ja Teil eines anderen Dokuments werden! Der Inhalt der so benannten Datei wird an der Stelle von LaTeX ausgegeben, an der der Befehl in der Eingabe steht. Die Datei darf weitere Befehle \input enthalten.

Mit diesem Verfahren lassen sich auch spezielle, aufwändig zu erstellende Dokumentteile (z. B. mit der *picture*-Umgebung erstellte Grafiken) integrieren. Diese können so separat erstellt und mit einem kleinen Probedokument getestet werden. Erst wenn die Integration dort erfolgreich war, wird diese Datei dann in das richtige Dokument integriert.

Das Beispiel 15.1 zeigt die Integration der Datei einl.tex (ein neuer Abschnitt) in ein bestehendes LaTeX-Dokument. Der neue Abschnitt wird im Dokument dort eingefügt, wo sich in der Eingabedatei der Befehl \input befindet.

Beispiel 15.1: Integration einer Datei ohne Seitenumbruch

1 Vorwort	`\section{Vorwort}`
	`\input{einl.tex}`
	`\section{Schlusswort}`

2 Einleitung	

Dies ist Text der Einleitung ...	`%=== einl.tex ==`
	`\section{Einleitung}`
	`Dies ist Text der`
	`Einleitung \dots`

3 Schlusswort	

Für umfangreiche Dokumente (z. B. Studienarbeiten, Diplomarbeiten) wird man meist noch mehr Dateien importieren. Das Hauptdokument enthält oftmals nur noch die Präambel und rudimentäre Befehle für den Textkörper. In diesem befinden sich dann eine Reihe von Befehlen \input für die einzelnen zu integrierenden Dokumentteile. Mit Hilfe dieser „Steuerdatei" können Sie leicht nur einzelne Dokumentteile formatieren, indem Sie alle nicht erforderlichen Befehle \input mit einem vorangestellten Prozentzeichen »%« auskommentieren. Dann übersetzen Sie diese Steuerdatei und formatieren so nur das gewünschte Kapitel.

Nachteilig an diesem Verfahren ist, dass Seitenzahlen, automatische Nummerierungen und Querverweise nicht korrekt sind, da ja Dokumentteile fehlen. In der Endredaktion, wenn alle Befehle \input aktiviert sind, werden diese natürlich wieder korrekt erzeugt.

15.1.2   Integration einer Datei mit Seitenumbruch

Soll der Dateiinhalt an einer Stelle integriert werden, an der ohnehin ein fester Seitenumbruch erfolgt (z. B. neues Kapitel in den Dokumentklassen `report` oder `book`), kann zur Integration der Datei der folgende Befehl benutzt werden.

> `\include{`*Dateiangabe*`}`   In diesem Fall enthält *Dateiangabe* nur den eigentlichen Namen der zu integrierenden Datei (ohne Datei-Erweiterung!). Es wird vorausgesetzt, dass die Erweiterung des Dateinamens `.tex` lautet und die Datei sich im gleichen Verzeichnis befindet.

> Die so importierten Dateien enthalten nur den textuellen Inhalt und die zur Formatierung notwendigen LaTeX-Anweisungen. Sie haben **keine** Präambel, da sie ja Teil eines anderen Dokuments werden! Der Import erzwingt in diesem Fall Seitenumbrüche **vor und hinter** dem einzufügenden Inhalt. Die Datei kann weitere LaTeX-Anweisungen (und auch Befehle `\input`) beinhalten, aber **keinen** Befehl `\include`!

Jede so importierte Datei erzeugt ihre eigene Hilfsdatei (`.aux`), in der sich Angaben zu Seitennummern, Querverweisen und automatischen Nummerierungen befinden. Diese Informationen werden erst bei einer neuen Formatierung der zugehörigen Datei aktualisiert.

Beispiel 15.2 zeigt die Integration der Teildokumente `vorwort.tex`, `kap1.tex`, `kap2.tex` und `schluss.tex`.

Beispiel 15.2: Integration einer Datei mit Seitenumbruch

2   Einleitung
 	
Dies ist Text der Einleitung ...
Im Vorwort (Seite 1) haben Sie gesehen ...
 	
2
	`\documentclass[a4paper]{article}`
	`...`
	`\includeonly{kap1}`
	`\begin{document}`
	`    \include{vorwort}`
	`% Einleitung`
	`    \include{kap1}`
	`% Hier folgt der Hauptteil`
	`    \include{kap2}`
	`% Anhang, Literatur`
	`    \include{schluss}`
	`\end{document}`

Die Steuerung, welche Dokumentteile übersetzt werden sollen, erfolgt hier anders als beim Befehl `\input`. Diese Steuerung übernimmt in der Präambel der folgende Befehl.

> `\includeonly{`*Dateiliste*`}`   In der *Dateiliste* werden – durch Komma getrennt – die Namen der Dateien angegeben, die formatiert werden sollen.

Durch den Befehl `\includeonly` im Beispiel 15.2 wird nur die Datei `kap1.tex` neu von LaTeX formatiert. Die Seitennummer, die automatische Nummerierung und der Querverweis werden bei diesem Verfahren korrekt dargestellt, da diese Informationen aus den Hilfsdateien (`.aux`) der anderen integrierten – auch nicht neu formatierten – Dateien entnommen werden.

Wenn Sie den Befehl `\includeonly` in der Präambel des Dokuments auskommentieren oder nicht angeben, werden alle Dateien, die mit Befehlen `\include` integriert werden, neu formatiert.

Vorteil dieses Verfahrens ist, dass auch interne Referenzen korrekt dargestellt werden. Es kann allerdings nur angewendet werden, wenn der erzwungene Seitenumbruch nicht stört.

15.2   Eigene Anpassungen

Damit Ausdrücke und Formatierungen, die häufiger in Ihrem Dokument auftreten, überall einheitlich benutzt werden, ist es sinnvoll, diese in Form von selbst definierten LaTeX-Anweisungen abzulegen. Dies hat auch den Vorteil, dass Änderungen nur an einer Stelle vorgenommen werden müssen und dann einheitlich im gesamten Dokument gelten.

Sie können sowohl neue LaTeX-Befehle als auch neue LaTeX-Umgebungen selbst definieren. Im Folgenden lernen Sie die dazu notwendigen Befehle kennen.

15.2.1   Eigene Befehle

Für die Erstellung eigener Befehle stellt LaTeX folgende Befehle zur Verfügung.

`\newcommand{\Name}[n]{Definition}`   Es wird ein neuer Befehl `\Name` vereinbart. In *Definition* befinden sich die textuellen Inhalte bzw. Formatieranweisungen. Sie können den Befehl so definieren, dass er Argumente verarbeiten kann. Die Anzahl der Argumente wird mit dem optionalen Parameter *n* angegeben. Maximal neun Argumente kann LaTeX verarbeiten!

`\renewcommand{\Name}[n]{Definition}`   Der bereits bestehende Befehl `\Name` soll umdefiniert werden. In *Definition* befinden sich die neuen textuellen Inhalte bzw. Formatieranweisungen.

`\ensuremath{Ausdruck}`   Dieser Befehl sorgt dafür, dass *Ausdruck* im mathematischen Modus gesetzt wird. Somit kann der *Ausdruck* sowohl im Flileßtext als auch in mathematischen Ausdrucken benutzt werden.

Für `\Name` gelten die gleichen Regeln und Besonderheiten wie für die internen LaTeX-Befehle (siehe Kapitel 2.2).

Die so definierten eigenen Befehle können Sie wie die bereits bekannten LaTeX-Befehle verwenden. Im Text müssen Sie nur den Befehlsnamen `\Name` angeben. Die Leerstellen nach dem Befehl haben die gleiche Sonderbedeutung wie bei den anderen LaTeX-Befehlen auch.

Beispiel 15.3: Einfacher eigener LaTeX-Befehl

Wird der Befehl \Eth benutzt, so wird *Di-Ethylether* ausgegeben.	```\newcommand{\Eth}%```
	``` {\textit{Di-Ethyl\-ether}}```
	```...```
	```benutzt, so wird \Eth{}```
	```ausgegeben.```

Das Beispiel 15.3 zeigt die Definition und die Nutzung eines einfachen eigenen LaTeX-Befehls, der nur die Zeichenkette »*Di-Ethylether*« in kursiver Schrift ausgibt.

Durch Angabe von Argumenten können Sie LaTeX-Befehle verallgemeinern, so dass diese für unterschiedliche Anwendungsbereiche zur Verfügung gestellt werden können. Innerhalb der Befehlsdefinition kann auf das Argument durch die Angabe von #1 zurückgegriffen werden. Analog werden die Parameter zwei bis neun mit #2, ..., #9 angesprochen. Dafür muss allerdings auch die Zahl der Parameter n in der Definition entsprechend gesetzt werden.

Beispiel 15.4: LaTeX-Befehl mit Argument

Der Befehl \Vec kann sowohl im Fließtext $x_1, \ldots, x_n$ als auch im Mathematik-Modus $y_1, \ldots, y_n$ angewendet werden.	```\newcommand{\Vec}[1]{%```
	``` \ensuremath{%```
	``` #1_1,\ldots,#1_n}}```
	```...```
	```im Fließtext \Vec{x} als auch```
	```im Mathematik-Modus $\Vec{y}$```
	```angewendet werden.```

Das Beispiel 15.4 zeigt die Definition eines eigenen Befehls mit einem Argument. In dem obligatorischen Argument muss der Vektorname angegeben werden. Im ersten Fall wird die Darstellung für den Vektor x ausgegeben, da für das Befehlsargument »x« eingesetzt wurde. Im zweiten Fall wird der Vektor y im mathematischen Modus ausgegeben (Befehlsargument: »y«).

Die weiterführende Literatur [8, 12, 13] bietet weitere Hinweise zur Erstellung und Nutzung eigener Befehle.

15.2.2 Eigene Umgebungen

Für die Erstellung eigener Umgebungen stellt LaTeX folgende Befehle bereit.

\newenvironment{*Name*}[*n*]{*Beginn*}{*Ende*} Eine neue LaTeX-Umgebung *Name* wird vereinbart. Mit dem Befehl \begin{*Name*} wird die *Beginn*-Definition ausgeführt und die *Ende*-Definition mit dem Befehl \end{*Name*}.

\renewenvironment{*Name*}[*n*]{*Beginn*}{*Ende*}   Die bestehende LaTeX-Umgebung *Name* wird umdefiniert. Die anderen Parameter haben die gleiche Bedeutung wie oben.

Für *Name* gelten die gleichen Regeln wie für LaTeX-Befehle. In den *Beginn*- und *Ende*-Definitionen können Sie textuelle Inhalte und Formatierungsanweisungen verwenden. Die Nutzung von Argumenten ist auch in der *Beginn*-Definition einer eigenen Umgebung möglich. Die weiterführende Literatur [8, 12, 13] enthält weitere Hinweise zur Erstellung und Nutzung eigener Umgebungen.

Beispiel 15.5: Eine eigene Umgebung

Dies ist vorhergender Text, der im Blocksatz gesetzt wird.
 Die Zeilen innerhalb der Umgebung werden kursiv gedruckt und zentriert.
 Dies ist nachfolgender Text, der im Blocksatz gesetzt wird.
	`\newenvironment{Zent}%`
	 `  {\par\itshape\centering}`
	 `  {\par}`
	 `...`
	 `Dies ist vorhergender Text,`
	 `der im Blocksatz gesetzt wird.`
	 `\begin{Zent}`
	 `Die Zeilen innerhalb der`
	 `Umgebung werden kursiv`
	 `gedruckt und zentriert.`
	 `\end{Zent}`
	 `Dies ist nachfolgender Text,`
	 `der im Blocksatz gesetzt wird.`

Das Beispiel 15.5 stellt die Befehle für eine einfache selbst definierte Umgebung vor und zeigt die Nutzung der neuen Umgebung. Der Inhalt der Umgebung wird in einem eigenen Absatz mit einer kursiven Schrift zentriert ausgegeben.

15.2.3   Eigene Zusatzpakete

Wenn Sie häufiger Dokumente mit ähnlichen Inhalten verfassen, kann es hilfreich sein, die dafür entwickelten eigenen Anweisungen global zur Verfügung zu stellen. Das geht recht einfach, indem Sie die Definitionen in einer eigenen Datei zusammenfassen. Als Dateierweiterung müssen Sie dann .sty verwenden! Damit haben Sie ein eigenes Zusatzpaket zu LaTeX geschrieben.

Nun können Sie Ihr eigenes Zusatzpaket – wie jedes andere – nutzen. In Ihrem Dokument müssen Sie es mit dem im Kapitel 2.3.3 beschriebenen Befehl laden.

\usepackage[*Paketoption(en)*]{*Paketname*}   Dabei gibt *Paketname* nun Ihr selbst geschriebenes Zusatzpaket an. Für eigene Zusatzpakete können Sie auch eigene *Paketoption(en)* programmieren, die dann auch genutzt werden können. Ein Studium der weiterführenden Literatur [6, 10, 13] ist hierfür hilfreich.

Das Beispiel 15.6 zeigt die Nutzung eines eigenen Zusatzpakets, das die vorher definierten eigenen Befehle und die eigene LaTeX-Umgebung enthält.

Beispiel 15.6: Nutzung eines eigenen Zusatzpakets

Wird der Befehl \Eth benutzt, so wird *Di-Ethylether* ausgegeben. Der Befehl \Vec kann sowohl im Fließtext $x_1, \ldots, x_n$ als auch im Mathematik-Mode $y_1, \ldots, y_n$ benutzt werden.

Diese Zeilen werden kursiv gedruckt und zentriert.

```
\usepackage{eigen}
...
\begin{document}
Wird der Befehl \verb+\Eth+
benutzt, so wird \Eth{}
ausgegeben. \\
...
```

```
%=== eigen.sty ==
\newcommand{\Eth}%
   {\textit{Di-Ethyl\-ether}}
\newcommand{\Vec}[1]{%
   \ensuremath{%
      #1_1,\ldots,#1_n}}
\newenvironment{Zent}%
   {\par\itshape\centering}
   {\par}
% Ende: eigen.sty
```

Dieses Vorgehen verschafft Ihnen die Möglichkeit, häufig benötigte Definitionen an einer Stelle zu sammeln. Erforderliche Anpassungen brauchen Sie dann immer nur am Zusatzpaket vorzunehmen. Alle darauf aufbauenden Dokumente werden bei der nächsten LaTeX-Formatierung automatisch aktualisiert.

Sie müssen nun noch dafür sorgen, dass Ihr Zusatzpaket von LaTeX auch gefunden wird. Dazu muss es in einen Bereich des Verzeichnisbaums kopiert werden, der von LaTeX für Eingabedateien durchsucht wird. Wenn sich das eigene Zusatzpaket nicht im Suchpfad von LaTeX befindet, erhalten Sie die folgende Fehlermeldung.

```
! LaTeX Error: File '...' not found.
Type X to quit or <RETURN> to proceed,
or enter new name. (Default extension: sty)
Enter file name:
```

Statt der Auslassungspunkte finden Sie dort den Namen der Datei, die nicht gefunden werden konnte.

Viele LaTeX-Implementationen benutzen eine interne Datenbasis für die Dateinamen. Es kann ausreichend sein, diese zu aktualisieren. Hinweise zur Verzeichnisstruktur und zum Befehl für die Aktualisierung der Datenbasis finden Sie in der Dokumentation des von Ihnen verwendeten LaTeX-Systems.

Die weiterführende Literatur [6, 10, 13] enthält viele Hinweise und Tipps für den Aufbau eigener Zusatzpakete.

15.3　Änderungen des Satzspiegels

Gerade für wissenschaftliche Dokumente existieren häufig Vorgaben für den Satzspiegel (Zeilenbreite, Höhe des Textes und Ränder). Der von LaTeX zur Verfügung
gestellte Satzspiegel entspricht diesen Vorgaben nur sehr selten. Daher müssen
Sie LaTeX anweisen, Ihre Vorgaben für den Satzspiegel zu berücksichtigen.

Die Abhängigkeiten der LaTeX-internen Variablen, die die Seitenränder (Innen-
oder Bundsteg und Außensteg), den Randnotenbereich und die Zeilenbreite beschreiben, sind recht komplex und für den Anfänger nur schwer durchschaubar.
Gleiches gilt für die Variablen, die den Seitenkopf (Kopfsteg), die Texthöhe (inkl.
Fußnotenbereich) und den Seitenfuß (Fußsteg) beschreiben.

Das Zusatzpaket *geometry* erleichtert Änderungen des Satzspiegels, indem Sie in
den Paketoptionen die für Sie relevanten Parameter angeben können. Das Paket
berechnet mit Hilfe dieser Angaben die noch fehlenden Werte.

Das Zusatzpaket muss in der Präambel des Dokuments geladen werden. Dafür
können Sie folgenden Befehl verwenden.

```
\usepackage[Paketoption(en)]{geometry}
```

In den *Paketoption(en)* werden die Spezifikationen für den Satzspiegel angegeben.
Dafür können Sie die folgenden Angaben einsetzen.

`text={`*Breite*`,`*Höhe*`}`　Die Argumente *Breite* bzw. *Höhe* (jeweils eine Zahl mit
Maßeinheit) geben die Zeilenbreite bzw. die Höhe des Satzspiegels (ohne
Kopf- und Fußzeilen) an.

`top=`*Kopfsteg*　Der Abstand des Satzspiegels vom oberen Papierrand wird
durch *Kopfsteg* (Zahl mit Maßeinheit) beschrieben.

`bottom=`*Fußsteg*　Das Argument *Fußsteg* (Zahl mit Maßeinheit) legt den
Abstand der Unterkante des Satzspiegels vom unteren Papierrand fest.

`left=`*Innensteg*　Die Angabe *Innensteg* (Zahl mit Maßeinheit) gibt den
Abstand der linken Kante des Satzspiegels vom linken Papierrand an (bei
doppelseitiger Ausgabe: Innen- oder Bundsteg).

`right=`*Außensteg*　Der Parameter *Außensteg* (Zahl mit Maßeinheit) bestimmt
den Abstand der rechten Kante des Satzspiegels vom rechten Papierrand (bei
doppelseitiger Ausgabe: Außensteg).

`centering`　Damit berechnet LaTeX die Ränder so, dass der Satzspiegel
horizontal und vertikal zentriert auf der Seite ausgegeben wird.

Dies sind nur die wichtigsten Paketoptionen für das Zusatzpaket *geometry*. Weitere Optionen finden Sie in der Dokumentation, die im Paket enthalten ist. Einige
Optionen lassen sich miteinander kombinieren, dann müssen sie durch Komma
voneinander getrennt werden.

Die meisten Vorgaben für den Satzspiegel lassen sich mit diesem Zusatzpaket
verwirklichen. Das bedeutet aber nicht automatisch, dass auch ein harmonisch
wirkender Satzspiegel erzeugt wird!

Die Abbildung 15.1 zeigt verkleinerte Darstellungen eines DIN-A4 Papiers mit
verschieden erzeugten Satzspiegeln.

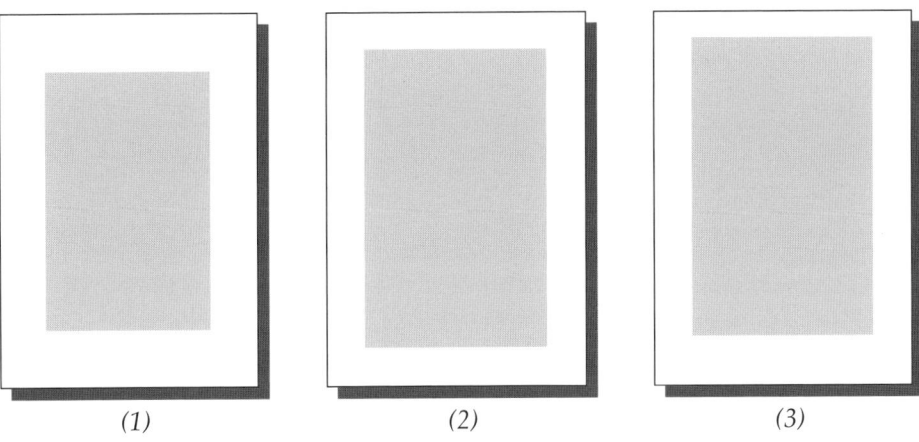

(1)   *(2)*   *(3)*

Abbildung 15.1: Satzspiegeländerungen mit dem Zusatzpaket *geometry*

(1) Dieser Satzspiegel wird von LATEX automatisch erzeugt, wenn das Zusatzpaket *geometry* nicht geladen wird.

(2) Der Satzspiegel wurde wie folgt eingestellt.

```
\usepackage[text={15cm,24cm}]{geometry}
```

Dabei wird eine Zeilenbreite von 15 cm und eine Texthöhe von 24 cm ausgewählt. Der Satzspiegel wird dabei unsymmetrisch auf der Papierfläche angeordnet. Bei doppelseitigem Ausdruck werden die Seitenränder für die linke Seite automatisch in der richtigen Weise übernommen. Wenn Sie den Satzspiegel zentriert auf der Seite ausgeben wollen, können Sie dazu den erweiterten Aufruf benutzen.

```
\usepackage[text={15cm,24cm},centering]{geometry}
```

Damit werden die Seitenränder automatisch berechnet.

(3) Soll der Satzspiegel 3 cm vom linken Seitenrand und 2 cm vom oberen Seitenrand beginnen, so rufen Sie das Zusatzpaket wie folgt auf.

```
\usepackage[text={15cm,24cm},left=3cm,top=2cm]{geometry}
```

Damit wird dann der Satzspiegel entsprechend der oben genannten Vorgaben erstellt. Bei doppelseitigem Ausdruck werden die Seitenränder für die linke Seite automatisch in der richtigen Weise übernommen.

15.4   Änderung voreingestellter Titel

Viele LATEX-Befehle und Umgebungen erzeugen automatisch einen feststehenden Text (z. B. für Zusammenfassungen, Verzeichnisse, Tabellenüberschriften, Abbildungsunterschriften). Voreingestellt sind in LATEX die englischen Ausdrücke. Mit Nutzung des Zusatzpakets *ngerman* bzw. *babel* mit der Option ngerman werden stattdessen die entsprechenden deutschen Beschreibungen benutzt. Wollen

Sie eigene Titel einsetzen, so müssen Sie diese LaTeX-Befehle umdefinieren. Die Tabelle 15.1 gibt Auskunft über die Titel, die den entsprechenden LaTeX-Befehlen zugeordnet sind.

Befehl	Standard	Zusatzaket: ngerman
\abstractname	Abstract	Zusammenfassung
\appendixname	Appendix	Anhang
\bibname	Bibliography	Literaturverzeichnis
\chaptername	Chapter	Kapitel
\contentsname	Contents	Inhaltsverzeichnis
\figurename	Figure	Abbildung
\indexname	Index	Index
\listfigurename	List of Figures	Abbildungsverzeichnis
\listtablename	List of Tables	Tabellenverzeichnis
\partname	Part	Teil
\refname	References	Literatur
\tablename	Table	Tabelle

Tabelle 15.1: Wichtige sprachabhängige Titel

Geänderte Titelinformationen können Sie mit dem in Kapitel 15.2.1 beschriebenen Befehl \renewcommand den in der Tabelle 15.1 angegebenen LaTeX-Befehlen zuweisen. Die folgende Eingabe ändert die Titelinformation für den Index in »Stichwortverzeichnis«.

```
\renewcommand{\indexname}{Stichwortverzeichnis}
```

Analoges gilt auch für die anderen aufgeführten LaTeX-Befehle.

Weitere sprachspezifische Titel und deren Voreinstellungen können Sie der weiterführenden Literatur [13] entnehmen.

15.5   Kooperativ erstellte Dokumente

Die direkte Eingabe nationaler Sonderzeichen kann zu Schwierigkeiten führen, wenn verschiedene Rechnerplattformen für die Erstellung eines Dokuments eingesetzt werden. Da diese Zeichen auf den verschiedenen Rechnerplattformen unterschiedlich verschlüsselt werden, kann dies zu falschen Darstellungen und auch zu LaTeX-Fehlern führen. In solchen Fällen sollten Sie für die Texteingabe nur die standardisierten ASCII-Zeichen benutzen. Das Zusatzpaket *inputenc* sollte dann nicht genutzt werden.

Damit können Sie dann die Umlaut- und Akzentzeichen nicht mehr direkt über die Tastatur eingeben. Statt dessen müssen Sie die LaTeX-Ersatzdarstellungen für diese Zeichen benutzen. Entweder benutzen Sie für diese Zeichen die Eingaben nach Tabelle 3.1 oder Sie laden das Zusatzpaket *ngerman*, mit dessen Hilfe Sie die deutschen Sonderzeichen vereinfacht eingeben können (siehe Tabelle 15.2).

Zeichen	ä	ö	ü	Ä	Ö	Ü	ß
Befehl	"a	"o	"u	"A	"O	"U	"s

Tabelle 15.2: Deutsche Umlaute und ß mit dem Zusatzpaket *ngerman*

Die mit dem Zusatzpaket *ngerman* erzeugten Umlautzeichen sehen (bei den älteren OT1-Zeichensätzen) harmonischer aus, da sich die Doppelpunkte näher am Vokal befinden als beim Doppelpunkt-Akzent.

Manche Editoren erlauben die direkte Eingabe der Umlautzeichen und wandeln diese automatisch in die oben angegebene Ersatzdarstellung um.

Beispiel 15.7: Umlaute in plattformunabhängiger Schreibweise

Deutsche Sonderzeichen:

Kleinbuchstaben: ä, ö, ü, ß
Großbuchstaben: Ä, Ö, Ü

```
\usepackage{ngerman}
\usepackage[T1]{fontenc}
...
Deutsche Sonderzeichen:\\[1ex]
Kleinbuchstaben: "a, "o, "u, "s \\
Gro"sbuchstaben: "A, "O, "U
```

Das Beispiel 15.7 zeigt die notwendigen Eingaben für die Nutzung der deutschen Umlaute bei Verwendung des Zusatzpakets *ngerman*; das Paket *inputenc* benötigen Sie hier nicht.

Sie sollten auch nur solche Grafik-Formate in einem gemeinsam erstellten Dokument verwenden, die auch auf allen genutzten Rechnerplattformen eingebunden werden können. So lassen sich Windows-spezifische Grafik-Formate (z. B. .bmp) meist nur schwer oder gar nicht auf anderen Rechnerplattformen nutzen – umgekehrt gilt das Gleiche.

15.6   Übung

Erstellen Sie ein zentrales Steuerdokument, das die Grobstruktur und die zentralen Teile eines umfangreicheren Dokuments beinhaltet (z. B. Titelseite, Verzeichnisse, Anhang) und das die Teildokumente mit Hilfe des Befehls `\input` lädt. Verwenden Sie für dieses Dokument die Dokumentklasse `report`. Darin können Sie den Befehl `\chapter` für eine zusätzliche Grobstrukturierung benutzen, ohne dass die tiefer liegende Strukturierung in den Teildokumenten zerstört wird. Laden Sie in der Präambel dieses Dokuments alle für das Gesamtdokument erforderlichen Zusatzpakete.

Sie können die – leicht modifizierten – Eingabedateien aus den vorangegangenen Übungen benutzen, um das Dokument mit Inhalt zu füllen. Daher ist es sinnvoll, die folgende Grobstuktur zu verwenden:

Titelei mit Titelseite, Inhalts-, Tabellen- und Abbildungsverzeichnis,

Vorwort neuer, eigener Text,

Grundlagen bestehend aus der Übung im Kapitel 3,

Einfache Strukturen bestehend aus den Übungen der Kapitel 4–6,

Formelsatz I bestehend aus der Übung im Kapitel 7,

Komplexere Strukturen bestehend aus den Übungen der Kapitel 8–11,

Formelsatz II bestehend aus der Übung im Kapitel 12,

Ergänzende Dokumentteile bestehend aus den Übungen der Kapitel 13 und 14,

Anhang mit Literaturverzeichnis und Index.

Damit Sie den Befehl `\input` in Ihrem Steuerdokument verwenden können, ist es notwendig, dass Sie aus den Eingabedateien die vollständige Präambel und die Befehle `\begin{document}` und `\end{document}` entfernen! Bitte speichern Sie die so modifizierten Daten unter einem **neuen** Dateinamen ab und laden Sie in dem zentralen Steuerdokument die so modifizierten Teildokumente.

Erstellen Sie ein eigenes Zusatzpaket, das die globalen Änderungen für die Absatzmarkierung aus der Übung im Kapitel 3 enthält. Vergessen Sie nicht, dieses auch in Ihrem zentralen Steuerdokument zu laden.

Anschließend können Sie das zentrale Steuerdokument mit LATEX übersetzen, die erforderlichen Zusatzprogramme aufrufen und so das Dokument mit den Zusatzinformationen vervollständigen. Wenn Sie Änderungen an Teilen des Dokuments vornehmen wollen oder Fehler suchen müssen, können Sie Teile in der Steuerdatei mit einem %-Zeichen auskommentieren. Damit können Sie erheblich Zeit bei der Übersetzung einsparen und Fehlerbereiche eingrenzen.

Erhöhen Sie den Zeilenabstand global für das gesamte Dokument auf den Faktor 1,3. Diese Änderung können Sie in Ihrem Zusatzpaket vornehmen. Beobachten Sie die Auswirkungen auf die verschiedenen Dokumentteile.

Verwenden Sie alternativ die Dokumentklasse `book` und den Befehl `\include`. Beobachten Sie dabei die Veränderungen in der Seitenstruktur Ihres Dokuments.

15.7   Zusammenfassung

Dieses Kapitel bot einige Hinweise zum Umgang mit umfangreichen Dokumenten, die Ihnen viel Zeit bei der Erstellung Ihrer schriftlichen Ausarbeitung sparen können.

Insbesondere haben Sie gelernt

- ✓ ein umfangreiches Dokument in kleinere Teildokumente aufzuteilen,
- ✓ die Unterschiede der Befehle \input und \include bei der Integration von Teildokumenten zu beachten,
- ✓ eigene LATEX-Befehle und -Umgebungen zu erstellen,
- ✓ eigene Befehle so zu definieren, dass sie sowohl im Fließtext als auch im Formelsatz nutzbar sind,
- ✓ einfache Zusatzpakete selbst zu erstellen und diese zu nutzen,
- ✓ den Satzspiegel nach Vorgaben einzustellen sowie
- ✓ Vorkehrungen zu treffen, um mit anderen Autoren zu kooperieren.

Kapitel

16 Erstellung von PDF- und HTML-Dokumenten

In der heutigen Zeit erfolgt die Weitergabe von Informationen in wachsendem Maße über das Internet. Weit verbreitet ist das Portable Document Format (PDF) für die Darstellung von Dokumenten, bei denen die Wiedergabe des korrekten Seitenlayouts erforderlich ist. Daher eignet sich dieses Format besonders gut, um Ihr mit LaTeX gestaltetes Dokument für das Internet aufzubereiten.

Verschiedene Möglichkeiten existieren, um aus Ihrem Dokument eine PDF-Datei zu erstellen: die traditionelle Vorgehensweise über LaTeX und einen Druckertreiber und der direkte Weg von einer LaTeX-Eingabedatei in eine PDF-Datei mit Hilfe von pdfLaTeX. Im ersten Fall unterscheidet man noch zwischen der PDF-Generierung unmittelbar aus der `.dvi`-Datei und dem Umweg über eine Post-Script-Datei, die dann in einem weiteren Schritt in eine PDF-Datei konvertiert wird. Im Folgenden werden die Verfahrensweisen beschrieben und auf wesentliche Unterschiede hingewiesen.

Wenn Sie Hypertext-Funktionalität (z. B. Links) in Ihr PDF-Dokument aufnehmen wollen, können Sie das Zusatzpaket *hyperref* benutzen, um LaTeX-Verweise automatisch in anklickbare PDF-Links umzuwandeln.

Zusätzlich wird beschrieben, wie aus einem LaTeX-Dokument eine Webseite erstellt werden kann. Dieses Verfahren bietet die Möglichkeit, auch die mathematischen Zeichen und Gleichungen in der gewohnten LaTeX-Qualität im Web darzustellen.

Im folgenden Kapitel erfahren Sie

→ auf welchen unterschiedlichen Wegen Sie eine PDF-Datei aus Ihrem LaTeX-Dokument erstellen können,

→ wie Sie ein LaTeX-Dokument in ein HTML-Dokument umwandeln,

→ welche Besonderheiten bei der Einbindung externer Grafiken bei den verschiedenen Verfahren zu berücksichtigen sind und

→ wie Sie Ihre Dokumente mit Hypertext-Funktionaliät ausstatten können.

Alle bisher in diesem Buch aufgezeigten LaTeX-Befehle können auch in den PDF-bzw. Web-Dokumenten verwendet werden. Nur die Einbindung externer Grafiken und auf PostScript basierende Zusatzpakete sind besonders zu handhaben.

16.1 Erstellung von PDF-Dokumenten

Zur leichten Verbreitung von Dokumenten im Internet hat sich das von der Firma Adobe entwickelte PDF-Dateiformat in den letzten Jahren etabliert. Insbesondere

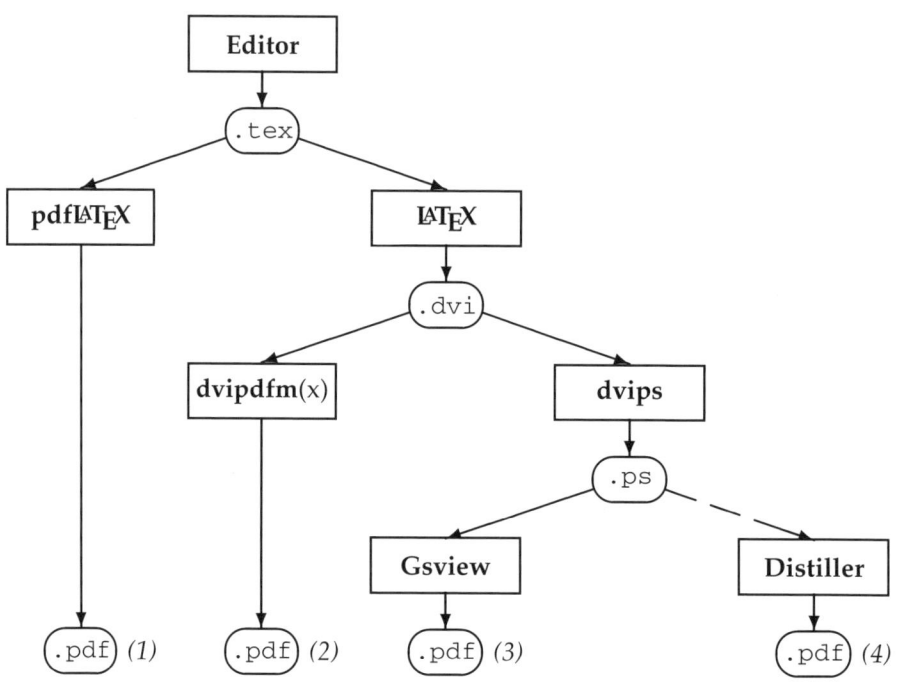

Abbildung 16.1: Wichtige Wege zur Erstellung eines PDF-Dokuments aus einem LATEX-Dokument

deshalb, weil das Seitenlayout des Dokuments erhalten bleibt und die Dokumente durchsuchbar sind. Außerdem lassen sich Sicherheitsmerkmale (z. B. Passwort-schutz) anbringen. Auch ist die PDF-Datei, verglichen mit der entsprechenden PostScript-Datei, meist erheblich kleiner, da das PDF-Format eine hohe Kompri-mierungsrate zulässt. Darüber hinaus ist das Betrachten von PDF-Dateien durch die weite Verbreitung des kostenlosen Adobe-Readers heutzutage ohne Probleme möglich. Allerdings lassen sich PDF-Dateien nur mit Hilfe spezieller Werkzeuge erstellen und – falls notwendig – verändern.

16.1.1   pdfLATEX zur Erzeugung von PDF

Liegt das Hauptaugenmerk auf der alleinigen Publikation im Internet, können Sie den direkten Weg über pdfLATEX wählen. Damit ersparen Sie sich die Zwischen-schritte über die `.dvi`- und `.ps`-Dateien, da direkt beim Übersetzen mit pdfLATEX gleich die PDF-Datei erzeugt wird.

Aufgerufen wird pdfLATEX mit dem Dateinamen Ihrer Eingabedatei.

```
pdflatex Dateiname
```

Damit wird Ihr Dokument *Dateiname* übersetzt. Erzeugt wird sofort die PDF-Datei *Dateiname*`.pdf`. Diese können Sie sich mit einem PDF-Browser (z. B. Adobe-Reader) anzeigen lassen.

Leider unterstützt pdfLATEX bei der Integration externer Grafiken andere Dateiformate als `dvips`. Insbesondere das Dateiformat Encapsulated PostScript (.eps)
kann **nicht** eingebunden werden, stattdessen lassen sich nur die Dateiformate
Portable Document Format (.pdf), Joint Photographic Experts Group (.jpg) und
Portable Network Graphics (.png) einbinden.

Darüber hinaus können Zusatzpakete, die auf PostScript basieren (z. B. *rotating*,
color, *pstricks*) nicht in der gewohnten Weise benutzt werden. In einigen Fällen
reicht es aus, wenn Sie die Option `pdftex` statt `dvips` beim Laden der Zusatzpakete benutzen. Das Zusatzpaket *pstricks* lässt sich nicht direkt in pdfLATEX nutzen. Abhilfe schafft hier das Zusatzpaket *pst-pdf*, indem es in einem mehrstufigen
(automatisierten) Prozess die PostScript-Informationen extrahiert und in Grafiken umwandelt, die in pdfLATEX eingebunden werden können. Dieses Paket arbeitet auch mit anderen Zusatzpaketen zusammen, die auf PostScript basieren. Die
Dokumentation des Pakets gibt Auskunft über verschiedene Anwendungsszenarien.

Weitere Informationen zur Nutzung des pdfLATEX-Systems finden Sie in der Dokumentation zum Paket.

16.1.2   Der Druckertreiber *dvipdfm*

Wenn Sie nur an dem PDF-Dokument interessiert sind, ist der Umweg über die
PostScript-Datei meist nicht erforderlich. Die DVI-Datei kann mit dem Druckertreiber `dvipdfm` bzw. `dvipdfmx` direkt in eine PDF-Datei umgewandelt werden.

Aufgerufen wird der Druckertreiber mit dem Dateinamen der `.dvi`-Datei.

Allerdings gibt es auch hier Einschränkungen bei der Einbindung externer Grafiken. So können bei Verwendung des Druckertreibers `dvipdfm` nur die Dateiformate Portable Document Format (.pdf), Portable Network Graphics (.png) und
Joint Photographic Experts Group (.jpg) eingebunden werden.

Bei der Einbindung externer Grafiken mit dem Paket *graphicx* muss die Option
`dvipdfm` benutzt werden.

Die Druckertreiber-Erweiterung *dvipdfmx*

Mit dieser erweiterten Version des Druckertreibers `dvipdfm` ist es möglich, auch
externe Grafiken im Encapsulated PostScript Format (.eps) einzubinden. Bei der
Einbindung externer Grafiken mit dem Paket *graphicx* muss dann die Option
`dvips` benutzt werden. Gleiches gilt auch für die anderen Zusatzpakete, die auf
PostScript basieren (z. B. *color*, *rotating*, *pstricks*).

16.1.3   PDF-Erstellung über *dvips* und *gsview*

Liegt Ihr Hauptaugenmerk auf der gedruckten Publikation, so ist es sinnvoll, den
traditionellen Weg des Buchsatzes über LATEX und den Druckertreiber `dvips` zu
wählen; d. h., Sie erstellen eine LATEX-Eingabedatei, formatieren diese mit LATEX

und konvertieren sie dann mit Hilfe von `dvips` in eine PostScript-Datei. Dies ist der Weg, den Sie auch für das gedruckte Dokument auf jeden Fall gehen müssen. Daran schließt sich dann noch die PDF-Generierung an.

Dazu können Sie neben kommerziellen PostScript/PDF-Konvertern (siehe auch Kapitel 16.1.4) auch den PostScript-Browser `gsview` mit `ghostscript` einsetzen. Dieser zeigt Ihnen die PostScript-Datei zunächst auf dem Monitor an. Unter dem Menüpunkt Datei/Konvertierung finden Sie auch den Eintrag `pdfwrite`. Wenn Sie diesen anwählen, können Sie noch verschiedene Einstellungen treffen, z. B. welche Seiten konvertiert werden sollen, welche PDF-Version benutzt werden soll und für welche Anwendung (Monitoransicht, normale Drucker oder professioneller Buchdruck) die PDF-Datei erstellt werden soll.

Da die PDF-Generierung aus der PostScript-Datei erfolgt, werden auch die externen Grafiken im Dateiformat Encapsulated PostScript (`.eps`) korrekt in das PDF-Dokument übernommen (siehe Kapitel 9.3) und basieren auf den gleichen Dateien.

16.1.4   PDF-Erstellung über *dvips* und *Adobe-Distiller*

Alternativ zum PostScript-Browser `gsview` mit `ghostscript` kann auch der Adobe-Distiller aus dem kommerziellen Adobe-Acrobat-Paket zur Konvertierung der PostScript-Datei ins PDF-Format herangezogen werden. In diesem Acrobat-Paket sind auch weitere PDF-Hilfsmittel enthalten, die eine Nachbearbeitung von PDF-Dateien möglich machen.

> Der Adobe-Distiller muss **vor** der Konvertierung so konfiguriert werden, dass die richtigen Einstellungen (z. B. Seitenformat, PDF-Version, Anwendung) für die Konvertierung benutzt werden.

Allerdings ist das Acrobat-Paket lizenzkostenpflichtig und muss separat von Ihnen erworben werden.

16.2   Erstellung von HTML-Dokumenten

Sie können Ihr Dokument auch im Internet veröffentlichen, indem Sie dies Dokument in Webseiten konvertieren. Da die Sprache des Web, die HyperText Markup Language (HTML), für einfache Darstellungen von Texten konzipiert ist, gehen dabei leider viele LaTeX-Formatierungen verloren. Insbesondere der Formelsatz wird derzeit nicht korrekt auf den meisten Web-Browsern dargestellt werden, so dass für diese Dokumentteile grafische Darstellungen erzeugt werden, die dann in die Webseite eingefügt werden.

16.2.1   Das Programmsystem TeX4ht

Die Konvertierung in das HTML-Format können Sie mit dem Programmsystem TeX4ht vornehmen, das wie folgt aufgerufen wird.

```
htlatex Dateiname Option(en)
```

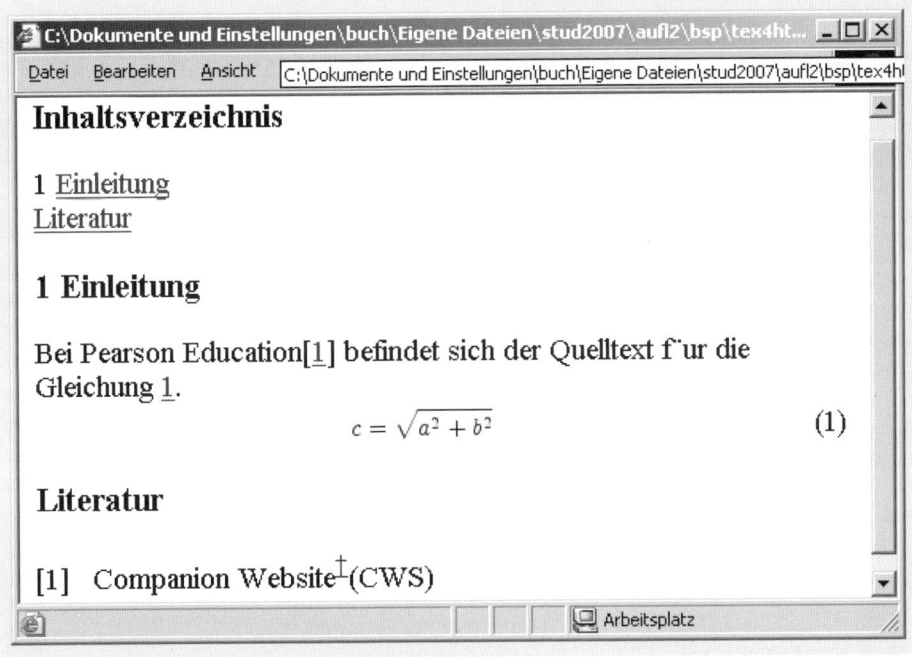

Abbildung 16.2: In HTML konvertiertes LATEX-Dokument

Dieses Programmsystem ist in den meisten LATEX-Distributionen enthalten, muss aber separat installiert werden. Mit *Dateiname* wird der Name der LATEX-Eingabedatei benannt. Die *Option(en)* können dazu dienen, unterschiedliche Konvertierungseinstellungen vorzunehmen.

Mit diesem Programmsystem werden LATEX-Strukturen (wie zum Beispiel Listen) in äquivalente HTML-Strukturen umgesetzt. Stukturen und Zeichen, für die es im HTML-Sprachumfang keine äquivalente Darstellungen gibt, werden in Grafiken konvertiert, die im HTML-Dokument integriert werden.

Die Darstellung des so konvertierten HTML-Dokuments kann vom Web-Browser abhängig sein. Umlaute und andere Sonderzeichen werden oftmals nicht korrekt dargestellt (siehe Abbildung 16.2).

Erhalten bleibt die Struktur Ihres Dokuments, jede Seite wird in eine eigene Webseite konvertiert. Die Webseiten werden durch Navigationselemente miteinander verknüpft. Aus LATEX-Referenzen werden HTML-Links gebildet, so dass Sie sich z. B. Fußnoten direkt durch Mausklick anzeigen lassen können. Gleiches gilt für Querverweise und Literaturzitate.

16.2.2 Das Programmpaket LATEX2html

Alternativ können Sie für einfache Webseiten das Programmsystem `latex2html` benutzen. Allerdings ist die Installation relativ aufwändig, da mehrere externe

Programme für die Konvertierung benutzt werden (z. B. perl, netpbm). Vorteilhaft an diesem Paket sind die recht guten Navigationsmöglichkeiten bei umfangreichen Dokumenten.

Von großem Nachteil ist bei beiden Programmsystemen, dass das Layout weitgehend verloren geht. Die zunehmende Verbreitung des PDF-Formats wird diesen Weg in der Zukunft wohl in den Hintergrund drängen. Man kann ihn aber dazu benutzen (missbrauchen), mathematische Formeln für eine Webdarstellung zu generieren, denn diese lassen sich mit HTML-Mitteln allein nicht erstellen!

16.3   Hilfreiches Zusatzpaket

Im Internet werden heutzutage aktive Verweise benutzt, d. h., klickt man auf einen solchen Verweis, so wird die entsprechende Seite aufgerufen und im Browser dargestellt. Ein gleiches Verhalten lässt sich auch mit dem PDF-Dateiformat erreichen. Auch hier sind aktive Verweise definiert. Diese können auf Stellen innerhalb des gleichen Dokumentes als auch auf andere Dokumente verweisen. Ebenso kann auf Web-Seiten verwiesen werden.

Das Zusatzpaket *hyperref* stellt automatisch alle internen LaTeX-Verweise (z. B. Inhaltsverzeichnis, Querverweise, Fußnoten, ...) als aktive Links im PDF- und Web-Dateiformat (siehe Kapitel 16.2) zur Verfügung. Es modifiziert die internen Aufrufe für die Verweise derart, dass die Programme zur PDF- bzw. Webseiten-Generierung diese in aktive Links umwandeln können. Das gedruckte Dokument wird davon **nicht** beeinflusst.

> Da das Paket die LaTeX-interne Makros umdefiniert, muss es als **letztes** Zusatzpaket in der Präambel geladen werden! Mit einigen Zusatzpaketen können Inkompatibilitäten auftreten.

Das Paket müssen Sie in der Präambel laden.

```
\usepackage[Paketoption(en)]{hyperref}
```

Mit den folgenden *Paketoption(en)* wird das Paket passend zur gewünschten Art der Konvertierung eingestellt.

dvips   Der Druckertreiber dvips wird benutzt, um eine PostScript-Datei zu erzeugen, die dann mit dem Adobe-Distiller in eine PDF-Datei konvertiert wird.

ps2pdf   Die Konvertierung der vom Druckertreiber dvips erzeugten PostScript-Datei erfolgt mit Hilfe von gsview und ghostscript.

dvipdfm   Der Druckertreiber dvipdfm wird benutzt, um eine DVI-Datei direkt in eine PDF-Datei zu konvertieren.

pdftex   pdfTeX bzw. pdfLaTeX wird für die direkte Erzeugung der PDF-Datei benutzt.

tex4ht   Das Programm-System tex4ht wird für die Erzeugung der HTML-Seiten benutzt.

`latex2html` Die Erzeugung der HTML-Datei(en) erfolgt aus den LaTeX-Quelldateien mit dem Werkzeug `latex2html`.

Weitere Anpassungen können über zusätzliche Paketoptionen oder auch über den folgenden Befehl erfolgen.

`\hypersetup{`*Option(en)*`}`

Werden mehrere Einträge für *Option(en)* angegeben, müssen diese durch Komma voneinander getrennt werden. Jede *Option* besteht aus der Angabe *Schlüssel=Wert*.

Wird das LaTeX-Dokument in das PDF-Dateiformat überführt, so lassen sich mit dem Befehl `\hypersetup` auch noch einige PDF-Spezifika beeinflussen: z.B. Eintragen von Dokument-Informationen und Voreinstellungen für die Ansicht des Dokuments im Adobe-Reader.

Einträge in die Dokument-Informationen lassen sich mit den im Folgenden beispielhaft angegebenen Befehlen vornehmen:

`pdftitle={`*Titel*`}` Das Argument *Titel* wird für die Titel-Information herangezogen.

`pdfsubject={`*Bezug*`}` *Bezug* Wird zur weiteren Spezifikation des Inhalts benutzt.

`pdfauthor={`*Autor(en)*`}` Hiermit können die *Autor(en)* des Dokuments angegeben werden.

Die Darstellung des Dokuments im Adobe-Reader lässt sich ebenfalls beeinflussen. Beispielhaft dafür sind hier die Befehle für die Erstellung und Darstellung der Lesezeichen (Bookmarks) angegeben.

`pdfbookmarks=`*false* bzw. *true* Wird der Wert *true* angegeben, so werden automatisch die PDF-Bookmarks (Lesezeichen) aus den Strukturierungsbefehlen generiert.

`bookmarksopen=`*false* bzw. *true* Wenn Sie den Wert *true* einsetzen, so werden die PDF-Bookmarks (Lesezeichen) im Adobe-Reader angezeigt.

> Beachten Sie, dass textuelle Angaben, die aus mehreren Worten bestehen, in geschweifte Klammern eingefasst werden müssen!

Das Beispiel 16.1 zeigt die Nutzung des Zusatzpakets *hyperref* in Verbindung mit pdfLaTeX. Ein ähnliches Ergebnis wird erzielt, wenn statt der `pdflatex`-Option die `dvips`-Option für das Zusatzpaket gewählt wird. Die notwendige Konvertierung des PostScript-Formats ins PDF-Format kann sowohl mit dem PostScript-Browser `gsview` mit `ghostscript` als auch mit dem Adobe-Distiller erfolgen. Dabei werden alle LaTeX-Verweise automatisch in PDF-Links überführt.

Das Zusatzpaket ermöglicht es, neben den von LaTeX automatisch erzeugten Verweisen, auch eigene Links in einem Dokument zu verwenden. Dafür werden im Zusatzpaket die folgenden Befehle definiert.

`\href{`*Url*`}{`*Text*`}` Die Adresse *Url* wird als Ziel für den Anker *Text* benutzt.

Beispiel 16.1: Hyperlinks in einem PDF-Dokument

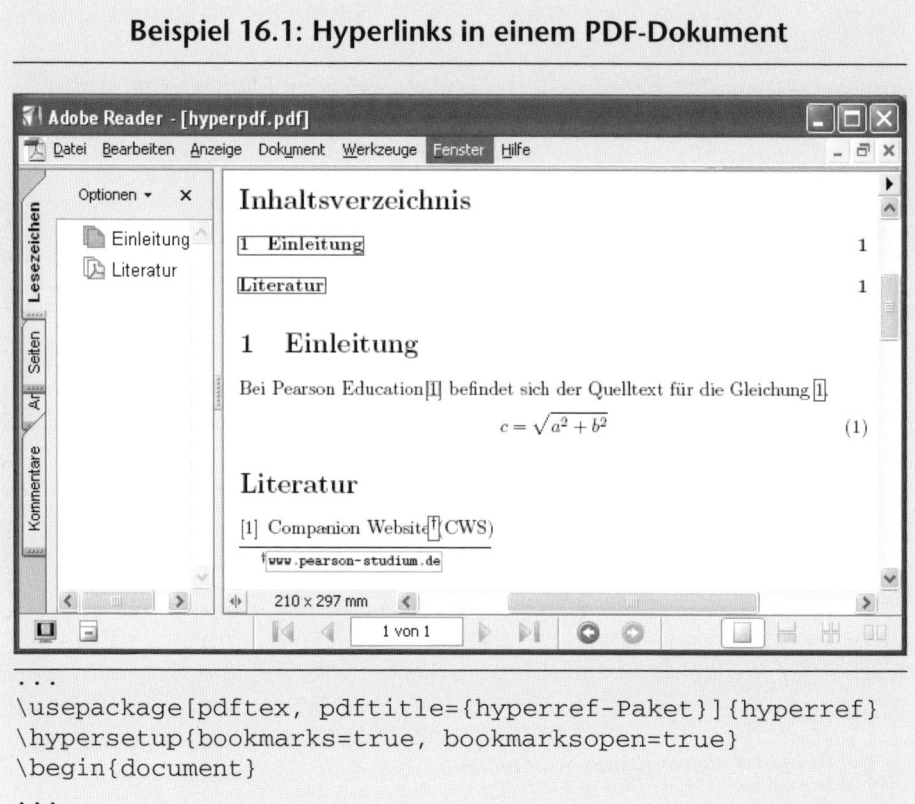

```
. . .
\usepackage[pdftex, pdftitle={hyperref-Paket}]{hyperref}
\hypersetup{bookmarks=true, bookmarksopen=true}
\begin{document}
. . .
```

\url{*Url*} Die *Url*-Information wird sowohl für die Adresse als auch für den Anker-Text benutzt. Dies ist eine Abkürzung für den Befehl \href{*Url*}{*Url*}.

\hypertarget{*Name*}{*Text*} Definiert einen Ankerpunkt am Bezug *Text*, der mit *Name* intern referenziert werden kann.

\hyperlink{*Name*}{*Text*} Benutzt den durch *Name* definierten Ankerpunkt für *Text* als Zielpunkt.

Neben den hier aufgeführten Befehlen werden noch viele andere Funktionalitäten definiert. Diese und weitere Informationen zum Paket *hyperref* können Sie der Literatur [3] oder der Dokumentation des Pakets entnehmen.

16.4   Übung

Erstellen Sie ein LaTeX-Dokument mit den angegebenen Elementen in der Dokumentenklasse `article`.

Inhaltsverzeichnis

1   Ein LaTeX-Dokument

1.1   Deutsche Spezifika

Die Umlaute ä, ö. ü, Ä, Ö, Ü und das ß sind in den deutschsprachigen Texten überall zu finden. Auch die „Gänsefüßchen" sollten Sie in der korrekten Weise setzen. Der Abschnitt 1.2 zeigt einen mathematischen Ausdruck.

1.2   Mathematische Formeln

In Gleichung 1 finden Sie eine Form des Satzes des Pythagoras [Pyth]:

$$c = \sqrt{a^2 + b^2} \tag{1}$$

Literatur

[Pyth] Pythagoras von Samos: `http://de.wikipedia.org/wiki/Pythagoras`

Wandeln Sie dieses Dokument auf den in diesem Kapitel beschriebenen Wegen in ein HTML-Dokument und in ein PDF-Dokument um. Beobachten Sie die Auswirkungen bei der Konvertierung, wenn Sie das Zusatzpaket *hyperref* mit in der Präambel laden.

Integrieren Sie in das LaTeX-Dokument auch eine eigene Grafik und führen Sie die Konvertierung erneut durch. Beachten Sie dabei die integrierbaren Dateiformate für die Grafik.

16.5   Zusammenfassung

Dieses Kapitel bot einige Hinweise zum Umgang mit umfangreichen Dokumenten, die Ihnen viel Zeit bei der Erstellung Ihrer schriftlichen Ausarbeitung sparen können. Darüber hinaus erhielten Sie einen Überblick über Publikationsmöglichkeiten von LaTeX-Dokumenten im Internet.

Insbesondere haben Sie gelernt

✓ Ihr LaTeX-Dokument in eine PDF-Datei oder in ein Webdokument zu konvertieren,

✓ die automatische Verlinkung über die LaTeX-Verweise zu nutzen sowie

✓ weiterführende Informationen in Form von Links in Ihrem Dokument anzugeben.

 # A Anhang

A.1   Wichtige Zusatzpakete

Aktuelle Informationen zu Zusatzpaketen („The TEX Catalogue Online") finden Sie im Internet unter der Adresse:
`http://dante.ctan.org/CTAN/help/Catalogue/catalogue.html`

Eine Offline-Version des Katalogs befindet sich z. B. auch in den meisten TEX-Installationen (z. B. MIKTEX).

Sofern auf die Zusatzpakete in diesem Buch näher eingegangen wird, finden Sie einen entsprechenden Seitenverweis in der rechten Spalte.

Name	Funktion	Seite
a0poster	Erstellung großformatiger Dokumente (Poster)	·/·
alltt	verbatim ähnliche Umgebung (Backslash und geschweifte Klammern behalten ihre LATEX-Bedeutung)	·/·
amsmath	Erweiterter Formelsatz (American Mathematical Society)	96
amsthm	Erweiterungen für nummerierte Textpassagen	·/·
array	Weitere Absatzdefinitionen für Tabellen und mathematische Umgebungen	125
babel	Anpassungen für mehrsprachige Dokumente	32
bbm	Mathematische Mengensymbole	110
caption	Erlaubt die weitgehende Neugestaltung des Layouts der Überschriften bzw. Untertitel von Gleitumgebungen	·/·
chapterbib	Erlaubt die Verwendung einer separaten Bibliografie in einem Kapitel (\include)	·/·
cite	Ergänzungen für Literaturverweise	·/·
color	Verwendung von Farben im Dokument	143
dcolumn	Ausrichten von Tabellenspalten an einem Zeichen	125
din1505	Literaturverweise für deutschsprachige Dokumente	·/·
dinbrief	Erstellung von Briefen nach der DIN-Norm	·/·
eepic	Erweiterung der picture-Umgebung	·/·

Fortsetzung: Wichtige Zusatzpakete

Name	Funktion	Seite
endnotes	Erklärungen werden in Form von Endnoten gesetzt	162
epic	Vermeidung der Einschränkungen der *picture*-Umgebung	·/·
epsfig	Veraltetes Paket zur Einbindung von PostScript-Grafiken mit Möglichkeiten zur Drehung und Skalierung	·/·
eurosym	Bereitstellung des Euro-Zeichens	39
exscale	Anpassung der mathematischen Symbole an größere Schriften	·/·
fancyvrb	Erweiterte und parameterisierbare buchstabengetreue Ausgabe	·/·
float	Definition eigener Gleitumgebungen, analog zur *table*- bzw. *figure*-Umgebung	·/·
fontenc	Zuweisung eines Codierschemas für Zeichensätze	90
footmisc	Verbesserung der Darstellung von Fußnoten, Erweiterung der Funktionalität der Fußnotenbefehle	·/·
geometry	Erstellung eines eigenen Seitenlayouts (Satzspiegel und Seitenränder)	208
germbib	Literaturverweise für deutschsprachige Dokumente	·/·
graphics	Einbindung externer Grafiken ohne weitere Funktionalität	·/·
graphicx	Einbindung externer Grafiken mit Möglichkeiten zur Drehung und Skalierung	138
here	Erweiterungen für Gleitumgebungen	·/·
hhline	Gestaltung der horizontalen und vertikalen Linien in Tabellen	·/·
hyperref	Hypertext-Funktionalität für PDF-Dokumente	220
inputenc	Ermöglicht die direkte Eingabe von Sonderzeichen	33
jurabib	Literaturverweise für juristische Dokumente	·/·
longtable	Satz von Tabellen, die mehr als eine Seite umfassen	126
listings	Quellcode von Programmen auflisten	126
ltxtable	Erweiterung der Umgebung *longtable*	·/·
manyfoot	Mehrere Fußnoten an einem Objekt, mehrere unabhängige Fußnotenzähler	·/·
mdwlist	Kompakte Listen, Aufzählungen können unterbrochen werden	·/·
moreverb	Erweiterung der Umgebung *verbatim*	·/·
multicol	Mehrspaltiger Satz	·/·
natbib	Literaturverweise für wissenschaftliche Texte	·/·
ngerman	Anpassungen an deutsche Spezifika	32

Fortsetzung: Wichtige Zusatzpakete

Name	Funktion	Seite
nonfloat	Layout ortsfester (nicht gleitender) Tabellen und Abbildungen analog zu den Gleitumgebungen *table* bzw. *figure*	·/·
overcite	Ergänzungen für Literaturverweise	·/·
paralist	Erweiterung und Ergänzungen der LATEX-Listen	·/·
parskip	Änderungen von Absatzeinrückung und Absatzabstand	45
picinpar	Grafik wird vom Text umflossen	145
PGF	Grafiken mit LATEX-Befehlen erstellen	·/·
psfrag	Ersatz von Textbestandteilen durch LATEX-Texte in EPS-Grafiken	·/·
psnfss	Nutzung von *PostScript*-Schriften	90
pst-pdf	Nutzung von Zusatzpaketen auf *PostScript*-Basis (z. B. *pstricks*) in pdfLATEX	·/·
pstricks	Grafikerstellung mit LATEX-Befehlen auf PostScript-Basis	·/·
ragged2e	Ermöglicht Worttrennungen im Flattersatz	72
rotate	Drehung von LATEX-Objekten	142
soul	Texthervorhebungen: z. B. Unterstreichung, Sperren, Kapitälchen	50
showidx	Zeigt die angegebenen Indexeinträge der Seite im Seitenrand an	·/·
showkeys	Zeigt die Ankerpunkte für Querverweise an	·/·
subfigure	Referenzierung von Teilabbildungen bzw. -tabellen innerhalb einer Gleitumgebung	·/·
supertabular	Mehrseitige Tabellen	·/·
tabularx	Tabellenspalten können gleich breit angelegt werden	125
tabulary	Tabellenspalten können gleich breit angelegt werden, analog zu *tabular*∗	·/·
textcomp	Stellt weitere Sonderzeichen in Form von LATEX-Befehlen bereit	·/·
theorem	Erweiterungen für Theoreme und Sätze	·/·
TikZ	Grafiken mit LATEX-Befehlen erstellen	·/·
ulem	Unterstreichungen und Texthervorhebungen sind auch bei Worttrennungen möglich	·/·
url	Satz von URL-Informationen in LATEX-Dokumenten, inklusive Trennung der Ausdrücke an bevorzugten Stellen	·/·
verbatim	Verbesserung der LATEX-Umgebung *verbatim*	·/·
varioref	Zusätzliche Funktionalität für Querverweise, z. B. automatisches Anfügen der Seitennummern	·/·
wrapfig	Grafik wird vom Text umflossen	145
xr	Querverweise auf externe LATEX-Dokumente	·/·

A.2 Wichtige LATEX-Umgebungen

Name	Funktion	Seite
abstract	Erzeugt eine Zusammenfassung	82
array	Matrizen, Determinanten und andere Feldstrukturen	168
center	Gibt nachfolgende Zeilen zentriert aus	70
description	Erstellt eine Liste von Beschreibungen	76
displaymath	Hervorgehobener Formelsatz; ohne Gleichungsnummer	98
document	Zentrale Umgebung für ein Dokument	29
enumerate	Erstellt eine automatisch durchnummerierte Aufzählung	74
eqnarray	Ausgerichtete Gleichungssysteme	171
equation	Hervorgehobener Formelsatz; automatische Formelnummerierung	98
figure	Gleitende Abbildungen	151
flushleft	Nachfolgender Text wird linksbündig gesetzt	70
flushright	Nachfolgender Text wird rechtsbündig gesetzt	70
itemize	Erstellt eine Aufzählungsliste	74
list	Satz von Informationen in einer Liste	·/·
math	Formelsatz im Fließtext	96
minipage	Definiert einen kleinen Bereich als eigenständige „Seite"	77
picture	Zeichnen einfacher Grafiken mit LATEX-Befehlen	132
quotation	Beidseitig eingerückte Zeilen (z. B. für Zitate)	70
quote	Beidseitig eingerückte Zeilen (z. B. für Zitate)	70
tabbing	Anwendung von Tabulatoren	127
table	Gleitende Tabellen	149
tabular	Automatisierter Tabellensatz	119
thebibliography	Standardumgebung für das Erzeugen eines Literaturverzeichnisses	186
theindex	Standardumgebung für den Index	196
theorem	Kurze durchnummerierte Absätze wie z. B. Definitionen und Beispiele	79
trivlist	Satz von Informationen in einer Liste	·/·
verbatim	Gibt den nachfolgenden Text unverändert im Zeichensatz texttt aus	80
verse	Beidseitig eingerückte Zeilen (z. B. für Gedichte)	·/·

B   Formelanhang

Die folgenden Tabellen bieten eine Zusammenstellung häufig benutzter mathematischer Operatoren und Symbole. Nicht alle sind mit Standard-LaTeX verfügbar, manche werden durch Zusatzpakete wie *amsmath* oder *amssymb* bereitgestellt.

B.1   Griechische Buchstaben

Kleine griechische Buchstaben

α	\alpha	β	\beta	γ	\gamma	F	\digamma
δ	\delta	ϵ	\epsilon	ε	\varepsilon	ζ	\zeta
η	\eta	θ	\theta	ϑ	\vartheta	ι	\iota
κ	\kappa	$\varkappa$	\varkappa	λ	\lambda	μ	\mu
ν	\nu	ξ	\xi	π	\pi	ϖ	\varpi
ρ	\rho	ϱ	\varrho	σ	\sigma	ς	\varsigma
τ	\tau	υ	\upsilon	ϕ	\phi	φ	\varphi
χ	\chi	ψ	\psi	ω	\omega		

Große griechische Buchstaben

Γ	\Gamma	$\varGamma$	\varGamma	Δ	\Delta	$\varDelta$	\varDelta
Θ	\Theta	$\varTheta$	\varTheta	Λ	\Lambda	$\varLambda$	\varLambda
Ξ	\Xi	$\varXi$	\varXi	Π	\Pi	$\varPi$	\varPi
Σ	\Sigma	$\varSigma$	\varSigma	Υ	\Upsilon	$\varUpsilon$	\varUpsilon
Φ	\Phi	$\varPhi$	\varPhi	Ψ	\Psi	$\varPsi$	\varPsi
Ω	\Omega	$\varOmega$	\varOmega				

B.2   Binäre Operatoren – LaTeX

$+$	+	$-$	-	$\pm$	\pm	$\mp$	\mp
$\cap$	\cap	$\cup$	\cup	$\sqcap$	\sqcap	$\sqcup$	\sqcup
$\uplus$	\uplus	$\setminus$	\setminus	$\vee$	\vee	$\wedge$	\wedge
$\cdot$	\cdot	$\times$	\times	$\ast$	\ast	$\star$	\star
$\oplus$	\oplus	$\ominus$	\ominus	$\otimes$	\otimes	$\oslash$	\oslash
$\odot$	\odot	$\bullet$	\bullet	$\circ$	\circ	$\bigcirc$	\bigcirc
$\div$	\div	$\wr$	\wr	$\diamond$	\diamond	$\amalg$	\amalg
$\dagger$	\dagger	$\ddagger$	\ddagger				
$\triangleright$	\triangleright			$\triangleleft$	\triangleleft		
$\bigtriangleup$	\bigtriangleup			$\bigtriangledown$	\bigtriangledown		

B.3 Binäre Operatoren – Zusatzpakete *amsmath* und *amssymb*

$\dotplus$	\dotplus	$\ltimes$	\ltimes	$\rtimes$	\rtimes
$\cdot$	\centerdot	$\leftthreetimes$	\leftthreetimes	$\rightthreetimes$	\rightthreetimes
$\ominus$	\circleddash	$\barwedge$	\barwedge	$\doublebarwedge$	\doublebarwedge
$\smallsetminus$	\smallsetminus	$\curlywedge$	\curlywedge	$\curlyvee$	\curlyvee
$\veebar$	\veebar	$\Cap$	\Cap	$\Cup$	\Cup
$\intercal$	\intercal	$\circledast$	\circledast	$\circledcirc$	\circledcirc
$\divideontimes$	\divideontimes	$\boxplus$	\boxplus	$\boxminus$	\boxminus
$\And$	\And	$\boxdot$	\boxdot	$\boxtimes$	\boxtimes
$\lhd$	\lhd	$\rhd$	\rhd		
$\unlhd$	\unlhd	$\unrhd$	\unrhd		

B.4 Große Operatoren

$\sum$	\sum	$\bigcap$	\bigcap	$\bigodot$	\bigodot
$\prod$	\prod	$\bigcup$	\bigcup	$\bigotimes$	\bigotimes
$\coprod$	\coprod	$\bigsqcup$	\bigsqcup	$\bigoplus$	\bigoplus
$\int$	\int	$\bigvee$	\bigvee	$\biguplus$	\biguplus
$\oint$	\oint	$\bigwedge$	\bigwedge		

B.5 Vergleichsoperatoren

$<$	<	$>$	>	$=$	=
$\leq$	\leq	$\geq$	\geq	$\equiv$	\equiv
$\prec$	\prec	$\succ$	\succ	$\sim$	\sim
$\preceq$	\preceq	$\succeq$	\succeq	$\simeq$	\simeq
$\ll$	\ll	$\gg$	\gg	$\asymp$	\asymp
$\subset$	\subset	$\supset$	\supset	$\approx$	\approx
$\subseteq$	\subseteq	$\supseteq$	\supseteq	$\cong$	\cong
$\sqsubseteq$	\sqsubseteq	$\sqsupseteq$	\sqsupseteq	$\bowtie$	\bowtie
$\in$	\in	$\ni$	\ni	$\propto$	\propto
$\vdash$	\vdash	$\dashv$	\dashv	$\models$	\models
$\smile$	\smile	$\mid$	\mid	$\doteq$	\doteq
$\frown$	\frown	$\parallel$	\parallel	$\perp$	\perp

B.6   Negation von Vergleichsoperatoren

≮ \not<	≯ \not>	≠ \not=
⩽̸ \not\leq	⩾̸ \not\geq	≢ \not\equiv
⊀ \not\prec	⊁ \not\succ	≁ \not\sim
⋠ \not\preceq	⋡ \not\succeq	≄ \not\simeq
⊄ \not\subset	⊅ \not\supset	≉ \not\approx
⊈ \not\subseteq	⊉ \not\supseteq	≇ \not\cong
⋢ \not\sqsubseteq	⋣ \not\sqsupseteq	≭ \not\asymp

B.7   Klammern und Begrenzer

Öffnende Klammern

((	[[	{ \{	[\lbrack
⌊ \lfloor	⌈ \lceil	{ \lbrace	⟨ \langle

Schließende Klammern

))	]]	} \}	] \rbrack
⌋ \rfloor	⌉ \rceil	} \rbrace	⟩ \rangle

B.8   Pfeil-Operatoren

← \leftarrow	⟵ \longleftarrow
⇐ \Leftarrow	⟸ \Longleftarrow
→ \rightarrow	⟶ \longrightarrow
⇒ \Rightarrow	⟹ \Longrightarrow
↔ \leftrightarrow	⟷ \longleftrightarrow
⇔ \Leftrightarrow	⟺ \Longleftrightarrow
↦ \mapsto	⟼ \longmapsto
↩ \hookleftarrow	↪ \hookrightarrow
↼ \leftharpoonup	⇀ \rightharpoonup
↽ \leftharpoondown	⇁ \rightharpoondown
⇌ \rightleftharpoons	⇋ \leftrightharpoons
↑ \uparrow	⇑ \Uparrow
↓ \downarrow	⇓ \Downarrow
↕ \updownarrow	⇕ \Updownarrow
↗ \nearrow	↘ \searrow
↙ \swarrow	↖ \nwarrow

B.9   Synonyme Darstellungen

Für einige Symbole stehen Varianten zur Verfügung.

$\neq$	\ne	\neq		\not=
$\leq$	\le			\leq
$\geq$	\ge			\geq
{	\{			\lbrace
}	\}			\rbrace
$\rightarrow$	\to			\rightarrow
$\leftarrow$	\gets			\leftarrow
$\ni$	\owns			\ni
$\wedge$	\land			\wedge
$\vee$	\lor			\vee
$\neg$	\lnot			\neg
$\vert$	\vert			|
$\Vert$	\Vert			\\|

B.10   Mathematische Akzente

$\hat{a}$	\hat{a}	$\check{a}$	\check{a}	$\tilde{a}$	\tilde{a}	$\acute{a}$	\acute{a}
$\grave{a}$	\grave{a}	$\dot{a}$	\dot{a}	$\ddot{a}$	\ddot{a}	$\breve{a}$	\breve{a}
$\bar{a}$	\bar{a}	$\vec{a}$	\vec{a}				

B.11   Zusätzliche Symbole

$\emptyset$	\emptyset	$\forall$	\forall	$\exists$	\exists
ι	\imath	$\jmath$	\jmath	ℓ	\ell
∂	\partial	∇	\nabla	$\neg$	\neg
$\top$	\top	$\bot$	\bot	$\Vert$	\\|
$\Re$	\Re	$\Im$	\Im	$\wp$	\wp
$\aleph$	\aleph	$\prime$	\prime	$\hbar$	\hbar
$\surd$	\surd	$\triangle$	\triangle	$\angle$	\angle
$\backslash$	\backslash	∞	\infty	$\heartsuit$	\heartsuit
$\clubsuit$	\clubsuit	$\diamondsuit$	\diamondsuit	$\spadesuit$	\spadesuit
$\flat$	\flat	$\natural$	\natural	$\sharp$	\sharp

Anhang

 Die beigefügte CD-ROM

Auf der CD-ROM sind die vollständigen Eingabedateien (einschließlich der Präambel) für die im Buch aufgeführten Beispiele enthalten. Damit ist es Ihnen möglich, die Beispiele auf Ihrem Rechner selbst zu verifizieren. Weitere Informationen dazu finden Sie auf der CD-ROM in der Datei `beispiel.html`.

Weiterhin befindet sich auf der CD-ROM ein vollständiges LaTeX-System (TeX-Live Inst) für Windows-, Macintosh- und Linux-Rechner. Wenn Sie noch nicht über ein LaTeX-System auf Ihrem Rechner verfügen, können Sie sich damit schnell und zuverlässig ein lauffähiges LaTeX-System installieren. LaTeX-Portierungen für viele andere Rechnerplattformen finden Sie im so genannten *Comprehensive TeX-Archive Network* (CTAN). Dieses Archiv enthält darüber hinaus auch eine Vielzahl von weiteren Informationen zum LaTeX-Umfeld. Weitere Hinweise zur Nutzung des CTAN finden Sie im Anhang C.3.

C.1 Die LaTeX-Installation von der CD-ROM

Zusammengestellt wurde die TeXLive Inst CD-ROM von Karl Berry und anderen Mitgliedern der TeX Users Group; die Übersetzung der Dokumentation wurde von Klaus Höppner vorgenommen. Allen an der Zusammenstellung der CD-ROM Beteiligten möchten wir hiermit herzlich danken.

Bitte beachten Sie die Hinweise (`readme.de.html`) zur Installation von der CD-ROM und die dort angegebenen weiterführenden Links. Die Installation verläuft mit Hilfe einer Installationsroutine (bei Windows fensterorientiert, sonst zeilenorientiert) recht einfach. Folgende Schritte sind dabei notwendig.

1. Start des jeweiligen Installationsprogramms im Verzeichnis `setuptl` auf der CD-ROM (für Windows: `tplmgui.exe`, für Linux: `tlpmgui-i386-linux` und für MacOSX: `tlpmgui-darwin-univ-aqua`).

2. Festlegung der Installationsparameter:

    (a) Angabe des Laufwerksbuchstabens für das CD-Laufwerks (`CD/DVD`).

    (b) Festlegung des Installationsverzeichnisses (`TLroot`).

    (c) Auswahl des Installationsschemas (z. B. scheme-medium).

    (d) Auswahl der nutzbaren Sprachkollektionen.

    (e) Angabe der Installationsrechte.

3. Die Installation erfolgt über die Schaltfläche `Installieren`.

Die Abbildung C.1 zeigt die Installationsoberfläche unter Windows direkt nach dem Aufruf.

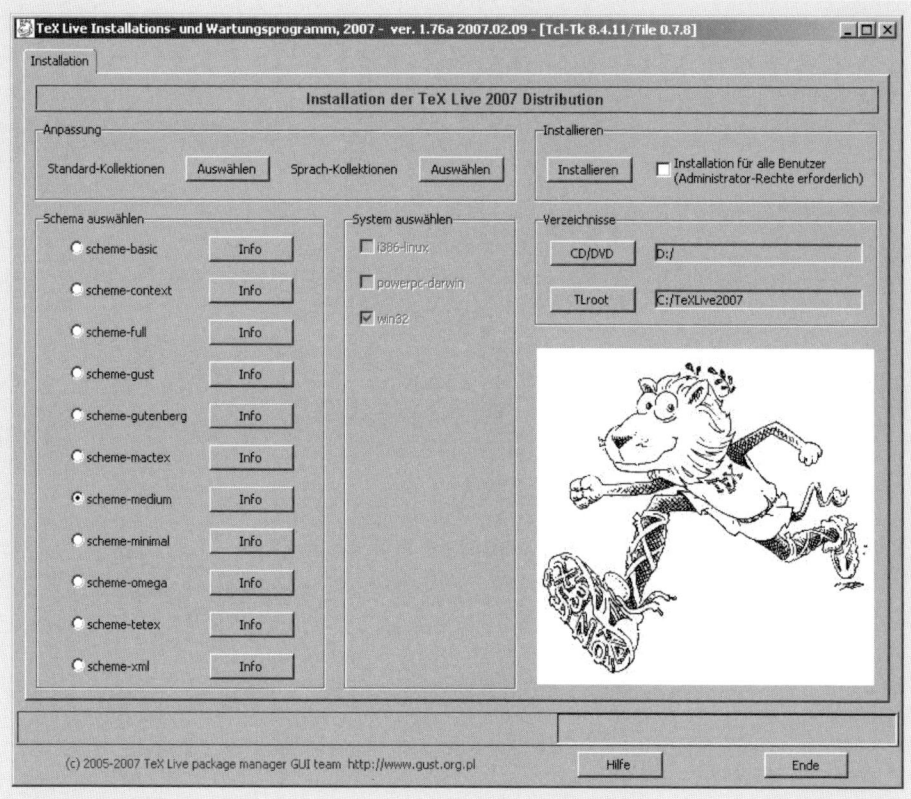

Abbildung C.1: Installationsoberfläche nach dem Aufruf

Allgemeine Informationen erhalten Sie über die Schaltfläche Hilfe. Angaben über ausgewählte Pakete stehen über die Schaltfläche Info zur Verfügung.

Mit der Betätigung der Schaltfläche Installieren erfolgt die Installation von LaTeX auf Ihrem Rechner. Rückfragen zur Installation von perl, ghostscript, dviout und wintools sollten Sie bestätigen, da diese Werkzeuge für ein effektives Arbeiten mit LaTeX benötigt werden.

Zum Schluss werden alle benötigten Dateien erzeugt und angepasst. Die intern benutzte Datenbasis für die Dateinamen wird automatisch erstellt. Damit ist Ihr TeXLive-System einsatzbereit.

Wenn Sie feststellen, dass nicht alle erforderlichen Komponenten und Zusatzpakete vorhanden sind, können Sie diese jederzeit mit Hilfe des Installationsprogramms und der CD-ROM nachinstallieren. Sofern TeXLive bereits erfolgreich installiert ist, erscheint beim Aufruf des Installationsprogramms die Wartungsoberfläche (siehe Abbildung C.2).

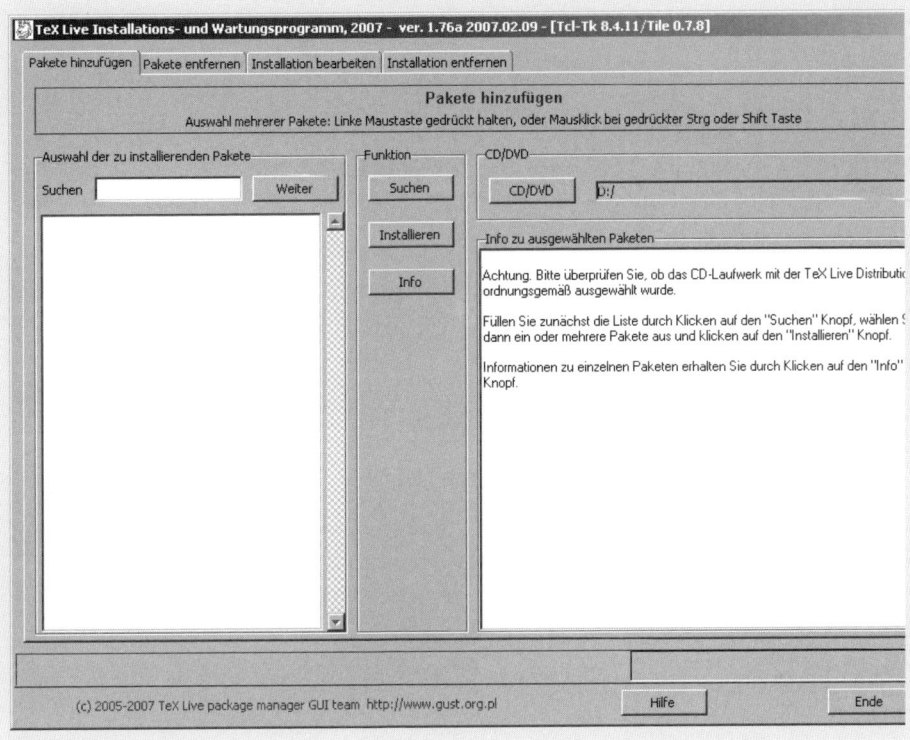

Abbildung C.2: Wartungsoberfläche

Installierbare Pakete auf der CD-ROM finden Sie am einfachsten über die Schaltfläche Suchen. Wählen Sie die erforderlichen Zusatzpakete aus. Bei Bedarf erhalten Sie weitere Informationen über das ausgewählte Zusatzpaket über Info. Die
Installation des Pakets wird über die Schaltfläche Installieren angestoßen.
Damit wird auch die interne Datenbasis für die Dateinamen aktualisiert.

Wollen Sie eigene oder vom CTAN stammende Zusatzpakete installieren, kopieren Sie diese in ein geeignetes Verzeichnis im Suchpfad von LaTeX. Die Datenbasis für Dateinamen muss nun noch manuell aktualisiert werden. Dazu verwenden Sie die Wartungsoberfläche des Installationsprogramms. In der Registerkarte
Installation bearbeiten wählen Sie die Schaltfläche Auffrischen aus.
Anschließend stehen die nachinstallierten Zusatzpakete für LaTeX zur Verfügung.

Bei einigen UNIX-Varianten muss die CD-ROM erst dem System bekannt gemacht
werden (*mounten*). Das Dateisystem ist im iso9660-Format auf der CD-ROM
abgelegt. Diese Information kann für den *mount*-Befehl erforderlich sein. Zum Beispiel:

```
mount -t iso9660 /dev/cdrom /dev/media
```

C.2   Erste Schritte mit dem LATEX-System

Zur Erstellung Ihrer Eingabedatei (`erstes.tex`) können sie einen gewöhnlichen Editor benutzen (unter Windows z. B. `notepad`). Ihr damit erstelltes Dokument enthält sowohl den Text als auch die erforderlichen LATEX-Befehle für die Formatierung (siehe Abbildung C.3). Achten Sie darauf, dass beim Speichern der Datei die richtige Erweiterung benutzt wird.

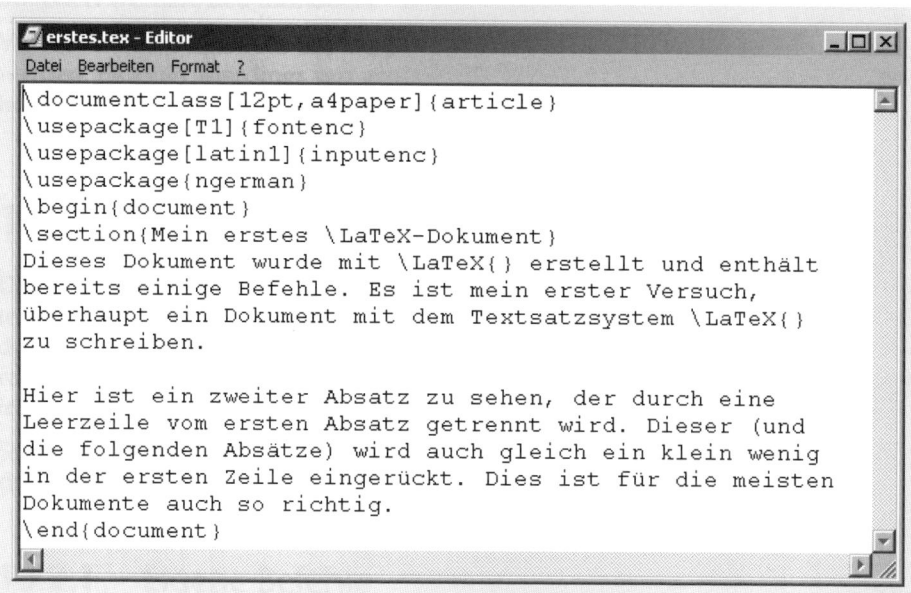

Abbildung C.3: Eingabe Ihres Dokuments mit einem Editor

Für die weiteren notwendigen Schritte können Sie die Windows-Eingabeaufforderung benutzen. Wechseln Sie in das Verzeichnis, in dem Sie Ihre Eingabedatei gespeichert haben. Mit dem Befehl

```
latex erstes
```

nehmen Sie dann die Formatierung des Dokuments `erstes.tex` vor. Auf dem Monitor können Sie verfolgen, welche Dateien LATEX benutzt, welche Warnungen und welche Fehlermeldungen erzeugt werden (siehe Abbildung C.4).

Falls LATEX Fehler feststellen sollte, unterbricht es in der Regel die weitere Formatierung. Zum Abbruch der Formatierung drücken Sie die Taste »x«. In einigen Fällen kann es sinnvoll sein, die Formatierung trotzdem fortzusetzen. Betätigen Sie dafür die Taste für die Zeilenschaltung oder geben Sie ein »r« ein.

War die Formatierung erfolgreich, erzeugt LATEX die geräteunabhängige Datei `erstes.dvi`. Diese enthält in diesem Fall nur eine Seite. Mit dem Befehl

```
dviout erstes
```

lassen Sie sich das formatierte Dokument anzeigen (siehe Abbildung C.5).

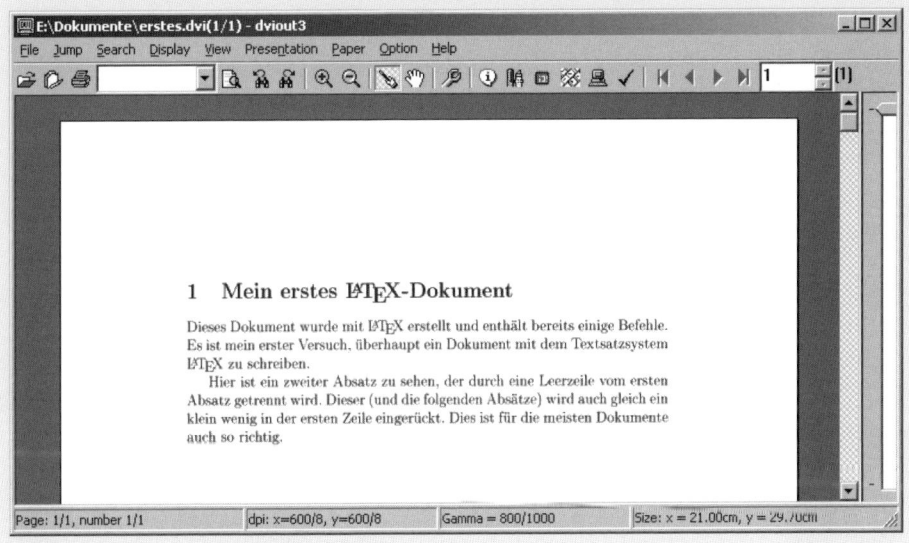

```
E:\Dokumente>latex erstes
This is pdfTeXk, Version 3.141592-1.40.3 (Web2C 7.5.6)
 %&-line parsing enabled.
entering extended mode
(./erstes.tex
LaTeX2e <2005/12/01>
Babel <v3.8h> and hyphenation patterns for english, usenglishmax
yphenation, basque, german, ngerman, french, ukenglish, loaded.
(c:/TeXLive2007/texmf-dist/tex/latex/base/article.cls
Document Class: article 2005/09/16 v1.4f Standard LaTeX document
(c:/TeXLive2007/texmf-dist/tex/latex/base/size12.clo))
(c:/TeXLive2007/texmf-dist/tex/latex/base/fontenc.sty
(c:/TeXLive2007/texmf-dist/tex/latex/base/t1enc.def))
(c:/TeXLive2007/texmf-dist/tex/latex/base/inputenc.sty
(c:/TeXLive2007/texmf-dist/tex/latex/base/latin1.def))
(c:/TeXLive2007/texmf-dist/tex/generic/german/ngerman.sty v2.5e
(./erstes.aux) [1] (./erstes.aux) )
Output written on erstes.dvi (1 page, 1056 bytes).
Transcript written on erstes.log.

E:\Dokumente>_
```

Abbildung C.4: LATEX-Formatierung Ihres Dokuments

Abbildung C.5: Das fertig formatierte Dokument

Mit Hilfe dieses Programms lässt sich Ihr Dokument auch über einen Windows-Druckertreiber auf Ihrem Drucker ausgeben. Benutzen Sie dazu das Menü File und Print. Die Dokumentation dieses Programms ist leider noch nicht umfangreich, so dass Sie hier auf sich selbst angewiesen sind.

Besser dokumentiert ist der Weg über den Druckertreiber dvips und den Ausdruck über gsview/ghostscript.

Viel einfacher ist dieser Gesamtprozess über eine Benutzeroberfläche zu steuern (z. B. TEXnicCenter oder WinShell unter Windows; Kile unter Linux/KDE). Damit können Sie recht einfach mit LATEX arbeiten. Auch haben diese bereits Editoren mit Syntaxüberprüfung eingebaut. Die Abbildung C.6 zeigt exemplarisch die Benutzeroberfläche TEXnicCenter unter Windows.

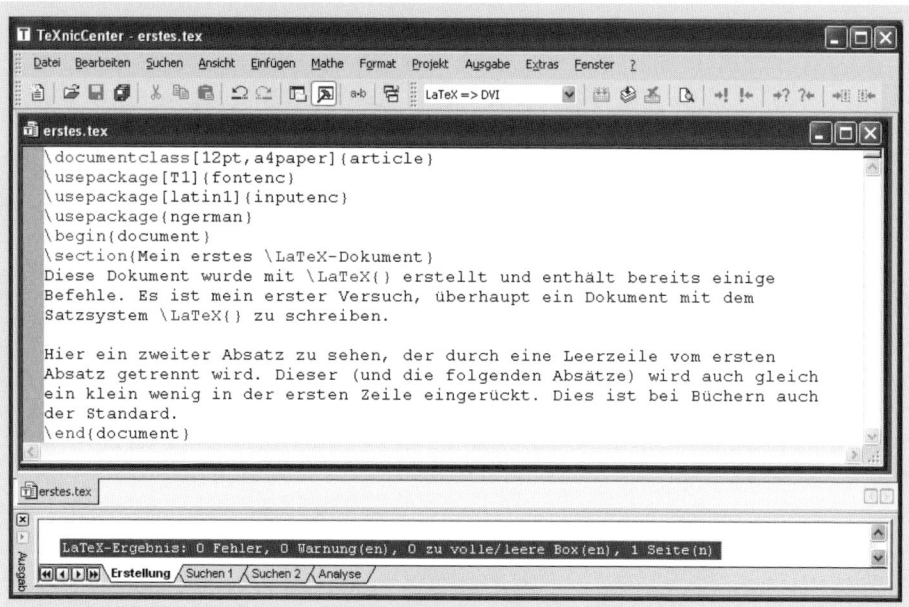

Abbildung C.6: Die Benutzeroberfläche TEXnicCenter

Beiden Zusatzwerkzeuge sind nicht auf der CD-ROM enthalten. Sie finden die Installationsdateien im so genannten CTAN im Internet.

C.3   CTAN, das *Comprehensive TEX Archive Network*

Einhergehend mit der weiten Verbreitung des TEX/LATEX-Systems entstanden immer mehr Zusatzpakete und Dienstprogramme. Schnell wurde klar, dass ein zentrales Archivsystem hierfür gute Dienste leisten würde, um die Transparenz über einen längeren Zeitraum hinweg zu gewährleisten. Deshalb wurde schon frühzeitig das CTAN-System entwickelt. Es besteht aus mehreren Rechnern, über die Software verteilt wird.

Die Deutschsprachige Anwendervereinigung TeX e.V. (DANTE) beteiligt sich am Betrieb eines dieser CTAN-Rechner. Sie können das dort hinterlegte Archiv über folgende Wege nutzen:

1. über das ftp-Protokoll: `ftp://dante.ctan.org/tex-archive/`
2. über das http-Protokoll: `http://www.dante.de`

Bei der Webadresse handelt es sich um die Homepage des Vereins DANTE.

In diesem Archiv finden Sie für viele Rechnerplattformen die Installationsdaten für das LaTeX-System. Darüber hinaus bietet es auch eine Vielzahl von Zusatzpaketen, Dienstprogrammen und Dateien für zusätzliche Schriften. Insbesondere erhalten Sie dort auch wertvolle Hinweise und Tipps zur Nutzung von TeX und LaTeX, z.B. in Form ausführlicher FAQ-Listen.

TeX Live ist eine freie Software.

Vertriebs- und allgemeine Information unter:
`http://www.tug.org/tex-live/`

Das Software-Medium wird auf einer „AS IS" Basis ohne Garantie vertrieben. Weder die Autoren, noch die Software-Entwickler, noch die veröffentlichende Firma, noch Pearson Education Deutschland GmbH übernimmt irgendeine Vertretung oder Garantie (weder ausgedrückt noch impliziert) für die Software-Programme, ihre Qualität, Genauigkeit oder Einsetzbarkeit für bestimmte Zwecke.

Deswegen übernehmen weder die Autoren, noch die Software-Entwickler, noch Pearson Education irgendeine Verantwortung anderen Personen oder juristischen Personen gegenüber bezüglich Haftpflicht, Verlust oder Schaden, der angeblich oder tatsächlich direkt oder indirekt durch Programme verursacht wird, die in diesem Medium enthalten sind. Dies beinhaltet, ist aber nicht begrenzt, auf die Unterbrechung von Diensten (Programmabsturz), den Verlust von Daten, den Verlust von Unterrichtszeit, den Verlust von Beratungs- oder im Voraus bezahlten Honoraren oder von aus dem Gebrauch dieser Programme folgenden Schäden. Wenn das Medium defekt ist, senden Sie es bitte an den Verlag zurück, und es wird Ihnen ersetzt.

Literaturverzeichnis

[1] Detig, Christine:
Der LaTeX-Wegweiser.
Bonn u.a.: MITP-Verlag, 2004

[2] Goossens, Michel; Rahtz, Sebastian; Mittelbach, Frank:
The LaTeX Graphics Companion.
Amsterdam: Addison-Wesley Longman, 1997
Eine Neuauflage des Buches ist für 2007 geplant.

[3] Goossens, Michel; Rahtz, Sebastian und andere:
The LaTeX Web Companion.
Amsterdam: Addison-Wesley Longman, 1999
In vielen Bibliotheken ist die deutsche Ausgabe meist noch vorhanden:
Goossens, Michel; Rahtz, Sebastian:
Mit LaTeX ins Web.
Amsterdam: Addison-Wesley Longman, 2000

[4] Günther, Karsten:
LaTeX: das umfassende Handbuch.
Bonn: Galileo Press, 2004

[5] Grätzer, George:
Math into LaTeX.
Amsterdam: Birkhäuser, 2004

[6] Klöckl, Ingo:
LaTeX – Tipps und Tricks:
Layoutanpassung, Programmierung, Grafik, Hilfsprogramme, Zeichensätze.
Heidelberg: dpunkt Verlag, 2002

[7] Knuth, Donald E.:
The TeXbook; Computers and Typesetting Vol. A.
Amsterdam: Addison-Wesley Longman, 1992

[8] Kopka, Helmut:
LaTeX – Band 1; Einführung.
München: Pearson Studium, 2005

[9] Kopka, Helmut:
LaTeX – Band 2; Ergänzungen.
München: Pearson Studium, 2002

[10] Kopka, Helmut:
LaTeX – Band 3; Erweiterungen.
München: Pearson Studium, 2002

[11] Kopka, Helmut; Daly, Patrick:
      A Guide to LATEX.
      München: Addison-Wesley Longman, 2004

[12] Lamport, Leslie:
      LATEX: A Document Preparation System;
      User's Guide and Reference Manual.
      Amsterdam: Addison-Wesley Longman, 1994

      In vielen Bibliotheken ist die deutsche Ausgabe meist noch vorhanden:
      Lamport, Leslie:
      Das LATEX-Handbuch.
      München: Addison-Wesley, 1995

[13] Mittelbach, Frank; Goossens, Michael und andere:
      Der LATEX-Begleiter.
      München: Pearson Studium, 2005

[14] Voß, Herbert:
      PSTricks; Grafik mit PostScript für TEX und LATEX.
      Berlin: Lehmanns / Dante e.V., 2005

[15] Zilm, Thorsten:
      Das Einsteigerseminar LATEX.
      Bonn: moderne industrie Buch Verlag, 2003

[16] Auf der beiligenden CD finden Sie Hinweise zur Nutzung von TrueType-
      Zeichensätzen in LATEX-Dokumenten im Verzeichnisbaum:
      `texmf\doc\guides\truetype`
      Darüber hinaus werden Sie auch im Internet zu diesem Thema fündig. Zum
      Beispiel unter der Adresse:
      `www.tug.org/tex-archive/info/german/`
      `    MiKTeX-WinEdt-TrueType-Anleitung/latex.htm`
      oder unter
      `www.dalug.org/fileadmin/veranstaltungen/`
      `    Slides/truetype.pdf`

Sachregister